古文字與中華文明傳承發展工程

邊塞、交通與文書

——肩水金關漢簡研究續編

郭偉濤 著

上海古籍出版社

本書獲清華大學自主科研計劃文科專項後期項目

"居延漢簡通關文書綜合研究"（課題號：2022THZWHQ01）的資助

前　言

　　發源於祁連山的黑河,進入內蒙後稱爲額濟納河。額濟納河給一望無際的戈壁帶來了非常珍貴的水源,因此沿河而行成爲這一地區通行的必然選擇。從甘肅走廊沿黑河-額濟納河一綫北上可直抵蒙古高原,自古至今,這都是一條交通要道。①　西漢朝廷擊敗匈奴勢力之後,在額濟納河一綫修築了綿延不絶的烽燧和邊塞長城,與此同時,又自南向北在額濟納河岸邊設立了肩水金關和懸索關兩道關卡。

　　肩水金關地處今甘肅金塔縣航天鎮之北,額濟納河東岸,考古編號是A32 遺址。原名應該是金關,因轄於肩水候官塞(又稱肩水塞),在通關文書裏往往寫作"肩水金關",故又稱肩水金關。最晚不會遲於西漢昭帝末期,肩水金關就已設立,一直到東漢建武初期尚未廢置。在當時的邊塞防禦體系中,金關恰好位於肩水候官塞北部東西塞墻的交匯處。這道塞墻,西起額濟納河,向東延伸進茫茫的戈壁灘。此地出土的一枚簡牘中,肩水金關的長官自稱"肩水塞閉門關嗇夫"(73EJT1∶18),可見金關的獨特地位。關閉了關門,也就關閉了肩水候官塞防區與北邊的交通通道。因此,從內地和河西走廊前往北部的居延地區,或者從北部的居延地區前往河西走廊和內地,都必須經過金關。

　　肩水金關,連同北邊位於卅井候官塞南端的懸索關(A21 遺址),與歷史上赫赫有名的函谷關、雁門關等雄關險隘不同,没有特別險要的地勢,也没有雄偉堅固的關城,幾乎不具有軍事方面的作用。肩水金關更像是從北向

---

① 　關於黑河-額濟納河沿綫道路的重要性,可參顧祖禹《讀史方輿紀要》卷六三,北京:中華書局,2005 年,第 2976—2977 頁。

南進入金關南部一帶緑洲（當時可能叫騂馬）的關卡，卅井懸索關則是從南向北進入北部居延緑洲的關卡。兩個關卡雖然位於漢匈交爭的邊境地區，但更像是某種"邊境特區"（騂馬屯墾區和居延屯墾區）的門户，主要是爲了管理河西、内地與兩個"特區"之間的人員物資往來，基本上對内不對外。兩個關卡所起的作用，更近似於檢查崗，而非軍事防禦的戰略要隘。

　　從機構設置來説，肩水金關統轄於肩水候官塞。與此同時，肩水塞還轄有東、西、南、北、中、左前、左後、右前、右後等九個部，每部平均管轄約六到八個不等的亭隧。肩水候官塞的長官稱肩水候，各部長官是候長，亭隧長官是亭長或隧長，金關的長官是關嗇夫。從職官體系和文書行政上看，金關嗇夫聽命於肩水候，與其他部或隧没有行政上的隸屬關係。不過，值得注意的是，與金關維持獨立關係的東部候長、騂北亭，也與金關一起坐落在 A32 遺址，肩水候在相當長的時期内也駐在此地。從 A32 遺址平面圖看來（參本書第二章第四節），金關等於是在東西走向的塞牆上開了個口子，設立爲關卡，而西南處的塢院則爲騂北亭和東部候長的駐所，肩水候駐在此地時應該也有專門的房屋。只不過，限於各種主客觀原因，現在已經無法弄清楚這些機構和相關人員所處的具體房間。唯一可以肯定的是，關門兩側的房屋無疑爲金關吏員所使用。

　　1930 年代初期，西北科學考察團的瑞典成員貝格曼，在額濟納河沿綫衆多漢代邊塞遺址中發掘簡牘一萬三千多枚，其中八百多枚在 A32 遺址獲得。1973 年秋，甘肅文保部門在此地重新布方發掘，獲簡牘一萬一千多枚。這兩批簡牘由肩水金關、東部候長、騂北亭和肩水候等機構或長官所遺留，其中無疑包含了大量的通關材料。當然，貝格曼發掘的其他居延舊簡，1973 年甘肅文保部門在北邊的甲渠候官（A8）等遺址發掘的居延新簡（八千多枚），1986 年甘肅文保部門在金關南邊不遠的肩水候官遺址（A33）發掘的地灣漢簡（七百多枚），2000 年前後内蒙古文保部門在北部額濟納旗地區調查所獲的額濟納漢簡（五百多枚），這些批次的簡牘中也有不少的通關簡牘。

　　這些通關簡牘，大部分是吏民通關證件的録副和通關之時金關吏卒所做的登記記録，以及金關與其他機構之間的往來文書，另外就是與交通通行有關的材料。本書上編圍繞通關證件進行了詳細的考察。大致説來，漢代吏民出行所持的有效證件，共有符、傳和通行用的致書三種。本書前三章對三種證件的形制、效力、使用等等作了綜合研究,第四章以個案的形式分析了始建國二年騎士通關册書的構成與事件始末。當然,不僅是漢代,秦代在交通出行方面也有相應的制度和規定。本書第二章附錄了一篇文章,通過對"來復傳"含義的考辨,討論里耶秦簡所見"續食"文書的性質,以及秦代官員出差的相應規定。通過制度與實踐兩個層面的觀察,或許能更爲深入地窺見秦漢王朝控制人群流動的技術手段與政策精神,相應的歷史圖景也許會更爲清晰。

前面提到額濟納河沿綫漢代邊塞遺址出土了多批次簡牘,視綫再往西移動,疏勒河流域也出土了不少批次的簡牘。已經刊布的馬圈灣漢簡(馬圈灣遺址)、玉門關漢簡(小方盤城遺址)和其他零星的簡牘,是在邊塞遺址出土的;目前正在整理刊布的懸泉漢簡(敦煌與安西之間的懸泉置遺址),是在傳置郵驛機構出土的。這些西北地區開關遺址出土的簡牘,連同湖南和其他地方官署古井"井噴而出"的簡牘,對秦漢歷史文化研究和簡牘研究起到了巨大的推動作用。隨着研究的深入和視野的開闊,這些文書簡牘的重要意義勢必會得到進一步的突顯。

從發現至今,文書簡牘的整理和研究,已經走過了一百多年的漫長歷程。受傳統學術研究的影響,學界往往將簡牘視同傳世文獻,目光多聚焦於文字記載,而較少關注文字之外的信息。簡牘文字的重要性自然是毋庸諱言的,但作爲一種物質載體,簡牘所具有的考古屬性和文物屬性無疑也值得充分重視和深入挖掘。更何況,簡牘文本的整理與解讀,有時也根本離不開對考古信息的利用。文書簡牘,更是如此。因此,在未來的研究中,應該進一步重視和利用簡牘作爲考古文物的一面。

在這一思路的觀照之下,本書下編第五章系統梳理了西北文書簡的編號,第六章順帶考察了古井簡的整理體例。這些問題貌似瑣細和細枝末節,其實攸關甚重。處理得當,自然皆大歡喜;處理不當,將留下遺憾和麻煩。當然,這些工作不可能一步到位,在一開始就全部想明白,而是需要在實踐中不斷予以總結和改進。第七章主要利用考古信息分析了古井簡的棄置過程和性質,並揭示在走馬樓吳簡研究中發揮關鍵作用的揭剝圖的適用性。第八章從文書學和考古學的角度,評述了文書簡牘研究的取徑與方法。這兩部分的思考,或許有益於開關簡牘研究的視野,並豐富簡牘研究的内涵。

　　比較遺憾的是，我學習西北漢簡雖然也經歷了不短的時間，有時不免浮想聯翩，神往茫茫戈壁，可惜始終沒有實地踏訪本書主要涉及的額濟納河流域。再往西的疏勒河流域，也只是匆匆一瞥。我一直覺得，對於我來説如此特別的一個地方，一定不能輕易隨便地踏足，一旦過去就要花費很長的時間仔仔細細地觀摩訪查。這樣的期待，一時半會兒當然是不可能實現的。書中所論，或許因此而不免於"紙上談兵"。期盼讀者有以教之。

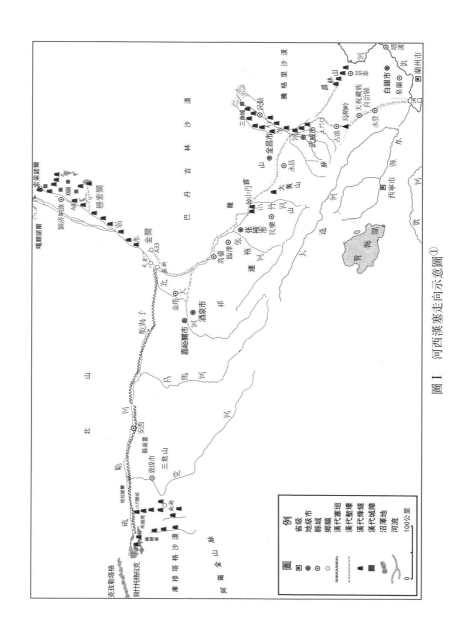

圖Ⅰ　河西漢塞走向示意圖①

① 據吳礽驤《河西漢塞調查與研究》(北京：文物出版社，2005 年)地圖一改繪。

凡　例

本書引用簡牘資料,遵從以下原則:

1. 簡文盡量依照原行款謄録,有些簡文因此而縮小了字號;獨立成段的引文,簡文後必録正式出版之簡號。

2. 獨立成段的簡文,以節爲單位,單獨編號,如某章第二節所引第十五枚簡牘,編號爲 2.15。同一枚簡牘,見於其他章者,另行編號。

3. 所引居延舊簡,簡號之後,采用通行的遺址考古編號標明其出土地,如 A8 代表破城子,A32 代表金關,A33 代表地灣,A35 代表大灣等。

4. 封泥匣以"⬚"表示;網格紋,以"▨"表示;簡首塗黑,以"■"或"▌"表示;簡牘鑽孔,以"◎"表示;簡文出現的勾畫符號,如"卩""丶"等,一併移録。

5. 無法辨識的文字,以"□"表示;當數量無法識別時,以"⋯⋯"表示;缺字以"【】"補充;錯訛字以"〈〉"注明;簡牘殘斷,以"☑"表示;若殘斷處距簡文甚遠,則空兩格後以"☑"表示。

6. 有些簡文書式比較特別,爲了方便瞭解其體例,書中配有簡牘照片。照片大小做了調整,并非原簡尺寸。

目　録

上編　通關憑證與肩水金關

下編　文書簡整理與研究的反思

圖 表 目 録

上　編
通關憑證與肩水金關

1.12. 廣地 ◎ 博聖隧長孫道得妻居延平里　子男□□年四歲　73EJT29：43+33
　　　　　　　　孫可彔年廿七歲長七尺黑色　子小男璜□年二歲

1.8 上端記虞憲的具體信息及使用時效，下端記家屬信息。與此類似者，還有 73EJT37：1059、73EJT37：176、73EJT37：142、73EJT37：177＋687、73EJT37：762、73EJT37：1528+280+1457、73EJT37：1562 等七枚。暫稱Ⅰ型（表 1－3－1）。這八枚簡皆自名家屬符，均注明"出入盡十二月"，也就是一整年。1.9 上端記張彭祖信息及製作日期"永光四年（前 40）正月己酉"，①具體到某日，與此類似者還有 73EJT37：656＋1376、73EJT9：87（簡 3.10）、73EJT31：40、73EJT30：62、73EJT7：128、73EJT6：40、29.1/A32（簡 3.5）、73EJT28：9、73EJT9：275 等九枚。暫稱Ⅱ型（表 1－3－2）。這十枚中，僅 73EJT28：9 自名家屬符，其餘皆爲"××符"，但從所記人員與符主的關係判斷，亦當爲家屬無疑。1.9 及 73EJT37：656+1376、73EJT9：87（簡 3.10）、73EJT30：62、29.1/A32（簡 3.5）等均注明膚色爲黑色，這屬於少數。②1.10 上端記成裦信息及日期"建平三年（前 4）正月"，具體到了月份，但未記時效。比對Ⅱ型，該簡所謂"正月"，似應指正月某日製作，而非僅僅行用於正月。與此類似者，還有 73EJT37：1007、73EJT37：754、73EJT37：756、73EJT37：1058、73EJT37：625+42 等五枚。暫稱Ⅲ型（表 1－3－3）。這六枚，無一例外均自名家屬符。值得注意的是 1.10 記載的家庭成員，按照從右至左的書寫習慣，該簡依次記載了符主妻子成虞、"子小女侯年一歲"、弟婦孟君、弟婦君始、"小女護悍年二歲"、弟婦君給。通觀家屬符實例，身份相同者均按照年齡大小依次記載（如 1.8、1.9），因此，護悍當爲君始之女，也就是符主成裦的侄女。1.11 上端記審長信息及年份，"建平二年（前 5）"應該就是有效期，未記製作日期。與此類似者，還有 73EJT6：42、73EJT37：755、

---

① 這個日期是否爲"製作日期"，有無可能是發放日期呢。筆者以爲，製作家屬符時，應該不僅僅製作板材吧，可能同時寫上內容（包括日期），然後交付給使用者，不太可能製作板材後先行擱置起來，相關責任人領取時再填上內容吧。基於這一點，筆者將日期視爲製作日期。當然，這也只是推測，還有待驗證。
② 汪受寬對金關簡標注膚色爲黑色的部分人群進行了排比研究，認爲其人種爲黑人，居住在中原及河西地區，以居延最爲集中（《肩水金關漢簡所見"黑色"人群體研究》，《中華文史論叢》2014 年第 3 期，第 111—141 頁）。實際上，里耶秦簡（8－439+8－519+8－537+8－1899）、金關簡有赤色皮膚（73EJT30：94、73EJT37：921）的記載，睡虎地秦簡《日書甲種·盜者》還有"青赤色"的記載（陳偉主編，彭浩、劉樂賢等撰《秦簡牘合集：釋文注釋修訂本（壹、貳）》，武漢：武漢大學出版社，2016 年，簡號 73 背，第 446 頁），這些記載總不能也視爲不同人種吧，因此，所謂黑色可能只是皮膚相對略微黑了一些，並非黑色人種。

73EJT37：1112 等三枚。暫稱Ⅳ型（表 1－3－4）。這四枚，均自名家屬符。1.12 上端大書"廣地"，當即廣地塞之意，下端記博望隧長及家屬信息，未見具體時間，但記載了使用者的年齡。與此類似者，還有 73EJT6：41（簡 3.11）、73EJT10：201、73EJT37：757、73EJT24：296、73EJT37：759、73EJT37：1057、73EJT5：78 等七枚。暫稱 Ⅴ 型（表 1－3－5）。這八枚中，唯 73EJT5：78 機構爲橐他塞，其餘均爲廣地塞。73EJT6：41（簡 3.11）、73EJT10：201 兩枚未鑽孔，其餘六枚都在上端鑽孔，位置在廣地/橐他與下端家屬信息之間。這一點，與其他家屬符不同，反倒類似於序號出入符。

另外，尚有 3.7、3.8 兩簡（詳下），書式與衆不同，亦爲家屬符。73EJT21：117"騂北亭長成歐與金關爲家室出入符"，據書式及簡文判斷，亦屬家屬符。此外，73EJT5：16、73EJT37：538、73EJT37：846、73EJT37：855、73EJT23：763、73EJT3：3、73EJT6：75、73EJT11：24、73EJT37：154、73EJT37：265、73EJF1：105、73EJF2：39 等簡牘殘損嚴重，但綜合判斷，應該也是家屬符（表 1－3－6）。而 73EJT21：136"橐佗野馬隧吏妻子與金關關門爲出入符"，據簡文似爲家屬符，但該簡寬度不足，又看不出殘損情況，且下端鑽孔，頗類序號符。暫且録此備考吧。

綜觀目前所見的家屬符，符主一般爲橐他、廣地、肩水三塞的吏員，符主的家屬——也就是這類符的使用者，常見的有母親、妻子、子女、子女家屬，還有兄弟姐妹及其家庭人員，其他如葆私使、奴婢等亦記録在內。[1] 這與河西地區家屬隨軍的現象相吻合。[2] 此外，少數家屬符亦記載車馬信息（表 1－2）。

二 左符、右符與刻齒

符券簡牘上的刻齒，除了起到標識具體數目的功能外，主要用於合符，

---

[1] 家屬符及其他通關簡中的葆，據學者研究，包括兩類，一類是吏民的母妻、子孫、兄弟及岳父、女婿等，一類是具有雇傭關係的葆私使。從葆養的角度考慮，兩者具有一定的共同性，故皆可稱爲"葆"。參凌文超《西北漢簡中所見的"庸"與"葆"》，史亞當主編《出土文獻與物質文化》，香港：中華書局，2018 年，第 91—104 頁。

[2] 可參鷹取祐司《漢代長城防衛體制的變化》，原載宮宅潔編《多民族社會的軍事統治》，2018 年，此據中譯本，載於《法律史譯評》第八卷，2020 年，第 162—168 頁。

第一章
出入關符與肩水金關

　　秦漢時期的符，作爲一種憑信，廣義而言，包括虎符、竹使符、巡迹符、詣官符、出入關符等等。其中后三種散見於西北地區出土的漢簡，數量最多的爲過關用的出入關符。出入關符，與傳、通關致書一起，共同組成通關的三大證件，單以數量而論的話，符遠不及后兩者，但其形制及使用方式與衆不同，故本章首先討論出入符。綜合書式及使用流程，出入關符又可分爲序號符和家屬符。

　　相比傳、通關致書，出入符因其形制獨特，且可與傳世史籍多方面對照，故受到的關注既早且多。早期刊布的居延舊簡及敦煌漢簡，[①]包含部分出入符及其他用途的符，吸引了不少學者的注意力。[②]　不過，當時出入關符的資料還比較貧乏，相關討論集中于形制、使用等問題上，且分歧頗多。隨着金

---

① 本書使用的居延舊簡，主要據簡牘整理小組《居延漢簡（壹、貳、叁、肆）》，臺北：“中央研究院”歷史語言研究所，2014、2015、2016、2017 年。同時參考謝桂華、李均明、朱國炤《居延漢簡釋文合校》，北京：文物出版社，1987 年；勞榦《居延漢簡·圖版之部》，臺北：“中央研究院”歷史語言研究所，1957 年；簡牘整理小組《居延漢簡補編》，臺北：“中央研究院”歷史語言研究所，1998 年。所用敦煌漢簡資料，除非特殊注明，一般引自《敦煌馬圈灣漢簡集釋》（張德芳著，蘭州：甘肅文化出版社，2013 年）和《玉門關漢簡》（張德芳、石明秀主編，敦煌市博物館、甘肅簡牘博物館、陝西師範大學人文社會科學高等研究院編，上海：中西書局，2019 年）兩書，並核以甘肅省文物考古研究所《敦煌漢簡》（北京：中華書局，1991 年）。敦煌漢簡的編號，很早即形成不采用帶有出土地信息的考古編號而另編流水號的做法，但這一做法是違背考古學原則的，且不利於開展研究。爲了照顧學界的習慣，本書引用材料同時列出新編流水號和考古號，以“/”分隔開。除此之外，本書還用到不少居延新簡資料，主要據張德芳主編《居延新簡集釋（一—七）》，蘭州：甘肅文化出版社，2016 年；同時參考甘肅省文物考古研究所、甘肅省博物館、中國文物研究所、中國社會科學院歷史研究所編《居延新簡——甲渠候官》，北京：中華書局，1994 年。

② 勞榦《居延漢簡考釋——考證之部》，1944 年初版，此據作者《居延漢簡　考釋之部》，臺北：“中央研究院”歷史語言研究所，1986 年，第 3—5 頁；陳直《居延漢簡綜論》，1962 年寫定，此據作者《居延漢簡研究》，北京：中華書局，2009 年，第 45—47 頁；陳槃《漢晉遺簡識小七种》，1975 年初刊，此據重印本，上海：上海古籍出版社，2009 年，第 42—43、81 頁；傅振倫《西漢始元七年出入六寸符》，《文史》第十輯，1980 年，第 174 頁；何智霖《符傳述略——簡牘制度舉隅》，（轉下頁）

關漢簡、地灣漢簡的刊布，①出入關符之一的家屬符資料大增，學者逐漸將重點集中在此。如藤田勝久對家屬符進行分類，並結合"傳"討論了金關的通關制度；袁延勝分析了家屬符涉及的家庭結構；黃艷萍分析了家屬符的內容與使用群體；侯宗輝在討論漢代戍邊吏卒家屬的西向流動及其影響時，涉及家屬符的形制及使用群體；齊繼偉測量了家屬符的長寬和刻齒位置，討論了家屬符記載的內容。② 不過，這些研究搜羅資料不夠全面，分類亦未盡如人意。此外，亦有學者結合新增的出入符，繼續討論符的形制等問題。③ 還有學者結合新出晉代符信，重新審視漢代的出入符與封符制度。④

綜觀此前研究，共識少分歧多，尤其在刻齒、分類及使用流程等方面難以達成一致意見。此外，目前所見出入關符均屬金關遺物，而金關轄於肩水塞，後者與橐他、廣地等候官塞組成肩水都尉的防區，再往北則是卅井、甲

（接上頁）《簡牘學報》第七期，1980 年，第 283—292 頁；大庭脩《秦漢法制史研究》，東京：創文社，1982 年，此據徐世虹等中譯本，上海：中西書局，2017 年，第 435—438 頁；薛英群《漢代符信考述（上）》，《西北史地》1983 年第 3 期，第 72—82 頁；薛英群《漢代符信考述（下）》，《西北史地》1983 年第 4 期，第 69—80 頁；李均明《漢簡所見出入符、傳與出入名籍》，《文史》第十九輯，1983 年，第 27—29 頁；薛英群《漢代的符與傳》，《中國史研究》1983 年第 4 期，第 159—160 頁；徐樂堯《漢簡所見信符辨析》，《敦煌學輯刊》1984 年第 2 期，第 145—154 頁；程喜霖《唐代過所研究》，北京：中華書局，2000 年，第 7—11 頁；大庭脩《漢簡研究》，1992 年初刊，此據徐世虹中譯本，桂林：廣西師範大學出版社，2001 年，第 134—145 頁；汪桂海《漢符餘論》，《簡牘學研究》第三輯，2002 年，第 295—300 頁；朱翠翠《秦漢符信制度研究》，碩士學位論文，上海師範大學，2009 年；楊建《西漢初期津關制度研究：附〈津關令〉簡釋》，上海：上海古籍出版社，2010 年，第 89—91 頁；冨谷至《文書行政的漢帝國》，2010 年初版，此據劉恒武、孔李波中譯本，南京：江蘇人民出版社，2013 年，第 253—257 頁；鷹取祐司《秦漢官文書的基礎的研究》，東京：汲古書院，2015 年，第 56—64 頁。

① 本書所用肩水金關漢簡，全部引自甘肅簡牘保護研究中心（甘肅簡牘博物館）、甘肅省文物考古研究所、甘肅省博物館、中國文化遺產研究院古文獻研究室、中國社會科學院簡帛研究中心編《肩水金關漢簡（壹、貳、叁、肆、伍）》，上海：中西書局，2011、2012、2013、2015、2016 年。地灣漢簡資料，則引自甘肅簡牘博物館、甘肅省文物考古研究所、出土文獻與中國古代文明研究協同創新中心中國人民大學分中心編《地灣漢簡》，上海：中西書局，2017 年。

② 杜鵬姣《漢代通關文書研究》，碩士學位論文，蘭州大學，2014 年，第 19—21 頁；藤田勝久《肩水金關與漢代交通——傳與符之用途》，日文版刊於《愛媛大學法文學部論集》人文學科編 34 號，2014 年，此據中共金塔縣委、金塔縣人民政府、酒泉市文物管理局、甘肅簡牘博物館、甘肅敦煌學學會編《金塔居延遺址與絲綢之路歷史文化研究》，蘭州：甘肅教育出版社，2014 年，第 606—614 頁；袁延勝《肩水金關漢簡家屬符探析》，張德芳主編《甘肅省第三屆簡牘學國際學術研討會論文集》，上海：上海辭書出版社，2017 年，第 201—214 頁；黃艷萍《漢代邊境的家屬出入符研究——以西北漢簡爲例》，《理論月刊》2015 年第 1 期，第 74—78 頁；侯宗輝《漢代戍邊吏卒"家屬"人口的西向流動及影響》，《聊城大學學報（社會科學版）》2016 年第 5 期，第 60—61 頁；齊繼偉《西北漢簡所見吏及家屬出入符比對研究》，《敦煌研究》2018 年第 6 期，第 122—133 頁。

③ 伊藤瞳《漢代符的形態與機能》，《史泉》第 116 號，2012 年，第 1—17 頁。

④ 樂遊、譚若麗《敦煌一棵樹烽燧西晉符信補釋——兼說漢簡中"符"的形態演變》，《中國國家博物館館刊》2016 年第 5 期，第 62—71 頁。

即兩片合在一起時,刻齒能够完全對應上。前舉序號符,無一例外均要求"左居官右移金關符合以從事",左、右各處一地,其目的就在於合符。不過,左、右該如何識別呢?

　　此前,大庭脩、伊藤瞳主要依據的是刻齒位置,[①]但實際上前舉十八枚序號符,除去六枚殘損無法判斷外,五枚左側刻齒(其中一枚疑似),七枚右齒,在排除通行者所持序號符留在金關的可能後(詳下),若嚴格按照"左居官右移金關"的要求執行,則應該全部是右齒或左齒,不該兩者皆有。從這點看,依據刻齒位置判斷左右的觀點即難以成立。此外,敦煌地區出土一枚平望候官塞青堆隧的驚候符,值得注意,如下:

2.1. ■平望青堆隧驚候符左券齒百◎　　　　1393/81D38：39

該簡自名爲驚候符,應爲警戒候望之用,並非用於通關。下端鑽孔且繫繩,平時携帶較爲方便。符文注明"左券",却右側刻齒。徐樂堯介紹,該簡刻槽内有"百"字的左半部,并進而認爲左右之制可從書寫文字判斷。[②]此外,何雙全還披露過敦煌地區出土的"不警符",刻齒内亦書"百"字,[③]但未説明是"百"字的左邊還是右邊。目前所見,刻齒内寫字者也僅此二枚,而已經刊布的序號符及家屬符皆未見刻齒内有書寫痕迹,難以藉此兩枚遽定左右之制。而且,部分符并無刻齒,如下:

| 簡 2.1 | 簡 2.2 | 簡 2.3 |

2.2. 第廿三候長迹符左　　EPT44：21

2.3. 第廿三候長迹符右　　EPT44：22

兩枚日迹符雖標注左、右,却均無刻齒,顯見左符、右符不以刻齒來區分。

① 大庭脩《漢簡研究》,第141頁;伊藤瞳《漢代符の形態と機能》,第8頁。
② 徐樂堯《漢簡所見信符辨析》,第148頁。
③ 何雙全《漢簡"刻齒"的再認識》,《國際簡牘學會會刊》第五號,2008年,第23、26頁。疑"不"字當爲"介(界)"。

此前,冨谷至據簡 2.1 注明左券却右側刻齒的例子,認爲左右符是一種抽象意義而非物理意義,刻齒位置不足爲據。① 這個觀點説對了一半,刻齒位置確實不足以判定左右符,但所謂"抽象意義"等於是説無法判定左右。實際上,若要嚴格判定左符、右符,筆者以爲可能需要從符的製作談起。結合里耶秦簡及懸泉漢簡的例子,符的製作應該是在簡牘的正背兩面皆寫作相同的文字,在簡牘的某側刻齒,再采"中剖"的方式,從側面中間剖開,一分爲二,這樣兩片符凹凸正好相合。② 藤田勝久認爲所謂左右,端視切入口而言,③ 籾山明進一步認爲應該是刻齒正對面前進行切割,也就是從刻齒一側剖分,這樣以區分左右。④ 嚴格説來,如果真要區分左右,這倒不失爲一個可行的辦法。照此推算,則"居官"者當右側刻齒,移送金關者當左側刻齒,恰與"左居官右移金關"的"左右"相反。

然而,考慮到前舉十八枚序號符中,左齒、右齒幾乎各占一半並未整齊劃一的現象,恐怕實際過程中並未嚴格區別左右。而且,家屬符雖然並未注明"左居官右移金關"的字樣,但也采取合符的方式以發揮功用,若邊境地區嚴格執行左右的原則,那麼金關所發現的家屬符也應該都是左側刻齒,但實際上,家屬符可考者三十枚,十例左齒,二十例右齒(表 1 - 2),可見亦未嚴格區分左右。此其一。其二,包括家屬符在内的出入符,其效力的發揮,重在合符,只要兩片符的凹凸及刻齒對應得上即可。若非僞造,則不僅刻齒合得上,刻齒内若有文字,亦將合得上。無論出入者携帶的左齒還是右齒,在

---

① 冨谷至《文書行政的漢帝國》,第 255 頁。

② 胡平生考察居延及敦煌漢簡中的出入類券書,認爲當采取中剖的形式(《木簡出入取予券書制度考》,原載《文史》第三十六輯,1992 年,此據《胡平生簡牘文物論稿》,上海: 中西書局,2012 年,第 52—64 頁)。此後,胡平生據湖南新出簡牘系統考察了此類文書,認爲存在左右對剖、正背中剖,推測還存在上下對剖的方式(《木簡券書破別形式述略》,原刊《簡牘學研究》第二輯,1997年,此據《胡平生簡牘文物論稿》,第 65—72 頁)。籾山明考察了符的製作,亦認可中剖的觀點(《刻齒簡牘初探—漢簡形態論のために》,第 25 頁)。另外,張俊民系統考察懸泉簡中的剖分情況,亦以中剖爲主,但是這一情況必須通過觀察簡牘實物才可發現,僅憑圖版無法做到(《懸泉漢簡刻齒文書概説》,第 385—387 頁)。秦漢簡牘中所謂的"三辨券",亦采用中剖的方式,見張春龍、大川俊龍、籾山明《里耶秦簡刻齒簡研究》,第 56—61 頁;游逸飛《又一種三辨券? ——跋邢義田〈一種前所未見的别券〉》,見中共金塔縣委、金塔縣人民政府、酒泉市文物管理局、甘肅簡牘博物館、甘肅敦煌學學會編《金塔居延遺址與絲綢之路歷史文化研究》,第 236—238 頁;張馳《里耶秦簡(壹)文書學研究》,碩士學位論文,武漢大學,2016 年,第 205—208 頁。

③ 藤田勝久《肩水金關與漢代交通——傳與符之用途》,載中共金塔縣委、金塔縣人民政府、酒泉市文物管理局、甘肅簡牘博物館、甘肅敦煌學學會編《金塔居延遺址與絲綢之路歷史文化研究》,第604 頁。

④ 籾山明《刻齒簡牘初探—漢簡形態論のために》,第 22 頁。

渠、珍北等候官塞組成的居延都尉防區，這些機構，外加諸民政、屯墾機構，共同組成了漢代額濟納河流域的行政體系。因此，就符的研究而言，必須充分考慮到此地區的行政建制，而目前研究較少措意。本章擬在對出入符進行合理分類的基礎上，結合額濟納河流域的行政建制，綜合討論符的刻齒、申請、通關等問題，並考察"封符"之含義，以揭示符、傳稱呼的演變。

一　書式與分類

一般而言，出入符分爲序號符和家屬符。本節主要依據書式，梳理兩類符的異同，爲後續討論奠定基礎。

所謂序號符，即出入符本身編有"第×"的序號。綜合已刊漢簡，較爲常見的序號出入符共十二枚（表 1－1），分別在始元七年（前 80）閏月甲辰、元鳳二年（前 79）二月癸卯兩次所製作。暫舉五枚如下：

1.1. 始元七年閏月甲辰居延與金關爲出入六寸符券齒百從第一至千左居
　　官右移金關符合以從事　　　　　　　　●第八◎　　　65.7/A33

1.2. 始元七年 閏月甲辰①居延與金關爲出入六寸符券齒百從第一至千左居
　　官右移金關符合以從事　　　　　　　　●第十◎　　　274.10/A33

1.3. 七年 閏月甲辰②居延與金關爲出入六寸符券齒百從第一至
　　□居官右移金關符合以從事　　　　　　●第十九◎　　274.11/A33

1.4. 元鳳二年二月癸卯居延與金關爲出入六寸符券齒百從第一至千左居
　　官右移金關符合以從事　　齒八百九十三　　　◎　　73EJF1：31

---

① 簡 1.2 上端墨迹殘泐，"閏月甲辰"四字爲邢義田所釋出，並補充説早年曬藍本于閏月之前還釋出"始元十年"四字（《"中研院"史語所藏居延漢簡整理工作簡報（1988—1993）》，原刊大庭脩編《漢簡研究の現狀と展望：漢簡研究國際シンポジウム'92 報告書》，關西大學東西學術研究所，1993 年，此據作者《地不愛寶：漢代的簡牘》，北京：中華書局，2011 年，第 461—462 頁），實際上簡牘出土早期墨色字迹尚明，更易釋讀，故此説可從。不過"十年"當爲"七年"之誤釋，徑改。

② 簡 1.3 上端殘損，邢義田釋爲"□年□月"（《"中研院"史語所藏居延漢簡整理工作簡報（1988—1993）》，《地不愛寶：漢代的簡牘》，第 461—462 頁），細察圖版，"閏月甲辰"四字輪廓尚存，且"閏月"之前"年"字甚明，"七"字僅餘一橫，徑改（圖版見簡牘整理小組《居延漢簡補編》，臺北："中央研究院"歷史語言研究所，1998 年，第 92 頁）。

1.5. 元鳳二年二月癸卯居延與金關爲出入六寸符券齒百

從第一至千左居官右移金關符合以從事第　　◎九百五十九

73EJT26：16

簡1.2、1.3年號殘去，均存"七年閏月甲辰"字樣，金關活動於昭帝始元七年至東漢建武四年，查曆日，期間唯昭帝始元、元鳳紀年有七年，而元鳳七年無閏月，故該簡亦當爲始元七年閏月甲辰製作。[①] 該日製作的序號符，還包括65.9/A33、65.10/A33、73EJT9：10、86EDHT：30+31等簡。1.4、1.5兩簡及73EJT22：84、73EJT21：160、73EJT10：334等，是元鳳二年二月癸卯所製作。[②] 這十二枚序號符中，僅1.4記"齒八百九十三"，六枚記"第×"的編號，其他殘損而不可考。另外，序號符記載了製符的日期、製作機構、使用方法、編號，要求"符合以從事"，沒有記錄特定使用者的信息。這也是本文區分序號符和家屬符的重要依據。據上述特徵，下述兩簡亦爲序號符：

1.6. 橐佗候官與肩水金關爲吏妻子葆庸出入符齒十從一

至百左居官右移金關符合以從事　　◎　　☐　　73EJT22：99

1.7. 橐他候官與肩水金關爲吏妻子葆庸出入符齒十

從第一至百左居官右移金關葆合以從事　第卅一　　◎

73EJT24：19

末簡"葆合以從事"，於理不通，當爲"符合以從事"的訛寫。這兩枚符與前舉五枚相比，形制基本相同，有刻齒有鑽孔，且均有編號。雖然限定了"吏妻子葆庸"的使用群體，實際上亦未指明具體的使用者。值得注意的是，前舉五枚序號符皆爲"券齒百從第一至千"，而這兩枚符皆爲"券齒十從第一至百"，數字同比例縮小，刻齒形狀亦小。[③] 綜合判斷，雖存在差異，這兩枚亦

---

① 昭帝在始元七年八月改元爲元鳳（《漢書》卷七《昭帝紀》，北京：中華書局，1962年，第226頁），查曆日表，元鳳元年閏三月，但當月無甲辰（朱桂昌編著《太初日曆表》，北京：中華書局，2013年，第52頁）。

② 73EJT10：334上下皆殘，紀年僅存"癸卯"，很可能亦是元鳳二年二月癸卯。

③ 據學者研究，秦漢符券類簡牘的刻齒，不同形狀代表着不同的數目。秦簡刻齒，主要見於里耶簡及嶽麓簡，可參張春龍、大川俊龍、籾山明《里耶秦簡刻齒簡研究——兼論嶽麓秦簡〈數〉中的未解讀簡牘》，原刊《大阪產業大學論叢（人文·社會科學編）》第18號，2013年，此據中譯本，《文物》2015年第3期，第53—96頁。漢簡的刻齒分析，可參籾山明《刻齒簡牘初探—漢簡形態論のために》，原刊《木簡研究》第17號，1995年，中譯本刊於中國社會科學院簡帛研究中心編《簡帛研究譯叢》第二輯，長沙：湖南人民出版社，1998年，此據增補稿，見作者《秦漢出土文字史料の研究》，東京：創文社，2015年，第17—61頁；張俊民《懸泉漢簡刻齒文書概說》，見作者《敦煌懸泉置出土文書研究》，蘭州：甘肅教育出版社，2015年，第384—409頁。

可視爲序號出入符。此外，73EJT30：76、11.8／A33、11.26／A33、221.17／A33
等四枚殘簡，據形制及簡文，亦爲序號符。

簡 1.1	簡 1.2	簡 1.4	簡 1.5	簡 1.7

　　綜上，目前已經刊布的漢簡中，僅發現十八枚序號出入符。① 其書式一
般爲：某機構與金關爲出入六寸符（唯 73EJT9：10 爲“金關與×”），券齒百／
十，從第一至千／百，左居官右移金關，符合以從事，編號第×。而且，除去六
枚殘損無法判斷外，其餘十二枚底部皆有鑽孔。這樣做，一方面固然方便了
使用者穿繩携帶，但最主要的作用恐怕還是可以按照編號次序，用繩子將數

---

① 此外，A33 出土一枚疑似序號符：從第一始大守從五始使者符合乃☒（332.12／A33）。該簡無論
　形制還是内容均非出入符，應爲文書。這點已爲徐樂堯所指出，參作者《漢簡所見信符辨析》，第
　149 頁。

百甚至上千枚序號符像銅錢一樣串起來,既便於保存和取用,亦便於用後復歸原位。1.4、1.5、1.7三簡顯示孔鑽在了文字上,尤其是前兩簡,"居""第"筆畫已爲鑽孔所破壞,顯然鑽孔這一道工序是在書寫符文之後。

所謂家屬符,主要源於這類符的自稱及其使用者的身份多爲符主的親屬和葆私使。目前所見的家屬符,可辨識者共四十多枚,另有數枚削衣和殘簡,據其書式似亦爲家屬符(詳表1-2、1-3)。這些家屬符的書式,大致可分爲五種類型。① 爲節省筆墨,暫舉五枚有代表性的家屬符如下:

1.8.   母昭武平都里虞儉年五十
橐他南部候史虞憲   妻大女醜年廿五   大車一兩
建平四年正月家屬出入盡十二月符 子小女孫子年七歲 用牛二頭
          子小男馮子年四歲 用馬一匹
                 73EJT37:758

1.9.   妻大女昭武萬歲里張春年卌二
       子大男輔年十九歲
永光四年正月己酉   子小男廣宗年十二歲
橐佗吞胡隧長張彭祖符 子小女女足年九歲
       輔妻南來年十五歲   皆黑色 29.2/A32

1.10.   妻大女襪得當富里成虞年廿六
       子小女侯年一歲   車二兩
橐他通望隧長成襄 弟婦孟君年十五 用牛二頭
建平三年正②月家屬符 弟婦君始年廿四 馬一匹
       小女護惲年二歲
       弟婦君給年廿五   73EJT3:89

1.11.
橐他置佐昭武便處里審長 妻大女至年卅五 牛車一兩
建平二年家屬符   子小女侯年四   用牛四頭
        子小男小奴年一歲 73EJT37:175

---

① 此處分類,只爲下文叙述方便,實際上,從功能和使用角度看不出各類的不同。
② 原釋爲"五",據李燁、張顯成意見改釋,參《〈肩水金關漢簡(壹)〉校勘記》,《古籍整理研究學刊》2015年第4期,第66頁。

合符通關上,差別不大。其三,在符的製作過程中,未必會統一在刻齒一側切割,即使統一在刻齒一側切割,但動輒製作成"百"上"千"(編號)的符,一枚枚根據刻齒位置分別左右,恐怕也容易出現錯誤。畢竟此類符左右兩半十分相像,不似動物形狀的虎符那樣很容易就可區分左右。因此,所謂"左居官右移金關"只是説一半放在製作機構,一半放在金關,實際行用中並不區別左右。家屬符亦是如此。

　　總而言之,左符、右符如果要嚴格區分,則應該從刻齒一側中剖簡牘,刻齒在左者爲右符、在右者爲左符,而非冨谷至所主張的那樣刻齒不足爲據,但實際行用中,又因數量多且不易辨識等因素,導致並不區分符的左右。

三　使用流程與出入名籍

　　此前,亦有學者探討序號符、家屬符的使用流程,但尚有未盡之處。本節結合該地區的屯戍組織體系,重點圍繞金關通關討論符的製作、使用等流程。

(一) 序號符

　　據前舉序號符,"居延與金關""橐他候官與金關"顯示,出入符當由"居延"、橐他候官製作;"左居官右移金關"表示符分兩半,左半"居官",右半放在金關,因此使用時當前往"官"或橐他候官申請。值得注意的是"居延與金關"製作的十二枚序號符,居延所指何地? 大庭脩認爲是居延縣,但是居延縣畢竟屬於民政建制,與邊塞不同,而目前所見的序號符及家屬符幾乎全爲邊塞軍政機構所製作,故居延縣的可能性不是很大。[①] 冨谷至認爲是肩水候官,[②]此説不可憑據(詳下)。汪桂海認爲是居延都尉府製作了出入符,分別放在居延都尉轄下的各候官。[③] 這個可能性也存在,畢竟居延都尉府統轄各候官,理論上都尉府可與金關製作出入符。除此外,筆者以爲,考慮到簡文中出現"居延候官"的説法,很可能早期額濟納河流域僅有居延候官的建

[①] 大庭脩《漢簡研究》,第 139 頁。
[②] 冨谷至《文書行政的漢帝國》,第 255 頁。
[③] 汪桂海《漢符餘論》,第 298 頁。

制,尚未分化出甲渠、殄北、卅井等候官,①或許"居延與金關"的"居延"是指居延候官。而且,前舉1.6、1.7橐他候官序號符僅編號到100,而居延序號符編號到1000,顯見人員多於一個候官塞,這在一定程度上佐證了上述推測。

如前所述,目前可考的序號符,僅見始元七年閏月和元鳳二年二月兩個紀年。始元七年,即元鳳元年,當年閏四月。據此可知,序號符應該年初製作,且只能行用到當年年底,每年均需重新製作。

考慮到序號符一般均"居官",因此出行者應當前往候官申請。理論上應該一人一符,不過數人同行時,爲了行動的方便,可能共用一枚符。如下:

3.1.　☐凡十四人皆客子　　☐

　　☐符七　　☐　　　　　　　　　　　　　　　　　　　73EJT9：32

該簡爲削衣,殘存文字甚少。據簡文判斷,似十四名客子集體通關,序號符編號爲七。

出行者過關時,由關吏核驗符並予以登記,而序號符的原件則由出行者携去,最後歸還原機構。如若不然,其他人則無法繼續使用。此外,據後世唐律規定:

　　　　諸用符節事訖應輸納而稽留,一日笞五十,二日加一等,十日徒一年。

對此,《律疏》引《公式令》曰:

　　　　其符以銅爲之,左符進內,右符在外。應執符人,有事行勘,皆奏出左符,以合右符。所在承用事訖,使人將左符還。其使若向他處,五日內無使次者,所在差專使送門下省輸納。②

可見,在唐代,這種並不指定具體使用者的符,使用後亦須歸還。稽留不歸者,還要受到一定的懲罰。逆推漢代,是否懲罰尚不可知,"還符"應是沒有疑問的。下簡似涉歸還之事:

---

① 居延可能爲早期的居延候官,材料顯示甲渠候官最早出現於元鳳二年二月(EPT52：110),此前出現的多爲居延,推測元鳳二年前弱水下游地區的屯戍開始不久,僅設有居延候官,後期才分出甲渠、殄北、卅井等候官。

② 劉俊文《唐律疏議箋解》,北京:中華書局,1996年,第833頁;仁井田陞《唐令拾遺》,1933年初版,此據栗勁等編譯,長春:長春出版社,1989年,第514—515頁。

3.2. ☑十二人符何未還符吏☐☑　　　　　　　　　　　　EPT7：6A

　　☑未爲吏陶食掾何不遣☑　　　　　　　　　　　　　　EPT7：6B

該簡上下皆殘,似爲文書。據殘存簡文,涉及未還符之事。因該簡出土自甲渠候官遺址,故不太可能是家屬符,若涉及出行,應爲序號符。當然,無法排除其他種類符的可能性,録此備考。

　　另外,前舉 1.1、1.2、1.3 及 65.9/A33、65.10/A33、86EDHT：30+31 等六枚序號符皆出自肩水候官遺址。冨谷至認爲,"左居官右移金關"指符分別放在肩水候官、金關,肩水都尉或肩水候官的人員出行到居延地區,需要携帶出入符,以便於經過金關時與留在那里的出入符核對。① 若照此説法,則出差者有没有到達居延地區,實際上金關官吏無從知曉,因此"居延與金關爲出入符"也就失去了意義,没必要特別强調居延。此外,考慮到與前舉六枚序號符同一天製作的序號符 73EJT9：10 却出土自 A32 遺址,筆者推測這六枚序號符原先也放置在金關,屬於合符通關的"一半",後由金關呈報至肩水候官,故在 A33 遺址出土。

(二) 家屬符

　　與序號符由候官製作不同,一般而言,家屬符應由部製作,然後提交候官審核,再由後者移送金關。如下:

3.4. 建平元年正月甲午朔戊戌,北部候長宣敢言之：謹移部吏家屬符,

　　謁移肩水金關,出入如律令。敢言之。　　　　　　　73EJT37：152

該簡顯示,建平元年(前 6)正月五日(戊戌)北部候長宣呈報部吏家屬符。該簡出土自 A32 遺址,此時肩水候亦駐該地,②"北部"當爲肩水候官塞所轄的北部塞,呈文對象亦當爲肩水候。"謁移"表示請求肩水候官將家屬符移至金關。據該簡推測,肩水塞其他部的家屬符也應由部製作,然後上呈候官,由候官審核後再移送金關。下述兩簡可能就是由橐他塞某部上呈給橐他候官的:

----

① 冨谷至《文書行政的漢帝國》,第 253—256 頁。

② 此前學界認爲肩水候駐在地灣(A33 遺址)的肩水候官,據筆者分析,肩水候大概自陽朔四年末至新莽居攝二年常駐 A32 遺址,參拙文《漢代肩水候駐地移動初探》,原刊《簡帛》第十四輯,2017 年,此據拙著《肩水金關漢簡研究》第四章,上海：上海古籍出版社,2019 年,第 99—149 頁。

3.5.　　　　　　　　妻大女昭武萬歲里孫弟卿年廿一

永光四年正月己酉　　　子小女王女年三歲

橐佗延壽隧長孫晦符　　弟小女耳年九歲　　　皆黑色　　　29.1/A32

1.9.　　　　　　　　妻大女昭武萬歲里張春年卌二

永光四年正月己酉　　　子大男輔年十九歲

橐佗吞胡隧長張彭祖符　子小男廣宗年十二歲

　　　　　　　　　　　子小女女足年九歲

　　　　　　　　　　　輔妻南來年十五歲　　皆黑色　　　29.2/A32

兩簡同一天製作，筆迹書風極爲相似，當出自同一人之手，很可能由橐他塞某部上報橐他候官，再由候官移送金關，故該簡在 A32 遺址出土。此外，廣地塞流程似亦如此，如下：

3.6. 符如牒，書到出入，如律令。　　　　　　　　73EJT37：88A

　　　張掖廣地候印……　　　　　　　　　　　　73EJT37：88B

該簡墨迹殘泐嚴重，據簡文及出土地判斷，廣地候似向金關移送某種符，據“書到出入如律令”判斷，當爲某種出入符。而 A32 遺址不見廣地塞的序號符，很可能該簡所移送者爲家屬符。藤田勝久曾推測家屬符由金關製作後發放給吏家屬，①據簡 3.4，這個説法恐怕難以成立。

　　細察表 1－2 不難發現，絕大多數均爲部吏的家屬符，唯 73EJT6：40 肩水候、1.11 橐他置佐屬於候官人員的家屬符。比照諸部家屬符製作流程可知，73EJT6：40 肩水候家屬符應由候官製作，1.11 橐他置佐的家屬符當由設於橐他候官的“置”來製作，然後上呈橐他候官，再由後者移送至金關。

　　據表 1－2，家屬符多數在正月製作。呈文簡 3.4 亦在正月呈報，恰與此相應，正可使用一年。當然，亦不乏其他月份製作的情況。一般而言，家屬符使用到當年年底，如 1.8 及 73EJT37：1059、73EJT37：176、73EJT37：142、73EJT37：177＋687、73EJT37：762、73EJT37：1528＋280＋1457、73EJT37：1562 等八枚Ⅰ型家屬符皆明確記載“（出入）盡十二月”。此外，考慮到家屬符所載人員均注明年齡，故亦須每年重新製作。下述兩簡，當即例證：

───────────

① 藤田勝久《肩水金關與漢代交通——傳與符之用途》，載中共金塔縣委、金塔縣人民政府、酒泉市文物管理局、甘肅簡牘博物館、甘肅敦煌學學會編《金塔居延遺址與絲綢之路歷史文化研究》，第608—609 頁。

3.7.
　　　　　　　　　　　妻大女陽年廿一　　　牛車一兩
橐他曲河亭長昭武宜春里□永　子小女頃閭年一歲　用牛二頭
　　　　　　　　☐　　　　　　　　　　　　　73EJT37：178

3.8.
橐他曲河亭長昭武宜春里　妻大女陽年廿三　　車牛一兩
□永家屬符　　　　　　　子小女頃閭年三歲　用牛二頭
　　　　　　　　　　　　　　　　　　73EJT37：761①

兩簡皆爲橐他塞曲河亭長□永的家屬符,所記妻子、女兒及車牛亦同,唯妻女年齡增加兩歲,可見當是兩次分别製作的。惜兩簡尚間隔一年,未見該年家屬符,但似不宜據之認爲家屬符乃兩年製作一次,常理推測,可能還是每年重新製作較爲可能。此外,亦有使用一次者,如下述兩簡:

3.9.
　　　　　　　　亭長閣得葆昭武破胡里公乘王延年年廿八歲長七尺五寸
五鳳四年六月戊申　葆鱳得承明里大夫王賢年十五歲長七尺　皆黑色
橐他故駮亭長符　　葆昭武破胡里大女秋年十八歲　　　　入出止
　　　　　　　　　　　　　　　　73EJT37：1376+656

3.10.
　　　　　　　　亭長利主妻鱳得定國里司馬服年卅二歲
五鳳四年八月庚戌　　子小女自爲年六歲　皆黑色
橐他石南亭長符
　　　　　　　　　　　　　　入出止　　73EJT9：87

兩枚家屬符下端皆注明"入出止",顯見只能使用一次,很可能是臨時通行。不過家屬符的使用程序,要比序號符、通關致書等更繁瑣一些,之所以不用後兩者而用家屬符,可能與五鳳年間的某種特殊規定有關。這類家屬符非常少,僅此兩枚,或許也是特殊時期的產物吧。

　　因爲家屬符的使用者是戍吏親屬及私使,并無戍守的任務,沒有義務向候官或部報告出行事項,故推測家屬符一半放置金關,另一半由符主家屬持有。符主家屬外出時即携帶此符,過關時合符。下述兩簡當爲强證:

---

① 兩簡個别文字的改動,參考姚磊意見,《肩水金關漢簡釋文合校》,上海:上海古籍出版社,2021年,第403—405頁。

後起隧長逢尊妻居延廣地里逢廉年卅五

3.11.　廣地　子小女君曼年十一歲　　　　　大車一兩

葆輂居延龍起里王都年廿二　　　用馬二匹

用牛二　　73EJT6：41A

……　　　　　　　73EJT6：41B

毋患隧長安世葆居延中宿里公乘徐孺

3.12. 廣地 ◎　年七十歲長七尺一寸黑色　　　73EJT37：1057A

金關符　　　　　73EJT37：1057B

兩簡側面皆有文字,與前述 2.1 相似,其功用恐亦在合符,檢驗真偽。其他多數家屬符側面皆未發現文字,可能已經省減了。因爲家屬符均采取中剖的形式,因此若非偽造,兩半貼在一起當可吻合。合符後放行,家屬應將符携走,供以後繼續使用。

簡 3.11A	簡 3.11B	簡 3.12A	簡 3.12B

持家屬符通關時,金關不僅負有核查通關的責任,亦須將通關人員的信息記錄下來。如下述兩簡:

3.13. 橐他隧長吾惠葆　妻屋蘭宜春里大女吾阿年卅　　車二兩　十一月己酉□出□□
　　　　　　　　　　阿父昭武萬歲里大男胡良年六十九　牛二頭

　　　　　　　　　　　　　　　　　　　　　　　　73EJT37：1463+402

3.14. ☑□守令史焦賢　子男累山里焦詡年廿六　正月廿一日北出
　　　　　　　　　　輻車一乘馬二匹

　　　　　　　　　　　　　　　　　　　　　　　　73EJT24：411+150

3.13 通關者爲橐他塞某隧隧長的妻子及岳父,3.14 爲某機構守令史焦賢的兒子,身份與家屬符符主及家庭成員相合。3.13 記載車、馬,3.14 記載輻車及馬,亦與常見家屬符吻合。引人注目的是兩簡皆一筆下來,不存在二次書寫的痕迹。推測當是過關時關吏所書,不僅登記家屬符使用者的信息,亦記錄過關時間及放行者,故一筆下來。此外,下簡似亦如此:

3.15. 通道亭長虞憲 母昭武平都里虞儉年五十　十一月壬寅候史□□入
　　　　　　　　　　　　　　　　　　　　　十二月丁巳北嗇夫豐出

　　　　　　　　　　　　　　　　　　　　　　　　73EJT37：1514

該簡記錄了橐他塞通道亭長虞憲母親的出入情況,出、入的信息均有。推測虞儉入關時由關吏記錄個人信息及入關時間,返回時在同一枚簡上記錄了出關時間。據此很可能存在兩種筆迹,惜該簡彎曲殘斷,無法進一步比對。

家屬符記載家庭人員衆多,力求齊備,其作用在於擴大使用者群體,實際上未必每次通關均全體出動,很可能符主家庭內需要出行之人才携符過關,因此 3.13、3.14、3.15 三簡所記過關人員數量,遠比家屬符爲少。

金關可能單獨保存出入者名籍簡,如下枚楬所示:

3.17. 鴻嘉五年吏妻子

▨ 及葆出入關

　　名籍　　　　　　　　　　　　　　　　73EJT21：35A

鴻嘉五年五月

▨ 吏妻子出入關

　　及葆名籍　　　　　　　　　　　　　　73EJT21：35B

這類楬所標識懸掛的是吏妻子及所葆之人，雖然通關致書的使用群體亦包含"葆"，但吏妻子這個群體主要使用的通關證件應該就是家屬符，因此家屬符通關的出入名籍可能單獨記録放置在一起。而且，簡文顯示以月爲單位。

另外，下枚楬十分費解：

3.16. ■◎吏家屬符别

    ☑   73EJC：310A

    ☑

■◎橐他吏家屬符真副   73EJC：310B

該簡左殘，上端塗墨且有鑽孔，當爲楬，起到標識文書或物品的作用。據學者研究，"符别"就是符分爲二各持一半的意思，[1]"橐他吏家屬符真副"中的"真"指存放在金關的原件，"副"或指副本。[2] "符别"之説恰好與金關存有橐他塞家屬符一半的推論相吻合，但副本之"副"不好理解。如前所述，不論是序號符還是家屬符，金關作爲關卡，存有"半符"用以合符，似無必要製作副本。另外，若製作副本，是否需要依原件位置及形狀刻齒呢？ 如果刻齒，則未必能與原件相吻合，如果不刻齒，目前所見完整的家屬符似皆存刻齒。而且，如前所述符的效力的發揮，重在"合符"，也就是原先剖開的兩半可以合在一起，另行製作的副本恐怕不可能做到這一點。考慮到該簡爲采集簡，不知是否存在位置移動的可能，或許其原本不是金關，甚至不是 A32 遺址的遺物。

附帶指出，前舉兩枚橐他候官序號符，1.6 右齒，1.7 左齒，籾山明認爲前者乃留在金關用以合符的右符，後者爲吏民通關時携帶的左符，通關時留在金關。[3] 這一看法，不僅違背其所指出的符的製作原則，而且，據前所述，吏民携帶的出入符，通關時僅僅合符，原件携走，並不留置金關，最後應該上交發放機構，供其他人繼續使用。

---

[1] 可參胡平生《木簡出入取予券書制度考》，1992 年初刊，此據《胡平生簡牘文物論稿》，第 52—64 頁。

[2] 鄔文玲指出，居延漢簡中許多"真"字誤釋爲"算"，參作者《簡牘中的"真"字與"算"字》，《簡帛》第十五輯，2017 年，第 151—169 頁。

[3] 籾山明《刻齒簡牘初探—漢簡形態論のために》，第 60 頁。

四　"封 符"考

行文至此,筆者嘗試考察"封符"的含義。甲渠候官遺址(A8)出土多枚此類簡牘,如下:

4.1. 第三十枲隧長召戎詣官封符載吏卒食　十月戊申下餔入

EPT65：293

4.2. 臨之隧長威爲部市藥詣官封符八月戊戌平旦入　　286.11/A8

4.3. ☐吞北隧長楊田持封符☐　　　　　　　　　　EPT59：608

4.4. ☐詣官封符爲社市買還☐　　　　　　　　　　63.34/A8

4.5. 第六隧長常業詣官封符爲卒載六月☐☐　　156.48+156.37/A8

4.6. ☐詣官封符　　　　　　　　　　　　　　　482.16/A8

4.7. 第三隊長實永　病張嘉爲封符　　　　　　　　EPT40：15

4.8. ☐隊長般詣官封符載㮔七月丁丑行☐　　　　　EPT68：217

4.9. ☐第十七守候長詡敢言之☐☐☐☐　　　　　　EPT11：9A

　　　☐☐隆遝癸亥詣官封符爲社☐(觚)　　　　　EPT11：9B

4.10. ☐六日乙卯封符載吏卒七月食　☐　　　　　EPT27：63

4.11. ☐七月丙子封符載㮔盡辛巳☐　　　　　　　283.43/A8

4.12. ☐　封符二十六日爲吏取食☐　　　　　　　EPT40：194

4.13. 鄣卒蘇寄 九月三日封符休居家十日往來二日會月十五日　EPT17：6

4.14. ☐十一日封符更休居家十日往來☐　　　　　EPC：61

前兩枚屬於所謂的入官刺,記載進入候官者的姓名、事項和時間等信息。[1]
據書式判斷,4.3—4.6可能亦屬入官刺。這六枚簡牘詣官之目的,都是"封符"。4.7—4.14或爲文書,亦均涉及"封符"。不難看出,除4.3、4.7外,其餘十二枚簡"封符"所涉事項皆需離開原執勤單位外出,部分可能還會經過懸索關、金關。即使是4.7,也不能排除實永離開執勤單位去外地治病求醫的

---

[1] 這類簡牘目前均出土自甲渠候官遺址(A8),永田英正最早注意并歸類整理(《試論漢代邊郡的候官》,原刊《史林》第56卷5號,1973年,後收入《居延漢簡研究》,1989年初版,此據張學鋒中譯本,桂林：廣西師範大學出版社,2007年,第371—395頁),實際上,其正式名稱當爲入官刺(李均明《秦漢簡牘文書分類輯解》,北京：文物出版社,2009年,第418—419頁)。

可能。從這個角度看,所封者應爲某種通行證件。冨谷至亦持此看法。[①] 不過,"封符"的"符",到底是哪一種證件呢?

徐樂堯、伊藤瞳、侯旭東認爲,此類"封符"就是向候官申請序號出入符。[②] 不過,目前所見序號符僅出現於昭帝年間,很可能後期不再行用,而 4.1、4.13 兩簡用字"桼""三"顯示爲新莽始建國至東漢初建武年間,[③]故不可能是指序號符。最近,樂遊、譚若麗等據敦煌出土的西晉元康三年(293)符信,[④]認爲"封符"是封印帶有凹槽的封檢,[⑤]並舉如下兩簡作爲例子:

4.15. ▣第六平旦迹符 　　　　　　　　　　　EPT49:69

4.16. 鉼庭月廿三日隧長日
　　　迹符以夜半起行詣官 ▣ 　　　　　　　EPT65:159

兩簡因有封泥槽,需要加蓋封印,故兩位學者認爲"封符"即指此類。實際上,這兩枚簡皆與日迹有關,而多數情形下戍卒日迹在執勤防區附近,[⑥]且日迹屬於經常性的行爲,若每次皆須封符,則太過繁瑣。而且,目前所見詣官封符簡,儘管封符的理由多樣,却均與日迹無涉。因此,所謂"封符"應該不是指此類日迹符。但封印有匣封檢的看法,却十分敏銳。

如前所述,詣官封符簡大多數與出行有關,若所指爲通行證件的話,理論上只存在四種可能:序號符、家屬符、傳、致。據前已排除序號符,因家屬符使用群體主要是戍吏家屬,故亦可排除,考慮到致主要采取通知書的形式,形制上與"符"無涉,[⑦]當亦可排除。因此,筆者傾向認爲,封符是指作爲

---

① 冨谷至編《漢簡語彙考證》,2015 年初刊,此據張西艷中譯本,上海:中西書局,2018 年,第 250 頁(冨谷至執筆)。

② 徐樂堯《漢簡所見信符辨析》,第 145—146 頁;伊藤瞳《漢代符の形態と機能》,第 11 頁;侯旭東《西北漢簡所見"傳信"與"傳"——兼論漢代君臣日常政務的分工與詔書、律令的作用》,《文史》2008 年第 3 輯,第 22 頁。

③ 以"桼"代替"七",約行用於新莽始建國三年至東漢建武八年。參焦天然《新莽簡判斷標準補說——以居延新簡爲例》,《中國國家博物館館刊》2016 年第 11 期,第 103—104 頁。

④ 相關介紹及圖版,參楊俊《敦煌一棵樹漢代烽燧遺址出土的簡牘》,《敦煌研究》2010 年第 4 期,第 88—92 頁;李岩云《敦煌西湖一棵樹烽燧遺址新獲簡牘之考釋》,《敦煌研究》2012 年第 5 期,第 119—124 頁。

⑤ 樂遊、譚若麗《敦煌一棵樹烽燧西晉符信補釋——兼說漢簡中"符"的形態演變》,第 67—70 頁。

⑥ 汪桂海《簡牘所見漢代邊塞徼巡制度》,原刊《中國邊疆史地研究》2006 年第 3 期,此據修訂稿,收入作者《秦漢簡牘探研》,臺北:文津出版社,2009 年,第 153—154 頁;張俊民《漢代邊境防禦制度初探——以出土漢簡日迹簡爲中心的考察》,原刊《簡帛研究 2004》,2006 年,此據作者《簡牘學論稿——聚沙篇》,蘭州:甘肅教育出版社,2014 年,第 315 頁。

⑦ 詳本書第三章。

通行證的傳。通檢甲渠候官遺址(A8)出土簡牘,下述兩簡或即與封符有關:

4.17. 元始元年九月丙辰朔乙丑,甲渠守候政移過所:遣萬歲隧長王遷
　　　爲隧載壇,門亭塢辟市里毋苛留止,如律令。　　　／掾☐　EPT50:171

4.18. 過所▣　　建武八年十月庚子,甲渠守候良遣臨木候長刑博　　EPF22:698A
　　　　　　　便休十五日,門亭毋河〈苛〉留,如律令。　　　　EPF22:698B

4.17 簡文寫在封泥槽內,4.18 上端亦有封泥槽。4.17 萬歲隧長王遷"載壇"
恰與前舉詣官簡 4.8、4.11 對應,4.18 臨木候長便休與前舉 4.13、4.14 對應。
從這個角度而言,兩簡當是"封符"之符。鷹取祐司亦持此看法。[1]　不過,據
內容及形制,尤其 4.18 上端"過所"二字判斷,兩簡毫無疑問屬通常意義上
的傳。若此不誤,則某種意義上,"封符"就是指取得此類傳。

簡 4.17	簡 4.18A	簡 4.18B	簡 4.21A	簡 4.21B

---

[1]　鷹取祐司《秦漢官文書の基礎的研究》,第58—59頁。

　　當然，一般而言，符與傳是兩類不同的物件，但不可否認有時也存在混用現象。如下：

　　4.19. ☐符，爲家私市居延☐☐　　　　　　　　　　　73EJH2：109

該簡上下殘斷。據簡文"符爲家私市居延"，似當申請通行證，前往居延做生意。又，如下簡：

　　4.20. 本始六年正月甲子朔己丑，南鄉佐歲敢告尉史：南里陳叔自言☐傳，爲家私市張掖居延。謹案：毋官獄徵事，當爲傳。謁言移過所縣邑，勿何留，敢告尉史。　　　　　　　　　　　73EJT26：42+25

兩簡比對，則前簡 4.19"符爲家私市居延"，完整當爲"自言取符，爲家私市居延"。若此不誤，則存在"取符"代指"取傳"的現象。4.17、4.18 兩枚傳信與封符對應，其原因或亦在此。

　　另，平帝末年，爲尊崇安漢公王莽，太皇太后予其殊榮：

　　　　在中外府第，虎賁爲門衛，當出入者傳籍。自四輔、三公有事府第，皆用傳。[1]

所謂"用傳"肯定不是指公傳、私傳之類的傳信，據前"當出入者傳籍"應指某種符，持符出入，實行的是類似於皇宫的門籍制度。[2] 孟康即認爲"傳，符也"。[3] 此外，《古今注》記載：

　　　　凡傳皆以木爲之，長尺五寸，書符信於上。又以一版封之，皆封以御史印章，所以爲信也。如今之過所也。[4]

所述雖然爲御史大夫簽發的公傳，但據"書符信於上"，所謂的傳，就是指具有某種符信功能的證件，這也吻合傳作爲憑證的本意。此外，東漢以後，史籍所見，符多與傳混稱。如下：

---

① 《漢書》卷九九上《王莽傳上》，第 4075 頁。
② 廖伯源《西漢皇宫宿衛警備雜考》，原載《東吳文史學報》第 5 號，1986 年，此據《歷史與制度——漢代政治制度試釋》，臺北：臺灣商務印書館股份有限公司，1998 年，第 16—28 頁；張雲華《漢代皇宫宿衛運作制度》，《南都學壇》第 16 卷第 3 期，2006 年，第 9—10 頁。
③ 《漢書》卷九九上《王莽傳上》，第 4076 頁。
④ 崔豹撰，牟華林校箋《〈古今注〉校箋》，北京：綫裝書局，2014 年，第 217 頁。

明年,復出玉門擊西域,詔耿秉及騎都尉劉張皆去符傳以屬
(竇)固。①

(陳蕃)服闋,刺史周景辟別駕從事,以諫争不合,投傳而去。②

(劉)廙兄望之,有名於世,荆州牧劉表辟爲從事。而其友二人,皆
以讒毁,爲表所誅。望之又以正諫不合,投傳告歸。③

魏末,本郡察孝廉,辟司隸都官從事,京邑肅然。(劉)毅將彈河南
尹,司隸不許,曰:"攫獸之犬,鼷鼠蹈其背。"毅曰:"既能攫獸,又能殺
鼠,何損於犬!"投傳而去。④

明帝永平十七年(74),竇固出征西域,詔書命令"皆去符傳"。此處之"傳",不
可能是通行證,因其與"符"聯稱,很可能是同義複指,符傳所指都是某種節信。
陳蕃、劉廙、劉毅三人,皆因與長官不睦而"投傳"離去。此處之"傳",有學者
認爲與通行證性質不同。⑤ 這一看法應該是正確的。揣摩文意,"投傳"即爲
離任,相當於辭職,故推測"傳"當指某種做官的符信,"投傳"即放棄此符
信。據上,東漢以後,符、傳已經混稱合體了。據學者統計研究,甲渠候官遺
址早期的簡牘多數出土自塢東灰堆,而塢内出土簡牘紀年較晚,"封符"類簡
牘多出土自塢内,應該不早於西漢哀、平時期。⑥ 若此不誤,則正好銜接上史
籍所載符、傳混稱的時間。"封符"之"符",就是最初混稱的表現之一。

那麽爲何產生此種混同現象呢? 其原因或在於形制。傳的形制,早期
可能是平檢搭配 U 型槽,西漢後期則爲帶封泥匣的封檢,⑦如前舉 4.17、4.18
兩傳。而某些符亦采封泥匣形制,如簡 4.21:

甲渠鄣候 □ 己未下鋪遣　　十一月己未府告甲渠鄣候:遣新除第四隧長刑鳳之官,符到,令
　　　　　　　　　　　　　　鳳乘第三,遣　　　　　　　　　　　　　　　　　　EPF22:475A
　　　　　　　　　　　　　　騎士召戎詣殄北,乘鳳隧。遣鳳日時在檢中,到課言。EPF22:475B

---

① 《後漢書》卷二三《竇固傳》,北京:中華書局,1965 年,第 810 頁。
② 《後漢書》卷六六《陳蕃傳》,第 2159 頁。
③ 《三國志》卷二一《魏書·劉廙傳》,北京:中華書局,1982 年,第 613 頁。
④ 《晋書》卷四五《劉毅傳》,北京:中華書局,1974 年,第 1271 頁。
⑤ 楊鴻年《漢魏制度叢考》,武漢:武漢大學出版社,2005 年,第 288—289 頁。
⑥ 青木俊介《候官における簿籍の保存と廢棄——A8 遺址文書庫·事務區画出土簡牘の狀況を
手がかりに》,載籾山明、佐藤信編《文献と遺物の境界——中國出土簡牘史料の生態研究》,東
京外国語大学アジア·アフリカ言語文化研究所,2011 年,第 144—145 頁;樂遊、譚若麗《敦煌
一棵樹烽燧西晋符信補釋——兼説漢簡中"符"的形態演變》,第 70 頁。
⑦ 青木俊介《封檢の形態發展》,見籾山明、佐藤信編《文献と遺物の境界Ⅱ》,東京外国語大学ア
ジア·アフリカ言語文化研究所,2014 年,第 238—239 頁。

"己未下鋪遣"即書寫於封泥匣中,與簡文"日時在檢中"相吻合。而據簡文"符到",該封檢有兩種可能:(1)都尉府發放的任官符;(2)只起到封緘"任官符"的作用,另有"任官符",只是未看到而已。第二個可能性無法絕對排除。不過,漢簡所見封檢,絕大多數文字均極少,僅記收件者、傳遞方式,收件者簽收後可能補記發件者印文及接收時間等。而該封檢及與之類似的 EPF22:473、EPF22:474、EPF22:476 等,記録信息豐富,絕非一般封檢可比。故筆者以爲,4.21 本身應該就是簡文中提到的"任官符"。① 任官符由居延都尉府發放,事主携帶從都尉府出發前往候官,或許亦起到通行證的作用,路上遇到盤查,亦可順利通行。最關鍵的是,其形制與前舉 4.17、4.18 兩傳相似。或許正因爲形制上的相同,符、傳逐漸混稱。

此外,官吏公差歸來後,還需要詣官報到,如下:

4.22. 萬歲士吏就對府還詣官十月庚午下鋪入　　　　　　　266.4/A8

萬歲部位於河北道上塞,距甲渠候官(A8)不遠,②駐部士吏前往居延都尉府,雖無需經過懸索關、金關,但邊境地區情形特殊,難保路上不遇到其他機構的盤查,因此之前"對府"出發時可能需要"封符"。公幹完畢後"還詣官",或許在報告公事之餘,還需要將此前所封之"符"交還。前舉 4.17、4.18 兩枚傳信在甲渠候官遺址出土,其原因可能就在此吧。當然,這僅是推測,尚待材料的證明。

綜上,所謂"封符"的"符",出現於西漢晚期,形制爲有匣封檢,而同時期作爲通行證的傳,亦改用此形制,兩者可能異名同實。當然,這一説法不少出於推測,還有待更多材料的證明。

---

① 居延簡中有關於丟失此類府符的記載,如下:

　　建武叁年六月庚午,領甲渠候職門下督盜賊 敢言之:新除第廿一　　　　　　EPF22:169
　　隧長常業代休隧長薛隆,過丁卯鋪時到官,不持府符●謹驗問,隆　　　　　　EPF22:170
　　辭:今月四日食時受府符詣候官,行到遮虜河,水盛,浴渡,失亡符水中。案:隆丙寅
　　　　　　　　　　　　　　　　　　　　　　　　　　　　　　　　　　　　　EPF22:171
　　受符,丁卯到官。敢言之。　　　　　　　　　　　　　　　　　　　　　　EPF22:172

　　該簡顯示,第廿一隧長薛隆原先携帶居延都尉府發放的任官符前往甲渠候官報到,途中渡河不謹,遺失府符,因此甲渠候官向都尉府匯報驗問詳情及到達日期。這個匯報,正好對應於上舉 4.21 中的"到課言"。

② 李振宏《居延漢簡與漢代社會》,北京:中華書局,2003 年,第 151—154 頁。

五　餘　論

出入符基本可分爲序號符、家屬符兩類，吻合"長六寸，分而相合"的漢制。[①]　左符、右符的判別不以刻齒方位爲準，從出入符采用中剖的製作方式看來，嚴格意義上的左右應該是據切口而言。但實際上，出入符功用的發揮，關鍵在於合符，因此左右之分并無特別大的意義。序號符雖然要求"左居官右移金關"，實際上可能並未嚴格區分左右。

無論是序號符還是家屬符，其時效均到當年年底爲止。一般在年初製作，少數在年中。序號符製作後，一半放在金關，一半存放在候官。使用者需前往候官申請，通關時關吏核驗並登記，而序號符由使用者携走，並於事後歸還候官，供他人繼續使用。家屬符則由諸部和其他機構製作，呈請候官核實批准後將半符移交金關，家屬持另一半通關，並携走原件，以後繼續使用。

通觀序號符、家屬符的開具機構不難發現，序號符的使用範圍較爲廣泛，不僅橐他候官塞可以使用，北部居延地區亦可使用。而家屬符一般用於橐他、廣地、肩水等肩水都尉統轄的三個候官塞，並未見到民政機構，如肩水縣、居延縣，以及北部居延都尉統轄的候官塞的吏家屬符。或許，因金關統轄于肩水都尉，故肩水都尉轄區内的邊塞吏家屬可使用家屬符，而其他機構不可使用。

序號符未限定使用者，推測邊塞吏卒及戍吏家屬應該均可使用，家屬符，顧名思義僅供吏員家屬使用。序號符目前僅見行用於昭帝始元、元鳳年間，而家屬符横跨宣帝五鳳四年至哀帝建平四年（表 1－2），很可能在額濟納河地區，早期吏員家屬亦使用序號符，但每次使用皆須前往候官申領，不太方便，故改爲家屬符的方式。序號符廢棄後，或者説大部分時間内，候官塞吏卒多以傳或通關致書的方式通關。

此外，另有兩枚出入符介於序號符、家屬符之間，既包含前者的編號，又像家屬符一樣指定了具體人員。如下：

---

① 許慎撰，徐鉉校定《説文解字》，北京：中華書局，1963 年，第 96 頁。

5.1. 地節二年五月壬申張掖大守客大原中都里邯鄲悢占至居延

　　與金關爲出入符符齒第一　　　　　　小奴富主

　　……　　　　　　　　　　　　　　　　　　　73EJT28：12

5.2. 肩水廣地候長李勝之與金關　　從者綏彌縣常利里勝延年

　　爲出入符牛車二兩符第百　　　從者綏彌縣敬老里苗彊

　　　　　　　　　　　☑　　　　　　　　　　　73EJT26：27

兩簡均既有序號符的編號,又記載了具體的使用者,但未記年齡,這點與家屬符不同。5.2"肩水廣地候長",實際是指肩水都尉轄下的廣地候官塞某部候長,該符很可能是廣地候官所製作。5.1 符主爲張掖太守的客,製作單位可能是太守府。目前所見序號符,多數爲居延及橐他候官製作,家屬符多數爲橐他、廣地、肩水等候官塞製作使用,製作機構基本上都是候官一級(表1-1),該符比較特別。兩枚簡均左殘,考慮到出入符的常見形制,可能原在左側刻齒。兩符亦無"左居官右移金關"的文字,或許已殘掉。另,兩枚符皆未記載使用者的年齡,其時效不詳。

　　值得注意的是,簡 5.1 時間爲宣帝地節二年(前 68),處在序號符和家屬符交替行用之際。這兩枚出入符很可能正是序號符發展到家屬符的中間狀態,因此書式兼具二者特點。是否如此,還有待更多資料的出土。

　　另,還有一枚駟北亭戍卒符,亦涉及通關。如下:

5.3. 初元二年　　戍卒淮陽國陳莫勢里許湛舒年卌一

　　正月　◎　　戍卒淮陽國陳大宰里陳山年卅一

　　駟北亭　　　戍卒淮陽國陳桐陵里夏寄年廿四

　　戍卒符　　　　　　　　　　　　　　　　　73EJT27：48

該簡上端鑽孔,左側刻齒,尺寸亦與家屬符相類,雖僅名爲戍卒符,其作用與出入符無異。該符製作時間爲初元二年(前 47)正月,記載亭卒的年齡,[1]與家屬符相似,時效亦當爲一年。駟北亭就位於 A32 遺址,金關關門稍南的塢

---

[1] 通常而言,每所亭隧戍卒可能僅三四人左右,該符記載三名戍卒,應是當時(初元二年)配備在駟北亭的全部戍卒。值得注意的是,這三名亭卒全部來自淮陽國陳縣。此前高村武幸注意到居延新簡 EPT59：7、EPT56：224 等材料,指出同一防區(如都尉防區或候官防區)的戍卒,往往來自特定的郡國(《前漢西北辺境と関東の戍卒——居延漢簡にみえる兵士出身地の檢討を通じて》,原載《駿台史学》,2000 年,此據作者《漢代の地方官吏と地域社会》,京都: 汲古書院,2008年,第 387—395 頁)。該符所載,證實了高村的觀點。

院內,其主要工作就是傳遞郵書,與北部的莫當、南部的沙頭組成固定的傳遞路綫,因此必然頻繁出入金關,製作此符的目的當即在此。驛北亭人員不多,無須製作編號"成百上千"的序號符,類似家屬符的出入符更爲合適。戍卒出行時當即持此符,合符通關,較爲便利。這一點,與漢初《二年律令·津關令》的精神相一致,當時規定"縣邑傳塞,及備塞都尉、關吏、官屬、軍吏卒乘塞者,若其私婢、馬之出田、汲鹵、牧,繕治(490)塞、郵門亭行書者,得以符出入(491)"①,其用意就在於傳遞郵書屬於經常性的行爲,持符通過最爲方便。

表 1-1　序號符資料

簡　　　號	釋　　　文	刻齒
65.7/A33(簡 1.1)	始元七年閏月甲辰居延與金關爲出入六寸符券齒百從第一至千左居 官右移金關符合以從事　　　　　　　●第八◎	左
65.9/A33	始元七年閏月甲辰居延與金關爲出入六寸符券齒百從第一至千左居 官右移金關符合以從事　　　　　　　●第十八◎	左
65.10/A33	始元七年閏月甲辰居延與金關爲出入六寸符券齒百從第一至千 　　　　　　　　　　☑	右
274.10/A33(簡 1.2)	始元七年閏月甲辰居延與金關爲出入六寸券齒百從第一至千左居 官右移金關符合以從事　　　　　　●第十◎	左
274.11/A33(簡 1.3)	七年閏月甲辰居延與金關爲出入六寸符券齒百從第一至 □居官右移金關符合以從事　　　　●第十九◎	左?
86EDHT：30+31	始元七年閏月甲辰居延與金關爲出入六寸符券□百從第一至千左居官　　　　　　　　●第二百廿六◎	右

---

① 該條釋文,參考何有祖意見(《釋張家山漢簡〈津關令〉490—491 號簡並論相關問題》,原刊《出土文獻》第十二輯,2018 年,此據作者《新出秦漢簡帛叢考》,北京:科學出版社,2021 年,第 19—27 頁)。

簡　　號	釋　　文	刻齒
73EJT9：10	☑七年閏月甲辰金關與☑ ☑第一至千左居官右移金☑	
73EJF1：31（簡1.4）	元鳳二年二月癸卯居延與金關爲出入六寸符券齒百從 第一至千左居官右 移金關符合以從事　　齒八百九十三　　　　　　　　◎	右
73EJT26：16（簡1.5）	元鳳二年二月癸卯居延與金關爲出入六寸符券齒百 從第一至千左居官右移金關符合以從事第◎九百五 十九	右
73EJT22：84	元鳳二年二月癸卯居延與金☑ 千左居官右移金關□□□☑	右
73EJT21：160	元鳳二年二月癸卯居延與金關爲出☑ 　　　　　　　　☑	右
73EJT10：334	☑癸卯居延與☑ ☑居官右移金☑	
73EJT22：99（簡1.6）	橐佗候官與肩水金關爲吏妻子葆庸出入符齒十從一 至百左居官右移金關符合以從事　　◎　　☑	右
73EJT24：19（簡1.7）	橐他候官與肩水金關爲吏妻子葆庸出入符齒十 從第一至百左居官右移金關葆合以從事　第卅一　　◎	左
73EJT30：76	☑□與金關爲出入六寸☑ ☑□合以從事第□☑	
11.8/A33	☑金關爲出入六寸符☑ ☑從事　☑	
11.26/A33	☑出入六寸符券齒百從一至千☑ ☑百卅三　　　　　◎	
221.17/A33	☑寸符券齒百從第一至千左居 　　　　☑　　◎	

表 1－2　家屬符信息簡表①

符主	紀年	家屬	車馬	候官璽	刻齒	簡號	類型
＊	建平四年		馬			73EJT37：142	I型
通望隧長＊	建平四年	弟、弟妻、女兒	牛、車	橐他		73EJT37：176	
＊	建平四年	妻子、兒子、葆（弟）	車、牛		左齒	73EJT37：177+687	
南部候史	建平四年	母親、妻子、女兒、兒子	大車、牛、馬	橐他	右齒	73EJT37：758（簡 1.8）	
石南亭長	建平四年	妻子、兒子	大車、牛、馬	橐他	右齒	73EJT37：762	
通道亭長	永始四年	妻、兒子、女兒		橐他	左齒	73EJT37：1059	
中部候長＊	建平四年	妻子、女兒、弟、小奴	牛車、牛、軺車、馬	橐他		73EJT37：1528+280+1457	
＊	建平四年					73EJT37：1562	
故駿亭長	五鳳四年六月戊申	葆		橐他	左齒	73EJT37：656+1376	II型
石南亭長	五鳳四年八月庚戌	妻子、女兒		橐他	左齒	73EJT9：87（簡 3.10）	
駿馬亭長＊	初元四年正月庚申	兄子、妻子、女兒、兒子			右齒	73EJT31：40	
珍虜隧長	初元四年正月癸酉	妻子、女兒、兒子、弟、弟妻		橐他	左齒	73EJT30：62	
＊	永光二年正月庚午	兒子、女兒		橐他		73EJT7：128	

① 簡牘殘缺不全者，在符主一欄後綴符號"＊"，本書下同，不贅。

續 表

類型	簡　　號	刻齒	候官塞	車　馬	家　屬	紀　年	符　主
Ⅱ型	73EJT6：40	右齒	肩水		大女（妻？）	永光四年正月壬辰	肩水候*
	29.1/A32（簡3.5）	右齒	橐他		妻子,女兒,姝妹	永光四年正月己酉	延壽隧長
	29.2/A32（簡1.9）	右齒	橐他		妻子,兒子,女兒,兒媳	永光四年正月己酉	吞胡隧長
	73EJT28：9		廣地		兒子,女兒	建始四年正月己丑	上利隧長*
	73EJT9：275	右齒	橐他		妻子,姝妹	永光二年	聖宜亭長*
	73EJT37：1007	右齒	橐他		妻子,兒子	陽朔三年正月	駿南亭長
	73EJT37：754	右齒	橐他		妻子	建平元年正月	沙上隧長
Ⅲ型	73EJT37：756	右齒	橐他	車	妻子,兒子,女兒	建平二年正月	收降隧長*
	73EJT3：89（簡1.10）	右齒	橐他	車,牛,馬	妻子,女兒,弟妻,侄女	建平三年正月	通望隧長
	73EJT37：1058	右齒	橐他	車,牛,馬	母,弟,姝,妻子	建平四年正月	橐他候史
	73EJT37：625+42	左齒				建平四年正月	*
Ⅳ型	73EJT6：42	左齒	橐他	車	兄妻,侄子	建平元年	勇士隧長
	73EJT37：175（簡1.11）	左齒	橐他	車,牛	妻子,女兒,兒子	建平二年	橐他置佐
	73EJT37：755	右齒			兒子,女兒,兒媳,外孫女、孫子,孫女	建平二年	*
	73EJT37：1112					建平四年	*

續表

符　主	紀　年	家　屬	車　馬	候官鑒	刻齒	簡　號	類型
後起隧長		妻子、女兒、葆	大車、馬、牛	廣地	左齒	73EJT6：41（簡3.11）	V型
博望隧長		女兒		廣地	右齒	73EJT10：201	
累下隧長		女兒、兒子		廣地	右齒	73EJT37：757	
望遠隧長		女兒		廣地	右齒	73EJT24：296	
博望隧長		妻子、兒子		廣地	右齒	73EJT29：43+33（簡1.12）	
廣地土吏		葆		廣地	右齒	73EJT37：759	
毋患隧長		葆		廣地	左齒	73EJT37：1057（簡3.12）	
莫當隧長		妻子		橐他	右齒	73EJT5：78	
曲河亭長*		妻子、女兒	車、牛	橐他	右齒	73EJT37：761（簡3.8）	不明
曲河亭長*		妻子、女兒	車、牛	橐他		73EJT37：178（簡3.7）	
累山亭長*		妻子、兒子		橐他		73EJT5：16	
斬首隧長*		女兒、兒子		橐他		73EJT37：538	
野馬隧長*		葆（妻）、女兒、兒子		橐他		73EJT37：846	
橐他候史*		妻子、兒子		橐他		73EJT37：855	
*		兒子、女兒				73EJT6：75	

續 表

符主	紀年	家屬	車馬	候官塞	刻齒	簡　號	類型
*		妻子,兒子				73EJT11：24	不明
累山亭長*		妻子,兒子	大車	橐他		73EJT23：763	
*		女兒,兒子	牛車			73EJT37：154	
*		妻子,弟				73EJT37：265	
*		妻子,兒子				73EJF1：105	
*		妻子,兒子				73EJF2：39	
驛北亭長*		家室		肩水		73EJT21：117	

表 1－3－1　I 型家屬符資料

簡　號	釋　　文
73EJT37：142	建平四年正月家屬出入盡十二月符　□年十三　用馬二匹 ☑ 常年五歲

續　表

簡　　號	釋　　文
73EJT37：176①	篆他通望隧長□□ 建平四年正月家屬出入盡十二月符 □ 弟大男□□年□　　牛二頭 弟婦始年廿　　　　車一兩 子小女倩卿年三歲 □
73EJT37：177+687	□ 建平四年正月家屬符出入盡十二月 妻大女昭武宜春里辛遷年十七　車一兩 子男諮年九　　　　　　　　　牛二頭 子小男黨年七 子小男級年二 徐弟昭武宜春里辛昌年廿四歲
73EJT37：758（簡1.8）	篆他南部候史虔憲 建平四年正月家屬出入盡十二月符 母昭武平都里虔儉年五十 妻大女醜年廿五　　　　大車一兩 子大孫子年七歲　　　用牛二頭 子小男馮子年四歲　　用馬一匹
73EJT37：762	篆他石南亭長王並 建平四年正月家屬出入盡十二月符 妻大女昭武裦里王辦年五十 子男嘉年十一歲　　　大車一兩 　　　　　　　　　　用牛二頭 　　　　　　　　　　用馬一匹

① "通"字原未釋，據圖版，徑補。

續表

簡　　號	釋　　文
73EJT37：1059	甲他通道亭長來掍之 永始四年家屬符盡十二月 妻大女觻得常樂里來待君年廿二 子小男自當年六 子小女廉年六
73EJT37：1528+280+1457	甲他中部候長忠 建平四年正月家屬出入盡十二月符 妻大女觻得富安□里程昭年廿八　　小奴滿□ 子小女買年八歲 子小女遷年三歲 子小男來卿年二歲　　牛車一兩牛二頭□ 弟小男首年十八　　軺車一用馬二匹□
73EJT37：1562	□ 建平四年正月家屬出入盡十二月□

表 1－3－2　II 型家屬符資料

簡　　號	釋　　文
29.1/A32（簡 3.5）	甲佗延壽隧長陽符 永光四年正月己酉 妻大女昭武萬歲里孫弟卿年廿一 子小女王女年三歲 弟小女耳年九歲　　皆黑色

續　表

簡　　號	釋　　文
29.2/A32（簡1.9）	永光四年正月己酉 橐佗吞胡隧長張彭祖符 妻大女昭武萬歲里張春年卅二 子大男輔年十九歲 子小男廣宗年十二歲 子小女＝足年九歲 輔妻南來年十五歲　皆黑色
73EJT6：40①	肩水候 永光四年正月壬辰符 候平陵歸□里公大夫　： 大女□□長七尺……
73EJT7：128②	橐佗吞胡隧 永光二年正月庚午 子男□□ 子小女□□ 子男□□
73EJT9：87（簡3.10）	五鳳四年八月庚戌 橐他石南亭長長譚符 亭長利主妻轢得定國里司馬服年卅二歲 子小女自爲年六歲　皆黑色 　　　　　　入出止
73EJT9：275③	橐他恒宜亭長張譚符 □光二年……　◎ 妻大女轢得安□□ 弟大女……

① "候平陵"之"候"，原釋爲"除"，據圖版徑改。
② "吞胡"二字，原未釋，此據何茂活釋，參《〈肩水金關漢簡（壹）〉殘斷字補釋》，載《中國文字 新四十二期》，臺北：藝文印書館，2016年，第30—31頁。
③ "恒"，原釋爲"聖"，何茂活改釋《〈肩水金關漢簡（壹）〉釋文訂補》，2014年11月29日刊於復旦大學出土文獻與古文字研究中心網站，http://www.fdgwz.org.cn/Web/Show/2392）。細察圖版，不是"聖"，似爲"恒"，暫且從之。

續　表

簡　號	釋　文
73EJT28：9	稟他上利隧長家屬 建始四年正月己丑符　◎　☐ 金關 子小男恭年六歲 子小女君夜年四歲　☐　（A） 子小男稍年二歲　　　　（B）
73EJT30：62①	初元四年正月癸酉 稟他珍虜隧長符 金關 隧長奉妻饑得常樂里大女某中孫年廿五歲 子小女建年五歲 子小男忠年一歲　·皆黑色 奉弟輔年十七歲 奉弟婦婢年十六歲
73EJT31：40②	初元四年正月庚申 稟他駮馬亭長孫猛符 兒子昭武萬歲里　☐ ☐妻饑得　☐☐ 子小女☐年　☐☐ 子小男建☐☐
73EJT37：656+1376（簡3.9）	五鳳四年六月戊申 稟他故駮亭長符 亭長閻得葆昭武破胡里公乘王延年＝廿八歲長七尺五寸 葆饑得承明里大夫王賢年十五歲長七尺　皆黑色 葆昭武破胡里大女秋年十八歲　　入出止

① "建"，原釋爲"建"，據王銷城意見改，參《肩水金關漢簡（叁）》校讀札記（三）》，2017年10月15日刊於簡帛網，http://www.bsm.org.cn/？hanjian/7662.html。
② "駮"，原釋爲"駞"，據裘俊民意見改釋，參《肩水金關漢簡（叁）》釋文獻疑》，2015年1月19日刊於簡帛網，http://www.bsm.org.cn/？hanjian/6313.html。

表1－3－3　Ⅲ型家屬符資料

簡　　號	釋　　文
73EJT3：89（簡1.10）	橐他通望隧長成羨 建平三年五月家屬符 妻大女轢得當富里成鼂年廿六 子小女侯年一歲 弟婦孟君年十五 弟婦君始年廿四 小女護年二歲 弟婦君給年廿五 車二兩 用牛二頭 馬一匹
73EJT37：625+42①	☒ 建平四年正月家屬符 車一兩 用牛二頭
73EJT37：754	橐他沙上隧長魯欽 建平元年正月家屬符 妻昭武便處里魯請年十九
73EJT37：756	橐他收降隧長陳建 建平二年正月家屬符 妻大女轢得安成里陳自爲年卅四 子小男懼年九歲 子小女護□年□□ 車一兩
73EJT37：1007	橐他駿南亭長孫章 陽朔三年正月家屬符 妻大女轢得壽貴里孫還年廿五 子小男自當年二 皆黑色

① 該簡綴合，可參謝明宏《〈肩水金關漢簡〉綴合拾遺（七）》，2022年6月20日刊於簡帛網：http://www.bsm.org.cn/？hanjian/8725.html。

續表

簡　號	釋　文
73EJT37：1058	槖他候史氏池千金里張彭 建平四年正月家屬符 母居延屏庭里徐都君年五十 男弟驩得臨年廿八 女弟臨年廿五 女弟驕年十五 彭妻大女陽年廿五 車二兩 用牛四頭 馬三匹

表 1 - 3 - 4　Ⅳ型家屬資料

簡　號	釋　文
73EJT6：42	槖他勇士陸長井臨 建平元年家屬符 兄妻屋蘭官粟里井君任年廿一 子小男智年七歲 兄妻君之年廿三 子大男義年十 子小男馮一歲 車一兩用口口
73EJT37：175（簡 1.11）	槖他置佐昭武便處里審長 建平二年家屬符 妻大女至年卅五 子小女侯年四 子小男小奴年一歲 牛車一兩 用牛四頭

續表

簡　號	釋　文
73EJT37：755	乙　建平二年家屬符 子男臨年十六 子女召年廿子女靑年二歲 子女驕年十三 子婦君陽年廿三子女君乘年八子男欽年三歲
73EJT37：1112	裹他口口隆…… 建平四年家屬符

表1-3-5　V型家屬符資料

簡　號	釋　文
73EJT5：78①	裹他　◎　莫當隆長董去疾妻昭武女漢里董弟卿 年廿七歲黑色
73EJT6：41（簡3.11）	廣地　後起隆長逢尊妻逢居延廣地里逢薕年卅五 子小女君曼年十一歲 葆聟居延龍起里王都年廿二 大車一兩 用馬三匹 用牛二

① 第一簡"董"字，原釋爲"童"，據姚磊意見見改，參《肩水金關漢簡釋文合校》，第62頁。

續表

簡　號	釋　文		
73EJT10：201	博望隧長孫道得子女居平里孫女年十二歲 長五尺黑色		廣地
73EJT24：296①	望遠隧長奴子小女居延城敬里郭婢年十歲 長五尺黑色	◎	廣地
73EJT29：43+33（簡1.12）	博望隧長孫道得妻居延平里　子男□□年四歲 孫可枲年廿七歲長七尺黑色　子小男廣□年二歲	◎	廣地
73EJT37：757	累下隧長張壽王子大女來君居延干秋里年十八歲 子小男長樂年一歲 長七尺黑色 子小男捐之年七歲	◎	廣地
73EJT37：759	士吏護葆得都里公乘張徙年卅五歲 長七尺五寸黑色	◎	廣地
73EJT37：1057（簡3.12）	毋患隧長安世葆居延中宿里公乘徐豬 年七十歲長七尺一寸黑色 金關符 （A）（B）	◎	廣地

① "廣地"原釋"四年"，據圖版徑改。

表 1－3－6　類型不明（殘損）家屬符資料

簡　號	釋　文
73EJT5：16	肩水橐他累山亭長□合　□合妻　子小男
73EJT6：75①	☑子男小狗年八　☑子女廉年十八　☑子女貴年六
73EJT11：242②	☑妻大女鰈得安定里李□年十九歲　☑子小男□年三歲　☑　皆黑色
73EJT21：117	☑　駟北亭長成歐與金關爲家坐出入符　從者鰈得□□里孫僂　從者鰈得□□里宣□　……
73EJT23：763③	累山亭長楊親妻居延肩水里召夗年卅　子男□年十四　……　大車一兩

① "子女貴"原釋爲"小女貴"，據曹方向意見改，參《初讀〈肩水金關漢簡（壹）〉》，2011年9月16日刊發於簡帛網，http://www.bsm.org.cn/？hanjian/5740.html。

② "皆黑色"，原未釋，據姚磊意見補，參《肩水金關漢簡釋文合校》，第171—172頁。

③ "妻"原釋爲"羑"，據圖版徑改。

續　表

簡　　號	釋　　文
73EJT37：154	☑ ☑子女…… ☑子女姊年四　　牛車一兩…… ☑子公士隆年
73EJT37：178(簡3.7)	橐他曲河亭長昭武宜春里□水 ☑ 妻大女陽年廿一　牛車一兩 子小女頃閒年二歲　用牛二頭
73EJT37：265	☑里公乘王豐年卅八 ☑ 妻君☑ 弟男□☑
73EJT37：538	橐他斬首隧長□憲 子女賣年□☑ 子男□子□☑
73EJT37：761(簡3.8)	橐他曲河亭長昭武宜春里 □水家屬符 妻大女陽年廿三　車牛一兩 子小女頃閒年三歲　用牛二頭
73EJT37：846	橐他野馬隧長趙竒 ☑ 葆妻隸得寺長里趙壽年廿七 子小女佳年十三 子小男章年十一

續表

簡　號	釋　文
73EJT37：855	葆他侯史昭武樂成里陳褒 妻大女陳恩年卅五 子大男業年十八 ☐
73EJF1：105（削衣）	☐妻大女今年廿二☐ ☐男年七歲
73EJF2：39①	☐☐ 妻始年☐☐ 子男鴻年☐

附記：該文得到侯旭東、汪桂海、李迎春等指教，原刊《簡牘學研究》第七輯（2018 年），收入本書時加以修訂。

① "鴻"，原釋"焉"，據姚磊意見改，參《肩水金關漢簡釋文合校》，第 460—461 頁。

第二章
傳與肩水金關

　　傳作爲一類通關證件，與符、通關致書等其他通關證件相比，其使用群體最爲龐大，使用地域最爲廣闊，因此更常見也更重要。綜合簽發程序、使用群體及事務公私屬性，傳可分爲公務用傳、私事用傳，一般簡稱公傳、私傳。

　　前人對傳的研究，成果衆多。王國維、陳槃、肖從禮考察了傳的形制，[①] 陳直、唐曉軍、程喜霖、李燁、李銀良等梳理了傳與過所的演變，[②] 大庭脩、薛英群、李均明、趙克堯、胡錦賢、王樹金、張德芳、藤田勝久、侯旭東、宋真、楊建、冨谷至、高榮、郭琳琳、杜鵬姣、伊藤瞳、張英梅等考察了傳的申請、使用、勘驗等問題。[③] 此外，藤田勝久結合額濟納河流域的屯戍組織體系探討了金

[①] 王國維《簡牘檢署考》，1912 年日文初版，1914 年中文初版，此據胡平生、馬月華校注本，上海：上海古籍出版社，2004 年，第 53、57—58、98—99 頁；陳槃《漢晋遺簡識小七種》，第 42—43、209—210 頁；肖從禮《西北漢簡所見"偄檢"蠡測》，張德芳主編《甘肅省第二屆簡牘學國際學術研討會論文集》，上海：上海古籍出版社，2012 年，第 289—294 頁。

[②] 陳直《漢晋過所通考》，《歷史研究》1962 年第 6 期，第 145—148 頁；唐曉軍《漢簡所見關傳與過所的關係》，《西北史地》1994 年第 3 期，第 87—90 頁；程喜霖《唐代過所研究》，第 1—38 頁；李燁《略述漢簡所見"傳"及其與"過所"的關係》，《學行堂文史集刊》2012 年第 1 期，第 18—23 頁；李燁《〈釋名疏證〉所訓"過所"補正》，《學行堂文史集刊》2013 年第 2 期，第 61—63 頁；李銀良《漢代通關憑證——"傳"與"過所"關係考辨》，《殷都學刊》2015 年第 1 期，第 26—30 頁。

[③] 大庭脩《秦漢法制史研究》，第 417—420、427—435 頁；薛英群《漢代的符與傳》，第 160—161 頁；李均明《漢簡所見出入符、傳與出入名籍》，第 29—35 頁；趙克堯《漢代的"傳"、乘傳與傳舍》，《江漢論壇》1984 年第 12 期，第 68—72 頁；胡錦賢《漢代的通行證——傳》，《湖北大學學報（哲學社會科學版）》1987 年第 6 期，第 122—123 頁；李均明《漢簡所反映的關津制度》，《歷史研究》2002 年第 3 期，第 29—30 頁；王樹金《秦漢郵傳制度》，碩士學位論文，西北大學，2005 年，第 25—27、33—35 頁；張德芳《懸泉漢簡中的"傳信簡"考述》，《出土文獻研究》第七輯，2005 年，第 65—81 頁，圖版 3—13 頁；藤田勝久《〈張家山漢簡·津關令〉與漢墓簡牘——傳與致的情報傳達》，《簡帛》第二輯，2007 年，第 441—457 頁；侯旭東《西北漢簡所見"傳信"與"傳"——兼論漢代君臣日常政務的分工與詔書、律令的作用》，第 5—53 頁；宋真《漢代通行證制度與 （轉下頁）

關的出入制度。① 可以説,幾乎傳的方方面面,前人都曾涉及。不過,隨着包含大量相關資料的金關漢簡全部出版,傳的簽發、分類、使用等老問題需要進一步深化,傳的構成、使用期限等此前較少觸及的新問題亦浮現出來。另外,持傳者過關,金關的具體應對工作都有哪些,目前也僅見藤田勝久的初步分析,相關討論尚待深化。因此,本章在前人工作的基礎上,系統梳理傳的申請、簽發、使用等問題,同時結合出入名籍簡深入分析金關吏卒在通關過程中的工作。

一 傳 的 簽 發

(一) 公傳

一般而言,公傳持有者多爲官吏,持此憑信在沿途即可乘車、通行,持傳者本人及隨從可"當舍傳舍",得到住宿招待,甚至可享受傳食的待遇。② 此前所見,御史大夫、郡守、都尉,及縣令丞、塞候等皆可簽發公傳,其中太守一般與長史、丞聯署,千人往往以兼行長史事的身份與守、丞聯署。③ 新刊金關簡顯示,都尉千人、城倉長及市丞亦可直接簽發,如下:

1.1. 元延元年九月乙丑朔丙戌,肩水千人宗移過所: 遣從史趙放爲私市居延,當舍傳舍,從者如律令。　　　　　　　　　73EJT37:528

(接上頁)商人的移動》,《簡帛》第五輯,2010 年,第 481—496 頁;楊建《西漢初期津關制度研究:附〈津關令〉簡釋》,第 86—89、95—108 頁;冨谷至《文書行政的漢帝國》,第 225—252 頁;藤田勝久《金關漢簡的傳與漢代交通》,《簡帛》第七輯,2012 年,第 202—204 頁;高榮《秦漢的傳信——兼論傳的演變》,收入張德芳主編《甘肅省第二屆簡牘學國際學術研討會論文集》,第 129—139 頁;郭琳琳、杜鵬姣《出土漢簡中的"傳"與出入名籍》,《克拉瑪依學刊》2013 年第 6 期,第 59—63 頁;伊藤瞳《漢代における伝の機能: 辺境出土簡にみる控え文書を中心に》,《千里山文学論集》90 號,2013 年,第 1—19 頁;張英梅《試探肩水金關漢簡中"傳"的制度》,《敦煌研究》2014 年第 2 期,第 122—126 頁;杜鵬姣《漢代通關文書研究》,第 27—33 頁。

① 藤田勝久《肩水金關與漢代交通——傳與符之用途》,載中共金塔縣委、金塔縣人民政府、酒泉市文物管理局、甘肅簡牘博物館、甘肅敦煌學學會編《金塔居延遺址與絲綢之路歷史文化研究》,第 606—614 頁。

② 侯旭東據《二年律令·傳食律》,認爲縣道一級官吏通常情況下不可享受傳食招待,"尤急"與"言變事"兩種情況例外。參作者《西北漢簡所見"傳信"與"傳"——兼論漢代君臣日常政務的分工與詔書、律令的作用》,第 21—22 頁。

③ 侯旭東《西北漢簡所見"傳信"與"傳"——兼論漢代君臣日常政務的分工與詔書、律令的作用》,第 8、11、18、21 頁。

1.2. 建平三年八月己卯朔乙巳，居延城倉長護移過所縣道津關：遣從史
周武歸武威取衣用，當舍傳舍，從者如律令。嗇夫長佐□

　　　　　　　　　　　　　　　　　　　　　　　　　　73EJT37：749A

居延倉長印　　　　　　　　　　　　　　　　　　　　73EJT37：749B

1.3. 綏和二年十二月甲子朔己丑，宛邑市丞華移過所縣……☐ 諸責人
亡賊處，自如弘農三輔張掖居延界中，當舍傳舍……☐ 73EJT37：1454

1.1 由肩水千人宗簽發，派遣從史“私市居延”。千人爲都尉屬官，[①]此前所見千人一般以兼行丞或長史的身份與太守聯署簽發公傳，[②]該簡顯示千人亦可獨立簽發。1.2 由居延城倉長簽發，派遣從史前往武威爲長官取回衣用。[③] 居延城倉，設在居延都尉府駐地或其左近，[④]與候官平級，[⑤]一定意義上亦可視爲縣級機構。簡 1.3 由宛邑市丞簽發，“自如弘農三輔張掖居延界中”的“自如”顯示持傳者爲市丞本人，可能前往三輔張掖居延等追逐亡賊。“市”或爲獨立的官署，若此不誤，因市丞爲市令副貳，[⑥]其簽發傳信，某種程度上與縣丞簽發意義相似。細察三傳的任務，前兩例無疑皆屬私事，按律令規定未必可使用傳舍，很可能存在假公濟私的行爲。[⑦] 當然，常見公傳，辦理的基本都是公務，公傳私用者尚屬個例。

　　與公傳私用恰成對照的是公務私傳，即持傳者爲公職人員，且從事公務，但開具流程及待遇類似私傳。如下：

　　1.4. 地節三年六月丙戌朔甲辰，尉史延年敢言之：遣佐廣齋三老、賜勞

---

① 陳夢家《漢簡所見居延邊塞與防禦組織》，原刊《考古學報》1964 年第 1 期，此據作者《漢簡綴述》，北京：中華書局，1980 年，第 42—44 頁。

② 侯旭東《西北漢簡所見“傳信”與“傳”——兼論漢代君臣日常政務的分工與詔書、律令的作用》，第 18、42、43 頁。

③ 據 1.1、1.2 兩簡，歸取衣用多由從史承擔，據此從史類似於打雜服務人員。此外，從史打雜還見於 73EJT27：50、73EJT32：6+24、73EJT24：264+269、73EJF3：568、73EJD：6、73EJD：64 等簡。《漢書》卷二八《兒寬》，唐顏師古注“從史者，但只隨官僚，不主文書”（第 2629 頁），當近於史實。詳參拙文《秦漢從史補考》，見本書第二章附二。

④ 陳夢家據城倉官吏多多兼行都尉事的情況，判斷城倉當與都尉同駐一地（《漢簡所見居延邊塞與防禦組織》，見《漢簡綴述》，第 46 頁）。冨谷至反對此説，認爲城倉位於居延都尉府（K710）附近的 A10 遺址（《文書行政的漢帝國》，第 284—286 頁）。暫且兩存之，備考。

⑤ 冨谷至《文書行政的漢帝國》，第 281—282 頁。

⑥ 郭俊然《漢代的集市管理職官》，《晋城職業技術學院學報》第 7 卷第 5 期，2014 年，第 68 頁。

⑦ 侯旭東曾指出，西漢末年傳舍開支嚴重膨脹，部分原因即在於官吏假公濟私，因緣爲奸。參作者《皇帝的無奈——西漢末年的傳置開支與制度變遷》，《文史》2015 年第 2 輯，第 32—36 頁。

名籍對大守府,乘①軺車一乘、牛一,與從者平里紀市俱。謁移過所縣道河津關,毋苛留止。敢言之。

六月甲辰居延丞延年移過所縣道河津關毋苛留止如律令/掾延年佐長世

73EJT37：519A

章曰居延丞印

六月壬子以來

73EJT37：519B

1.5. 五鳳四年八月己亥朔己亥,守令史安世敢言之:遣行左尉事亭長安世逐命張掖、酒泉、敦煌、武威、金城郡中,與從者陽里鄭常富俱,乘占用馬軺車一乘。謁移過縣道,毋苛留。敢言之。

八月己亥居延令弘丞江移過所縣道如律令/掾忠守令史安世

73EJT9：104

前簡對籍太守府,後簡"逐命"當即追捕亡命之徒,皆屬公務。簽發流程却類似私傳,分別先由尉史、守令史等縣廷低級吏員呈報,說明出差者、任務、隨從及車馬信息等,然後由令丞簽發。待遇"過所縣道河津關毋苛留"與私傳相同,僅少了主動申請的"自言"與鄉官府的"案戶籍"。與此相對的是,簡1.14五官掾石博前往太守府(詳下),及下簡追逐亡命,皆簽發公傳:

1.6. 永始二年三月丙戌朔庚寅,灅涫長崇守丞延移過所:遣□佐王武逐殺人賊朱順敦煌郡中,當舍傳舍,從者如律令。　Ⅰ90DXT0110①：5②

該簡出土自懸泉置遺址,當是王武在懸泉置使用傳舍、享受傳食而由置吏錄副留下的。該簡逐捕殺人賊,與1.5任務相似,簽發流程及待遇却不同。此外,居延縣派遣尉史上計太守府(73EJT10：210)、派遣令史前往張掖郡迎取馬匹(73EJT21：113)、派遣鄉佐前往張掖金城隴西等郡安集流民(73EJT37：935)、派遣亭長和候史上籍肩水都尉府(73EJT8：9)等,所簽亦是私傳。

公務使用私傳的原因,尚不可知。可查證者,大多數皆由居延縣簽發,出差範圍多在河西地區。不過,亦見內地簽發者,如下:

---

① "乘"字原釋爲"會",據黃浩波、姚磊意見改,參《肩水金關漢簡釋文合校》,第413—414頁。

② 胡平生、張德芳編撰《敦煌懸泉漢簡釋粹》,上海:上海古籍出版社,2001年,第48頁。

1.7. 初元三年三月乙卯朔甲申,倉令史明以官行尉事敢言之：遣竹亭長
楊渠爲郡迎三年戍田卒張掖　　　　　　　　　73EJT11：31A+10+3
傳封堠氏丞印五月廿五日入　　　　　　　　　　73EJT11：31B

該簡左殘。傳由行尉事的河南郡堠氏縣倉令史向縣廷呈報,派遣亭長前
往張掖迎護戍卒、田卒,最後由縣丞簽發。該簡左殘,無法確定堠氏丞批
復語是否包含"當舍傳舍",但其流程與前舉 1.4、1.5 相同,當屬公務
私傳。

　　不過,據 1.4、1.5、1.7 等,筆者大膽推測還存在另一種可能。即一般的
公傳,很可能亦經過令史、尉史或其他文書吏的呈報,然後才由主管機構批
准簽發。只不過,大多數公傳應該經過了文書吏的再加工,沒有像私傳一樣
把下級機構的申請文書也抄録在内。而 1.4、1.5、1.7 等,恰可能沒有經過再
加工,保持了原貌。當然,如同社會科學界流行的家族相似性(Family
Resembalance)理論揭示的一樣,分類上的井然有條並不等同於現實情況,
現實中一定是存在各種各樣的變體和"土方",傳文書中存在的諸多混淆也
可以從這一角度進行理解。

　　值得一提的是,著名的懸泉置"失亡傳信册"顯示,持傳者携帶御史大夫
簽發的公傳去監祠孝文帝廟,途中亡失傳信,隨後御史大夫移文丞相以下到
郡守、諸侯相等各機構各地,要求協助找回此傳。此外,還有一些御史大夫
簽發的其他事務傳信因亡失而通告全國。[①]　其他機構,如太守府、都尉府及
縣級官府等簽發公傳,若遺失,是否同樣需要找回,尚不清楚。

(二) 私傳

　　一般認爲,私傳的開具,需經如下程序：(1) 當事人向鄉提出申請,
(2) 鄉嗇夫核實信息,(3) 鄉嗇夫向縣呈報,(4) 縣令丞批准簽發。[②]　新刊
金關簡顯示,部分私傳在縣令丞簽發之前,尚須尉史或縣右尉審核,如下：

① 該册書由 Ⅱ90DXT0216②：866－870 四枚簡組成,釋文及研究,參張德芳《懸泉漢簡中的"傳信
簡"考述》,第 77—80 頁;初世賓《懸泉漢簡拾遺(二)》,《出土文獻研究》第九輯,2010 年,第
181—187 頁;邢義田《敦煌懸泉〈失亡傳信册〉的構成》,見張德芳主編《甘肅省第二届簡牘學國
際學術研討會論文集》,第 5—15 頁。
② 大庭脩在"榮"的名義下討論了私傳的申請、簽發,參《秦漢法制史研究》,第 427—432 頁;楊建
《西漢初期津關制度研究》,第 98—100 頁;富谷至《文書行政的漢帝國》,第 245 頁。

1.8. 甘露四年正月庚辰朔乙酉，鄉嗇夫胡敢告尉史：臨利里大夫陳同自言爲家私市張掖居延界中。謹案：同無官獄徵事，當得傳，可期言廷。敢言之。正月乙酉尉史贛敢言之：同年爵如書，毋官獄徵事，當傳，移過所縣侯國，勿苛留，敢言之。正月乙酉西鄂守丞樂成侯國尉如昌移過

所如律令　　／掾干將令史章　　　　　　　　　73EJT10：120A

西鄂守丞印　　　　　　　　　　　　　　　　　73EJT10：120B

1.9. 五鳳三年正月戊寅朔戊子，都鄉嗇夫遂佐得敢言之：長陽里師樂自言爲家市張掖郡中。謹案：樂毋官獄徵事，當爲傳。謹移過所，勿苛留，敢言之。正月庚寅原武右尉憙敢言之：謹移，案樂年爵如書，敢言之。尉史萬　正月辛卯原武守丞武移過所如律令 掾强佐異衆

　　　　　　　　　　　　　　　　　　　　　　73EJT37：1075A

原武丞印　　　　　　　　　　　　　　　　　　73EJT37：1075B

兩傳分別由南陽郡西鄂守丞、河南郡原武丞簽發。前傳由鄉嗇夫直接向尉史報告，再由尉史呈請縣令丞批准。後傳在縣令丞最終批准簽發之前，經過了縣右尉的審核。這類私傳極少見。經手尉史、縣右尉，可能與尉史、縣尉的職掌有關。[1] 從尉史、縣尉移文判斷，理論上，兩人亦須根據縣所藏户籍核對持傳者信息。

　　絕大部分私傳，持有者皆爲普通民衆。此前學界的注意力亦集中在此點。實際上，還可見部分刑徒持有的傳，同樣需要經過申請、批准的流程，但申請對象不同。如下：

1.10. 河平四年二月甲申朔丙午，倉嗇夫望敢言之：故魏郡原城陽宜里王禁自言二年戍屬居延，犯法論，會正月甲子赦令，免爲庶人，今願歸故縣。謹案：律曰“徒事已，毋糧，故官謹爲封偃檢，縣次續食，給法所當得”，謁移過所津關，毋苛留止，原城收事。敢言之。

　　二月丙午居令博移過所如律令　　　　　掾宣嗇夫望佐忠

73EJT3：55

---

① 西漢初期，尉史原直轄於尉，中後期漸在縣廷服務，與令史一起處理文書等工作，參李迎春《漢代的尉史》，《簡帛》第五輯，2010 年，第 467—480 頁。秦代，縣尉不僅有兵權，且在用人及行政管理上亦有一定權限（楊振紅《秦漢時期的“尉”“尉律”與“置吏”“除吏”——兼論“吏”的屬性》，《簡帛》第八輯，2013 年，第 333—339 頁），推測西漢早中期縣尉可能亦保留部分此類職責。

刑徒王禁遇赦免爲庶人後打算回原籍,向倉提出申請,倉嗇夫依據律令呈報縣廷,當日即由縣令批准簽發。該簡未言取傳,僅言"封偃檢"。據學者研究,該簡及其他數枚申請偃檢者(73EJT37：527、73EJT9：65、505.37/A35),其程序與私傳無異。① 此前,汪桂海、藤田勝久認爲傳的形制即是帶有封泥槽的檢,②而青木俊介認爲早期傳采取平檢加 U 型槽的方式,後期演變爲帶有封泥匣的封檢。③ 筆者以爲,所謂"偃檢"可能是對傳的形制的描述,④實際上就是傳。換言之,偃檢是某一類傳,一定意義上,"封偃檢"即是指"取傳",傳文偶然出現"封傳移過所"(EPT50：39)的"封傳"恰可作爲證明。故此,1.10 亦爲私傳。很可能刑徒王禁歸倉管理,故向倉提出申請,由倉嗇夫呈報縣廷批准簽發。據該傳所引律文"徒事已,毋糧,故官謹爲封偃檢,縣次續食,給法所當得",法律規定刑徒回家途中可享受"縣次續食"的待遇,即途經諸縣提供飲食。簡 73EJT37：526 亦是倉嗇夫申請的刑徒傳,不贅。另外,亦有令史、司空呈請的刑徒傳,如下:

> 1.11. 五鳳三年十二月癸卯朔庚申,守令史安世敢言之:復作大男彭千秋陳留高里,坐傷人論,會神爵四年三〈二〉⑤月丙辰赦令,復作縣官一歲十月十日,作日備,免爲庶人,道自致。謁移陳留過所縣道河津函谷關,毋苛留止,如律令。敢言之。
>
> 十二月庚申居延令弘守丞安世移過所縣道河津函谷關,毋苛留止,如律
>
> 令。　掾守令史安世　　　　　　　　　　　　　73EJT34：6A
>
> 章曰居令延印　　　　　　　　　　　　　　　73EJT34：6B

---

① 肖從禮《西北漢簡所見"偃檢"蠡測》,第 292 頁。
② 汪桂海《漢代官文書制度》,南寧：廣西教育出版社,1999 年,第 63 頁;藤田勝久《金關漢簡的傳與漢代交通》,第 203—204 頁。
③ 青木俊介《封檢の形態發展》,收入籾山明、佐藤信編《文献と遺物の境界Ⅱ》,第 238—239 頁。
④ 初世賓曾介紹甲渠候官塞第四隧遺址出土兩枚傳信實物,通高 23CM,中有立柱,上套牛角狀榮木(圖片見甘肅居延考古隊《居延漢代遺址的發掘和新出土的簡册文物》,《文物》1978 年第 1 期,圖一六,第 15 頁),或爲封檢之一種(《懸泉漢簡拾遺》,《出土文獻研究》第八輯,2007 年,第 95 頁)。薛英群認爲該封檢所懸或爲高級官員的榮信,並非普通傳信(《居延漢簡通論》,蘭州：甘肅教育出版社,1991 年,第 93 頁)。比對形制,這一看法應是對的。此外,A32 遺址出土一枚"張掖都尉榮信",實物照片見甘肅居延考古隊《居延漢代遺址的發掘和新出土的簡册文物》,圖版壹;相關研究,參李學勤《談"張掖都尉榮信"》,《文物》1978 年第 1 期,第 42—43 頁。
⑤ "三月"當爲"二月"之訛寫,參尉侯凱《讀〈肩水金關漢簡〉零札七則》,《西華大學學報》2017 年第 1 期,第 34—35 頁;姚磊《肩水金關漢簡釋文合校》,第 392—393 頁。

1.12. 神爵三年六月己巳朔乙亥,司空佐安世敢言之:復作大男呂異人,
　　故魏郡繁陽明里,廼神爵元年十一月庚午坐傷人論,會二年二月甲辰赦
　　令,復作縣官一歲三月廿九日 ● 三月辛未罰作,盡神爵三年四月丁亥,
　　凡已作一歲一月十八日,未備二月十一日。以詔書入錢贖罪,免爲庶
　　人。謹爲偃檢,封入居延。謁移過所。　　　　　　　　　73EJH1：3A

前簡彭千秋或在縣廷服役,故由令史呈請縣廷簽發。據前述,後簡"爲偃檢"
意同封傳。兩傳皆爲刑徒遇赦後復作縣官,前簡彭千秋在得到宣帝神爵四
年二月的大赦之後,又復作一年有餘才得以歸故鄉,後簡呂異人服役未滿,
入錢贖罪。① 後簡呂異人勞作服役機構當爲縣司空,故呂異人向該機構申
請,再由司空佐向上級機構呈報。該簡左殘,呈報機構及批復簽發之語
不存。

　　此外,屬於官府的奴隸,外出時亦須申請私傳,如下:

1.13. 建平元年九月庚寅朔丁未,掾音敢言之:官大奴杜勝自言與都尉
　　五官掾石博葆俱移簿大守府,願巳(以)令取傳,謁移過所縣道河津關,
　　毋苛留,如律令。敢言之。　　　　　　　　　　　　73EJT37：780
九月丁未居延庫守丞長移過所如律令
　　　　　　　　　　　掾音　　　　　　　　　　　73EJT37：89

兩簡筆迹相似,時間人物對應,當爲同一份册書。據簡文,杜勝身爲官府奴
隸,與都尉五官掾石博所葆之人共赴太守府呈報簿書,因而申請私傳,由掾
向上級呈請批准。巧合的是,石博的公傳錄副,亦可找到。如下:

1.14. 建平元年九月庚寅朔丁未,居延都尉雲、城騎千人……☒ 遣五官
　　掾石博對會大守府,當舍傳舍,從者如律令。　　　73EJT37：615+494

該簡筆迹墨色與 1.13 相似,時間皆爲建平元年(前 6)九月丁未,所涉人員相
同,無疑是兩人同時過關,由關吏錄副。杜勝私傳由居延庫簽發,五官掾石
博的公傳由都尉府簽發。

　　據上,無論普通民衆或刑徒,獲得私傳皆需申請批准。然亦有省略申請

---

① 關於復作的含義,及其與赦的關係,參張建國《漢代的罰作、復作與弛刑》,《中外法學》2006 年第
5 期,第 597—609 頁。

程序而直接簽發者,如下:

> 1.15. 永光三年十一月壬午朔丁未,酒泉北部千人禹移過所河津關:遣
> 葆平陵宜利里韓則年卅五、杜陵華陽里公乘呂義年廿九,乘軺車一乘,
> 牡馬一匹,之居延收責。毋苛留,如律令。　　　　　　73EJT37:525

當事人韓則、呂義身份皆爲葆,據學者研究,葆跟葆主關係較爲密切,①而該
傳由都尉千人直接簽發。很可能持傳者與千人禹關係密切,據前引簡 1.1,
千人具備簽發傳的權力,故該傳由其直接簽發。

　　綜上,一般民衆所用私傳的簽發流程,除持傳者先向鄉申請、由鄉核實
後再呈請縣令丞批准的常見形式外,亦有中經尉史或縣尉這一級別再呈縣
令丞批准者。與此相似,身份低於庶民,在倉或司空勞作服役的刑徒,期滿
後取傳歸家,當向其管轄機構申請,如倉、司空等,由後者呈請縣廷批准。官
奴與官員一起出差時,亦須申請私傳。此外,亦見都尉千人直接簽發者,或
爲特例。

　　若途中意外亡失或其他情況,可向相關機構申請新傳,如下:

> 1.16. 定昌衣用。迺九月中渡肩水河,車反,亡所取觻得丞傳,今以令爲
> 傳。謁移過所縣道關毋苛留,敢言之。/十一月乙丑朔癸未居延守丞右
> 尉可置②　　　　　　　　　　　　　　　　　　　73EJT21:56
> 1.17. 觻得成漢里薛侍親③年卅四,年七月中與同縣男子趙廣同傳,今廣
> 以八月中持傳出入……欲復故傳前入……　　　　　73EJT8:106A
> 1.18. ■右八人共傳　　▯　　　　　　　　　　　　73EJT24:95

簡 1.16 左右皆殘,據簡文,當事人此前持觻得丞簽發之傳,因渡河翻車而意
外亡失。現傳(即簡 1.16)由居延縣簽發,推測持傳者到達居延後稟明情況,
居延"以令"簽發新傳。④ 簡 1.17 刮削嚴重,據殘存簡文,觻得薛姓男子與趙

---

① 凌文超《西北漢簡中所見的"庸"與"葆"》,載史亞當主編《出土文獻與物質文化》,第 91—
　104 頁。
② "可置"二字,原未釋,據胡永鵬意見補,參《肩水金關漢簡校讀札記》,《漢字文化》2015 年第 3
　期,第 28—29 頁。
③ "侍親"二字,原未釋,沈思聰釋出,參姚磊《肩水金關漢簡釋文合校》第 97 頁。
④ 據 1.16 簡文,筆者推測,持傳者應該在落水失傳之前已經通過了金關、懸索關,否則似無法到達
　居延地區。不過,這涉及"肩水河"的定位問題。顧名思義,"肩水河"似應在肩水候官或肩水都
　尉府轄區,但亦有學者認爲是古弱水的代稱(郝二旭《"肩水"小考》,《中國歷史地理論叢》第 25
　卷第 1 輯,2010 年,第 120—122 頁)。目前看來,"肩水河"的定位及相關問題尚難弄清楚。

廣共用一枚傳,而據 1.18,多人共用一枚傳的現象或不在少數。因趙廣已經持傳先走,故薛姓男子向有關機構報告,希望能據舊傳(録副)通關。或許,薛姓男子的意思是希望相關機構向金關移文説明,允許其通關。此外,北宋《天聖令·關市令》規定:

> 若在路有故者,經隨近官司申牒改給,具狀牒關。①

這個規定的精神,即在於途中出現意外事故時,可靈活處理。結合 1.16、1.17 兩簡,漢代亦應如此,惜不知當時是否也制定了相關律令。

二　傳 的 構 成

關於傳的構成,學界通常僅關注傳文,未注意到與之配合使用的身份證件。實際上,只有兩者齊備,才可以通過關津,關津據此核查才能有效防止僞冒符傳的現象。近來陸續有學者注意及此,惜僅限於推測,迄今未見有説服力的論證。②　筆者綜合律令規定及實例,試爲疏通證明。

西漢早期,對津關及邊塞的出入,張家山漢簡《二年律令·津關令》有專門規定。如下:

2.1. 一:御史言,越塞闌關,論未有令。●請闌出入塞之津關,黥爲城旦舂;越塞,斬左止爲城旦;吏卒主者弗得,贖耐;令(488)、丞、令史罰金四兩。智其請而出入之,及假予人符傳,令以闌出入者,與同罪。非其所當爲傳而擅爲傳出入津關,以□(489)傳令闌令論,及所爲傳者(490)。縣邑傳塞,及備塞都尉、關吏、官屬、軍吏卒乘塞者,若其私婢、馬之出田、汲鹵、牧,繕治塞,郵、門亭行書者,得以符出入。制曰:可。(491)

---

① 天一閣博物館、中國社會科學院歷史研究所天聖令整理課題組校證《天一閣藏明鈔本天聖令校證——附唐令復原研究》,北京:中華書局,2006 年,第 305 頁。
② 杜鵬姣《試論漢簡中的"致"和"致籍"》,《牡丹江大學學報》第 22 卷第 9 期,2013 年,第 53 頁;田家溧《漢簡所見"致籍"與"出入名籍"考辨——以金關漢簡爲中心》,《史學集刊》2014 年第 6 期,第 113 頁;藤田勝久《肩水金關與漢代交通——傳與符之用途》,載中共金塔縣委、金塔縣人民政府、酒泉市文物管理局、甘肅簡牘博物館、甘肅敦煌學學會編《金塔居延遺址與絲綢之路歷史文化研究》,第 602—603 頁。

2.2. □：相國上內史書言，請諸詐襲人符傳出入塞之津關，未出入而得，皆
　　　贖城旦舂；將吏智其請，與同罪。●御史以聞，制曰：可，以闌論之。(497)

據這兩條律令，關津需要注意防範"假予人符傳"及"詐襲人符傳"等。若要
做到這一點，關吏除了核查通關證件本身的有效性，如封印、合符等，亦須查
驗通關者的體貌是否與證件相符。因此，理論上，通關證件需要記載持有者
的體貌、携帶物品等。如下述律文：

2.3. □：御史請諸出入津關者，皆入傳，書郡、縣、里、年、長、物色、疵瑕
　　　見外者，及馬職物關舍人占者，津關謹閱，出入之。縣官馬勿職物(498)
　　　者，與出同罪。●制曰：可。(499)

可見當事人所持的傳，需要記載籍貫、年齡、身長、膚色及特殊體征等。《二
年律令》的年代雖然在西漢早期，①但該條律令的規定及精神，可能具有普
適性。儘管文帝一度"除關無用傳"，但景帝上台後隨即恢復舊制，"復置諸
關用傳出入"，②故此，在西漢中後期，金關及其他關津的出入制度，很可能
與漢初差相仿佛。

　　而且，據上引2.3及下條律令：

2.4. ☑議，禁民毋得私買馬以扞關、鄖關、函谷關、武關及諸河塞津關。
　　　其買騎、輕車馬、吏乘、置傳馬者，縣各以所買(506)名匹數告買所內史、
　　　郡守，內史、郡守各以馬所補名爲久，久馬，爲致告津關，津關謹以藉、久
　　　案閱，出。諸乘私馬入而復以出，若出而當復入者(507)，津關謹以傳案
　　　出入之(510)。

無論是以傳通關，還是以"致"通關，關津都需"案閱"，或以藉、久、傳等案閱
出入，意思就是關吏根據通關證件的記載查驗通關者本人及馬匹。

---

① 相關討論參高敏《〈張家山漢墓竹簡·二年律令〉中諸律的製作年代試探》，《史學月刊》2003 年
　　第 9 期，第 32—36 頁；張忠煒《〈二年律令〉年代問題研究》，原刊《歷史研究》2008 年第 3 期，此
　　據作者《秦漢律令法系研究初編》，北京：社會科學文獻出版社，2012 年，第 26—43 頁；王彥輝
　　《關於〈二年律令〉年代及性質的幾個問題》，《古代文明》第 6 卷第 1 期，2012 年，第 48—55 頁；
　　馬孟龍《張家山二四七號漢墓〈二年律令·秩律〉抄寫年代研究——以漢初侯國建置爲中心》，
　　《江漢考古》2013 年第 2 期，第 89—96 頁。
② 臧知非《論漢文帝"除關無用傳"——西漢前期中央與諸侯王國關係的演變》，《史學月刊》2010
　　年第 7 期，第 5—11 頁；陳蘇鎮《〈春秋〉與"漢道"：兩漢政治與政治文化研究》，北京：中華書
　　局，2011 年，第 231—234 頁。

綜上,爲了防止詐僞冒用,通關證件需要詳細記載通關者本人及物品信息,而關吏在整個通關過程中,所起到的不過是盡職盡責地案閱出入。將這一點與金關出土的通行證件相對照,不難發現,幾乎所有的傳,包括私傳、公傳,傳文記載使用者信息皆十分簡略。如上舉公傳 1.1—1.3 僅記出差者姓名,未記身高膚色等體貌,私傳 1.8、1.9 記出行者居里姓名爵位等。此外,偶見記車馬者,如下:

2.5. 五鳳三年十月甲辰朔癸酉,西鄉嗇夫安世敢言之:隴西西始昌里知
　　實自言以令占田居延,以令予傳,與大奴謹、從者平里季奉,家市田器張
　　掖、武威、金城、天水界中,車一乘、馬二匹。謁移過所河津關,毋苛留
　　止,如律令。敢言之
　　十月癸酉居延令弘守丞安世移過所如律令　/掾忠佐定　73EJT37:524

該傳記持有者、隨從居里姓名及車馬,未記年齡,所記馬匹亦未及體貌齒齡。絕大部分的傳,傳文記載使用者信息皆極爲簡略,基本上一筆帶過。僅見下簡記載體貌,屬於特例:

2.6. ☐年十一月壬申朔丁丑陶鄉嗇夫定佐博益利里公士程相自言與☐
　　☐☐☐長七尺四寸黑色☐　　　　　　　　　218.50+218.4/A32

據殘存月朔,該簡紀年當爲元康元年。簡文"長七尺四寸黑色"當爲出行者之一的體貌,但該簡殘損嚴重,尚不能確定體貌信息原就記在傳文裏,還是另附於牒,關吏錄副時抄在一起。

與此相對的是,大部分完整的出入名籍簡,皆有當事人縣、鄉、爵、里、姓名與體貌及車馬信息,暫舉如下:

2.7. 居延東鄉嗇夫延年乾忠臣長七尺五寸黑色　軺車一乘馬二匹
　　　　　　　　　　　　　　　　　　　　　　73EJT37:753

2.8. 居延亭長孤山里刑延壽年五十一 用馬一匹馬騩齒十歲　正月丙寅入
　　　　　　　　　　　　　　　　　　　　　　73EJT30:23

2.9. 河南郡平縣河上里公乘左相年廿三長七尺二寸黑色　劍一枚　卩
　　　　　　　　　　　　　　　　　　　　　　73EJT10:104

2.10. 河南轂成長陽里大夫師逢年卅長七尺二寸黑色牛車一兩鐱木盾
　　各一　卩　　　　　　　　　　　　　　　　73EJT25:5

2.11. 河内温中侍里汪罷軍年卅八字君長　乘方相車馬騩牡馬一匹齒
十五　八月辛卯入　　　　　　　　　　　　　　　　73EJT26：35

前兩簡爲官員，當使用公傳，後三簡爲普通民衆，當使用私傳。五簡皆一筆
下來，不存在第二種筆迹。或記身高、膚色，或記馬匹齒歲，或記携帶物品，
信息較爲全面。當然，記載簡略者也存在，如下：

2.12. 常安庫宰王延壽年桼十一　牛車一兩　　　　73EJF3：357
2.13. 梁國虞北函里士五皇路人年廿八　　　　　　　73EJT21：37
2.14. 茂陵當利里任安世　　　　　　　　　　　　　73EJT22：62

不過，此類簡牘很少見。

《太平御覽》引《晋令》曰：“諸渡關及乘船筏上下經津者，皆有【過】所，
寫一通付關吏。”①據此，關津録副“過所”。“過所”與“傳”異名同實，因此
類證件上常見“移過所”的字樣，約在兩漢之際“傳”漸被稱爲“過所”。②
《晋令》所述雖爲後代，其精神與操作方法在漢代恐亦如此。筆者推測，出入
名籍應是關吏在謄録相關證件的基礎上添加出入信息而已（詳下）。反觀
《津關令》對通行證件的要求，出入名籍上通行者體貌、物品及馬匹尺寸等恰
與律令相符。因此，筆者以爲，這些詳盡的信息應來自通行證件，而非關吏
測量補充。通關時，關吏很可能根據通關證件大致觀察一下，既無必要亦無
可能費時費力逐個測量通行者身高、馬牛尺寸，甚至細數馬牛口齒。

綜上，比對相關律令、傳文、出入名籍等三者，基本可以確定，當事人持
傳通行時，很可能需要相應的身份證件，以便關津據以核查。僅憑信息簡略
的傳文，無法有效防範詐僞及襲人符傳等行爲。

不過，上述觀點僅止於推測，檢核材料，筆者發現不少私傳皆有“年姓如
牒”的用語，值得注意。暫舉三簡如下：

2.15. 河平四年七月辛亥朔庚午，西鄉有秩嗇夫誼守斗食佐輔敢言之：
中安男子楊譚自言欲取僂檢，與家屬俱客田居延界中。謹案：譚等年
如牒書，皆非亡人命者，當得取僂檢，父老孫都證。謁移居延，如律令，
敢言之。

---

① 《太平御覽》卷五九八《文部》“過所”條，北京：中華書局，1960 年影宋本，第 2695 頁上欄。
② 李銀良《漢代通關憑證——“傳”與“過所”關係考辨》，第 26—30 頁。

七月癸酉長安令右丞萬移居延如律令　　/掾殷令史賞　　　73EJT37：527

2.16. 元延四年十一月丁丑朔乙未，西鄉嗇夫竟佐政敢言之：利貴里男子賈章自言爲家私使之張掖居延，願以律取傳。謹案：章年姓如牒，毋官獄徵事。當得取……　　　　　　　　　　73EJT37：59+471

2.17. 建平三年正月癸未朔……夫假佐恭敢言之：善居里男子莊煙自言取傳，乘馬三匹☑……張掖酒泉……年長馬齒物色各如牒，過所津關毋苛留，如律令。☑過所如律令　　　/掾承守令史就

73EJT37：806+816+1207

2.15 出行者爲楊譚及其家屬，而傳文僅記載“譚等年如牒書”；2.16 出行者爲賈章，傳文僅言“章年姓如牒”；2.17 殘斷，據私傳常見書式判斷，傳文恐只記載了莊煙居里、姓名及乘馬數量，詳細信息“各如牒”。“年姓如牒”等用語顯示，鄉嗇夫、鄉佐向縣令丞呈請簽發私傳時，另簡附有持傳者的詳細信息。換言之，現在看到的傳文，其主體是當時申請、批復過程中産生的文書，而持有者的信息一般另牒附上，書式類似於西北漢簡中常見的完整簿書。通觀目前可見的傳文書，縣官府並未綜合鄉的申請書及持有者牒書，將個人信息糅合進去另外起草傳文，而是以添加案語的形式批復簽發。若此不誤，則鄉呈報的申請者牒書，必與縣簽發之傳文配合使用，才能明確申請者的個人信息。因此，筆者推測，至少上舉三傳，應該與記錄出行者信息的牒書配合使用。不過，三簡本身僅見關吏謄録的傳文，而未見牒書記載的出行者信息。這有兩種可能：（1）傳、牒原本就分開製作、封印，故關吏謄抄時亦分開，用寬木牘抄寫傳文，單札抄寫牒上的出行者信息；（2）傳文、牒文原本記録在一枚簡上，考慮到檔案保存及向上級機構報告通關人員詳情的便利，關吏分開抄寫。筆者推測，很可能以前者爲多，後者較少。

　　目前確可見到同一枚簡牘分開記載傳文書與個人信息的例子。如下：

2.18. ☑□八長七尺二寸黑色牛車一兩麥五十石☑

　　☑西鄉嗇夫充敢言之：成☑

　　☑□如牒。謁移肩水金關出，來☑　　　　　　　　73EJT29：28A

2.19. ☑大男王□年二十三桼尺五寸□□☑

　　☑居延庫丞威移過所河津：遣官佐一人☑　　　　　73EJT23：857A

　　　　☑□隆俱之酒泉郡中。年長如牒，毋□☑　　　　　　　73EJT23：857B

2.20. 誼①從者居延西道里……☑

誼從者居延利上里公大夫王外人年□□長七尺四寸黑色尸

元康三年九月辛卯朔壬子，佐宣敢言之：□□□長誼逐命張掖、酒泉郡

中，與從者西道……☑……以令取傳。謹疎年長物色，謁移肩水金關

出，來復傳。敢言之。☑……水金關如律令/掾延年佐宣

　　　　　　　　　　　　　　　　　　　　　73EJT37：28+653+1133A

印曰居延丞印　　　　　　　　　　　　73EJT37：28+653+1133B②

2.21. 子女呈配年六小

神爵五年二月庚寅朔辛卯，駿鄉嗇夫仁敢言之：道德里樵威自言田張

掖郡居延界中☑　　　　　　　　　　　　　　　　73EJT37：1380A

印曰霸陵右尉　　　　　　　　　　　　　　　　　73EJT37：1380B

2.22. 居延亭長平明里不更張廣年廿三長七尺五寸黑色軺車一乘用馬

□從者居延□□里大夫徐□年十二長五尺四寸黑色五月己亥入七月

　　　　　　　　　　　　　　　　　　　　　　　　73EJT37：833A

　　　　　　　　　　　　亭長廣傳　　　73EJT37：833B

　　2.18 上下殘斷左右完好，據簡文“西鄉嗇夫充敢言之”判斷，當爲私傳。簡
文“如牒”的用語，恰與前述 2.15、2.16、2.17 相同，而傳文右側“□八長七尺
二寸黑色牛車一兩麥五十石”當爲持傳者信息。此種書式，恰恰證明前述部
分私傳包括傳文及個人信息兩部分的觀點。2.19 與之類似，大男王□當即
與官佐“俱之酒泉郡中”的同行者，傳文“如牒”與右側王□的個人信息相對
應。2.20 傳文“疎年長物色”與“年姓如牒”相類，而右側記錄了兩名從者的
身高膚色，互相印證。細察圖版，該簡右側尚殘，持傳者信息很可能記錄在
最右側。2.21 傳文右側記錄了持傳者樵威女兒呈配的信息，惜右側殘損，無
從判斷呈配右側是否記載了樵威的信息。該簡未見“年姓如牒”的用詞，理
論上，呈配信息也可解釋爲：該項信息原不存在於樵威所持的通關證件上，

① “誼”字原釋爲“官”，細察圖版，簡牘右側殘缺，殘字還有“言”旁及“宜”之左筆，與第二行“誼”
比對，更爲明顯，故改釋爲“誼”。如此也與文書書式相符，兩行所載都是傳主“誼”的從者。
② 該簡綴合，參姚磊《〈肩水金關漢簡（肆）〉綴合考釋研究（十二則）》，《出土文獻》第九輯，2016
年，第 226—228 頁；部分文字改釋，參姚磊《讀〈肩水金關漢簡〉札記（二十三）》，2017 年 7 月 11
日刊於簡帛網，http://www.bsm.org.cn/？hanjian/7574.html。

其通關時,關吏詢問後得知而與傳文記錄在一起。不過,結合 2.15—2.17 三簡"年姓如牒"的用語,2.21 應與之相同,呈配信息原本就存在於通關證件上。2.22 左殘,右側僅存亭長張廣、從者信息及出入記錄,簡背"亭長廣傳"顯然是指正面文字。單有張廣及從者的信息,是不足以稱爲傳的。聯繫 2.18—2.21 的書式,2.22 左側缺失者應爲傳文,與亭長廣及從者信息配合成爲完整的傳。下端"五月已亥入七月",是在傳上記錄的出入信息。

此外,據學者研究,西北地區常見的完整簿書,通常是簿籍簡在前、呈文簡在後。[①] 上述四簡出行者信息在前、傳文在後的記錄方式,恰與此相同。不過,亦有例外者,如下:

2.23. 元壽二年十月丁〈辛〉卯朔辛卯,[②]廣昌鄉嗇夫假佐宏敢言之:陽里男子任良自言欲得取傳,爲家私使之武威張掖郡中。謹案:良年五十八,更賦皆給,毋官獄徵事,非亡人命者,當得取傳。謁移過所河津關,毋苛留,如律令。

十月辛卯雍令　丞鳳移過所如律令

馬車一兩用馬一匹齒十二歲牛車一兩用牛二頭╱掾並守令史普

73EJT23：897A

雍丞之印　　　　　　　　　　嗇夫賞白

五月己巳以來南　　　　　　　君門下　　　　73EJT23：897B

簡背爲開封記錄,正面爲關吏謄抄的傳。車、馬、牛信息及馬齒皆記錄在傳文書之後,而非之前。不知原件即是如此行款,還是關吏抄錄時做了調整。僅此一例,未見其他類似書式者。

綜上,完整的傳,應該包括傳文及出行者信息,以便關津核對身份及人員物資。目前看來,出行者信息多數是另簡製作,但也不能排除個別傳將出行者信息記錄在傳文內的可能性。這個另簡書寫的身份證件,其正式名稱叫作"致"。[③] 與傳相同,"致"可能亦須封印,以便防止僞冒。筆者懷疑,下

---

① 侯旭東《西北所出漢代簿籍册書簡的排列與復原——從東漢永元兵物簿説起》,《史學集刊》2014年第 1 期,第 58—73 頁。

② 原釋作"七",簡背亦釋爲"七月辛卯",實際上漢簡"十""七"兩字極易混淆,橫豎長短相類,結合字形及月朔干支,兩處皆爲"十月",徑改。另,該簡朔日"十月丁卯"當爲"辛卯"之訛。

③ 詳本書第三章第一節。

述幾枚出入名籍簡即當録自"致"。

2.24. 居延城倉令史曹相　城倉丞　軺車一乗　　　　六月戊寅北嗇夫欽出
　　　　　　　　　　　　　用馬一匹騂北齒八歲高五尺八寸

73EJF3：347

2.25. 居延令史王元　居延丞印　革車一乗用馬一匹騮北齒十二歲高六尺
　　　　　　　　　　　　　　十月癸丑南嗇夫□入

73EJT23：905

2.26.　　　　　　　　　表是宰之印　作者樂得廣昌里張錢年三十

錯田表是常安善居里李欽年三十　　大車一兩

　　　　　　　　　　　　　　　　用牛二頭　十二月庚子入

73EJF1：30+28

三簡皆一筆下來，不存在第二種筆迹。前兩簡通關者均爲低級屬吏，録自公傳的可能性較大。[①] 末簡李欽當爲普通民衆，當録自私傳。"常安""表是宰"顯示，該簡時代在新莽始建國之後。[②] 錯田不可解，或與閒田有關。[③] 三簡皆録有印文，或即與傳配合使用的"致"，因其亦須證明有效性，故蓋有簽發者印章。下述兩簡可能亦如此：

2.27. ☑□王嚴　河平二年九月壬子居延庫守丞賀爲傳[④]　九月☑　　73EJT4：99
　　　　　　　上計大守府

2.28. 居延尉史梁襄　陽朔元年九月己巳居延令博爲傳　十二月丁☑
　　　　　　　　　市上書具長安

73EJT6：27A

細察圖版，皆一筆下來，不存在第二種筆迹。兩簡記個人信息甚爲簡略，中間臕録者或爲傳文縮寫。關吏很可能録副"致"之餘，亦擇要抄寫傳文，並未

---

① 侯旭東重點考察了懸泉置出土公傳，持傳者多爲低級官吏。參作者《西北漢簡所見"傳信"與"傳"——兼論漢代君臣日常政務的分工與詔書、律令的作用》，第 22 頁。
② 新莽始建國元年改長安爲常安，縣令長爲宰（《漢書》卷九九《王莽傳》，第 4103 頁）。相關討論參饒宗頤、李均明《新莽簡輯證》，臺北：新文豐出版公司，1995 年，第 140、166—167 頁。
③ 吉村昌之認爲，西漢時期爲了軍事目的而經營的農地，至王莽時期劃歸民政系統的縣進行管理，這部分土地就是所謂的"閒田"（《漢代邊郡的田官組織——以見於簡牘的"閒田"爲綫索》，原載大庭脩編《漢簡研究の現狀と展望：漢簡研究国際シンポジウム'92 報告書》，1993 年，此據中譯本，收録在中國社會科學院簡帛研究中心編《簡帛研究譯叢》第一輯，第 184—205 頁）。唐俊峰繼承了此看法，并做了進一步申論（《西漢河西田官的組織與行政——以居延、肩水地區的田官爲中心》，《中國文化研究所學報》第 59 期，2014 年，第 101—103 頁）。關於"錯田"，另見於73EJF1：30+28、73EJF1：36 兩枚出入關名籍簡，分別涉及酒泉郡的表是、禄福兩縣，録此備考。
④ "傳"，原釋爲"轉"，據圖版徑改。

另簡録副傳文書。不過,大多數出入名籍簡皆未載印文,很可能因關吏録副傳文時已經記録印文而省略了,僅上述數枚保存。

三　有　效　期

關於傳的有效期,多數學者皆未涉及,僅張英梅據常見傳文"無官獄徵事",認爲官府每年都需核實賦役等情況,因此推測私傳時效大概爲一年。[①]不過,這個説法不甚可靠。漢代每年八月在鄉案比登記户籍信息,[②]而私傳在一年到頭的每個月度均可簽發,[③]若依前説,則其時效必隨簽發月份不同而改變,肯定不會整齊劃一皆爲一年。而且,若七月簽發私傳,則僅可行用一個月,似乎太短。另外,私傳持有者多爲個人,極少全家外出者,故賦役任務或可由其他家庭成員分擔。因此,推測私傳時效爲一年恐難成立。[④]

筆者發現,金關簡中有數枚私傳標明了有效期,頗爲可貴。如下:

3.1. ……年爵里如書,毋官獄徵事,當得取傳。寫移,往來百廿日。謁
移過所縣邑道上津關門亭,毋留☐

　　二月庚午陽陵令 守丞勳移肩水金關　　☐☐☐　　　　73EJT37:157

3.2. 案:延壽年爵如書,毋官獄徵事,期往來百廿日,謁移過所縣邑,敢
言之。尉史　　　　　　　　　　　　　　　　73EJT9:12A

河南長印　　　　　　　　　　　　　　　　73EJT9:12B

3.3. ☐甘露二年十月丁巳朔壬午☐徵事當爲傳。移☐百[⑤]廿日,謁移
過所縣邑侯國,以律☐縣邑侯國☐　　　　　73EJT10:232A

3.1"往來百廿日",3.2"期往來百廿日",應該均屬傳的有效期。3.3 殘存"百

---

① 張英梅《試探肩水金關漢簡中"傳"的制度》,第 126 頁。
② 邢義田《漢代案比在縣或在鄉?》,見《治國安邦:法制、行政與軍事》,北京:中華書局,2011 年,第 211—248 頁;臧知非《秦漢賦役與社會控制》,西安:三秦出版社,2012 年,第 6—13 頁。
③ 從正月至十二月,每個月簽發的傳信,見於如下十二枚簡:72EJC:15、73EJH1:14、73EJT28:46、73EJT23:772、73EJT9:92、73EJT10:312、73EJT37:527、73EJF3:328、73EJT24:262、73EJT24:532、73EJT37:59+471、73EJT23:335。
④ 程喜霖據日本《養老關市令》"若已得過所,有故卅日不去者,將舊過所申牒改給",認爲唐代普通行客過所的有效期,一般爲三十天(《唐代過所研究》,第 60—61 頁)。實際上,該律令規定的是三十天内必須啓程出發,並不是有效期。
⑤ "百"字原未釋,據圖版,徑補。

廿日”，懷疑亦爲時效。3.1 由陽陵縣簽發，目的地未詳，簽發語包含“肩水金關”，很可能持傳者亦前往居延地區。據下簡，敦煌郡效穀縣懸泉置距長安 4 080 漢里：

3.4. 張掖郡千二百七十五一，冥安二百一七，武威千七百二，安定高平

　　三千一百五十一里……　　　　　　　　　V90DXT1611③：39A

　　金城允吾二千八百八十里，東南。天水平襄二千八百卅，東南。東南去

　　刺史□三□……一八十里……長安，四千八十……

　　　　　　　　　　　　　　　　　　　　　V90DXT1611③：39B①

該簡以懸泉置爲中心，記載到各地的距離，雖然簡文殘損，尚可知曉距長安 4 080 漢里，即 1 696 公里，與現在道里狀況亦基本吻合。3.1 持傳者從陽陵縣出發前往居延，無論走哪條路，②約到達䤋得後即須折而北行。陽陵縣在長安北邊不遠，效穀、居延距䤋得差相仿佛，故可暫定居延與陽陵的距離爲 4 000 漢里左右。漢初《二年律令·行書律》規定“郵人行書，一日一夜行二百里（273）”，額濟納河地區常見行書速度爲每時 10 里，每天 160 里，③故若以行書速度計算，從長安至居延，中間不停留的話，快則 20 天、慢則 25 天即可到達。3.2 簡背印文若釋讀無誤，則持傳者從河南縣出發，河南縣在今洛陽附近，距長安較陽陵更遠一些，但 30 天左右應可到達居延。不過，私傳持有者前往居延，大部分都是做生意的普通人，其行進速度自然無法與郵書傳遞相提並論。

　　據嶽麓書院藏秦簡《徭律》規定：

3.5. 徭律曰：委輸傳送，重車負日行六十里，空車八十里，徒行百里。其

　　有□□□▨　　　　　　　　　　　　　　　　　　　肆·248④

秦代傳送委輸，重車 60 里，輕車 80 里，徒行 100 里。到了漢初，《二年律令·徭律》對速度做了調整：

3.6. 與給傳送。事委輸傳送，重車重負日行五十里，空車七十里，徒行

　　八十里。免老、小未傳者、女子及諸有除者，縣道勿（412）

---

① 胡平生、張德芳編撰《敦煌懸泉漢簡釋粹》，第 59—60 頁。
② 關於長安至河西的路綫，可參初世賓《漢簡長安至河西的驛道》，《簡帛研究 2005》，2008 年，第 88—115 頁及附圖；侯旭東《皇帝的無奈——西漢末年的傳置開支與制度變遷》，第 61—62 頁。
③ 關於額濟納河流域漢代邊塞郵書傳遞速度，詳參拙作《肩水金關漢簡研究》，第 45 頁。
④ 陳松長主編《嶽麓書院藏秦簡（肆）》，上海：上海辭書出版社，2015 年，簡號 248。

秦漢里制相承,漢初的要求較秦代略有和緩。約兩漢之際成書的《九章算術》記載:

六人共車,車載二十五斛,重車日行五十里,空車日行七十里。①
今有程傳委輸,空車日行七十里,重車日行五十里。②

一般而言,算數書之類的文獻,如同典籍一樣可能存在較爲長久的流傳過程,且內容多數當爲舉例或假設,所記數值未必與成書當時的實際生活相應,但綜合漢初《二年律令》可知,空車日行 70 里、重車日行 50 里或爲常態。不過,傳送委輸即使徒行,亦勢必負擔物品,目前所見金關簡里的私傳者多數未運載重物,故其行進速度可能與傳送委輸相當,或略高,暫定其速度爲 80 漢里。若此不誤,從陽陵到居延,單程大約需要 50 天,往返 100 天。若騎馬而非驅車,速度可能更快。"百廿日"的時限雖然短暫,在規定期限內尚可返回,且中間約有一個月的時間在居延盤桓。

雖然部分私傳注明"百廿日"的時限,但目前可考的私傳,傳主外出時間大多超過此數。如前舉簡 2.23 顯示,任良從陽陵西邊的雍縣出發,返程經過金關之時距簽發之日已七個多月。下傳顯示,從長安到肩水地區,亦費時不少:

3.7. 五鳳二年五月壬子朔乙亥南鄉嗇夫武佐宗敢言之:北陽曲里男子……謹案:弘年廿二,毋官獄徵事,當得取傳,里父老丁禹證。謁言廷移過所□……
六月庚寅長安守右丞湯移過所縣邑如律令 掾充令史宗　　73EJT9:92A
三月壬辰不弘以來
章曰長安右丞　　　三月壬辰　　　　　　　　　73EJT9:92B

據簡文,不弘所持之傳在五鳳二年(前 56)六月九日(庚寅)簽發,若當時即出發,假使次年三月十六日(壬辰)返程經過金關,則相距亦已九月有餘。當然,兩簡未言在居延耽擱的時間,不排除途中用時很少、在居延盤桓很久的可能。無論如何,四個月的有效期,時間相當緊張。

不過,目前僅發現上舉三枚私傳(簡 3.1、3.2、3.3)記載了有效期,其他

① 郭書春《匯校九章算術(增補版)》卷六《均輸》,瀋陽: 遼寧教育出版社,2004 年,第 241 頁。
② 郭書春《匯校九章算術(增補版)》卷六《均輸》,第 246 頁。

絶大多數都未記載。不清楚究竟是多數情況下録副傳時省略这一信息,还是此三枚私傳屬於例外。從秦漢公傳、私傳所見的"來復傳"等看來,無疑是可以使用到返程,①似乎不限制時間。當然,特別注明者除外(簡 3.1、3.2、3.3)。私傳傳主返回原籍後,可能需要向鄉報告,辦理類似"報到"的手續,再次外出時需要另行申請私傳。至於公傳,因官吏需在特定機構當差,一般不可能無緣無故離署外出,一旦公差即需要申請傳信,故無須擔心其持舊傳私自離開。

四　通關與出入名籍

關於出入名籍,此前李均明、佐原康夫、田家溧、畑野吉則等已經做了初步分析,②限於材料和視角,僅集中在分類方面。本節結合律令及出入名籍簡,系統考察金關通關的相關制度。

(一) 查驗

如前所述,關吏既需要查驗通關者證件的有效性,亦需據之核查持傳者身份真偽及所携物資。據《津關令》,西漢早期對某些物品的流通有特殊規定,如下:

4.1. 二:制詔御史,其令扞關、鄖關、武關、函谷、臨晉關,及諸其塞之河津,禁毋出黄金、諸奠黄金器及銅,有犯令(492)

4.2. □:制詔御史,其令諸關,禁毋出私金器、鐵。或以金器入者,關謹籍書。出,復以閲,出之。籍器、飾及所服者不用此令。(493)

兩條法律嚴禁扞關、鄖關、武關、函谷關、臨晉關等五關流出黄金、鐵器等戰略物資,如此做法當與西漢朝廷的關中本位政策,以及當時對關東諸侯國的

---

① 關於"來復傳",可參本章附録《秦漢簡牘"來復傳"含義考辨》。
② 李均明《漢簡所見出入符、傳與出入名籍》,第 33—35 頁;佐原康夫《關於居延漢簡所見肩水金關》,《簡帛研究 2001》,2001 年,第 724—729 頁;田家溧《漢簡所見"致籍"與"出入名籍"考辨——以金關漢簡爲中心》,第 115—116 頁;畑野吉則《漢代の下級部署における日常業務と情報處理:關所の通關業務と出入記録簡》,《資料學の方法を探る》13 號,2014 年,第 28—38 頁。

防範猜忌密切相關。① 這個政策，恐怕僅限於當時，行之未遠，在景帝削平六
國之亂，尤其是武帝廣關之後，②應該就沒有存在的必要了。至於西漢中後
期的金關在這方面有什麼具體的政策，尚不清楚，不過，該地出土的出入
名籍簡及傳文幾乎未見到戰略物資大量出現。當然，私人携帶的普通的
刀劍弓矢，因其數量有限，應無大礙，故出入名籍簡時有記載。如前引簡
2.9"劍一枚"、2.10"鎩、木盾各一"，携帶刀劍者相對較少，弓矢較爲常見。
如下：

4.3. 弘農郡陝宜里大夫王定年卌長七尺二寸黑色　牛一車一兩弓一矢
五十　　　　　　　　　　　　　　　　　　　73EJT37：986
4.4. 鱳得敬老里任賞年廿五　輣車一乘馬一匹　弓一矢五十　卩
73EJT10：63

其他如黄金、銅器等重要物資，目前尚未見到。

　　負責查驗通關者，較爲常見的是關嗇夫，如前舉2.24、2.25兩簡。此外，
亦見關佐、關卒及驛北亭長、候史、尉史等負責通關，如下：

4.5. ☑安③故里左臨年廿三　十一月甲申南關佐音入　73EJT37：1342
4.6. 　　　　　　　昭武便處里公乘韓放年五十、大車一兩　二月一日卒李
　● 右大尉屬韓況葆　母廉年三十五、普弟玄年十二、用牛二頭　牛二入、
　　　　　　　譚入
　　　　　　況弟普年十五、羊二入、　　　　　73EJF3：326
4.7. 長安鼂陵里常惲年卌三　_{方相一乘}　十一月癸卯兼亭長并入
　　　　　　　　　　　_{用馬一匹}
73EJT37：997

---

① 關於五關的具體位置及當時中央與諸侯國的對立關係，可參王子今、劉華祝《説張家山漢簡〈二
年律令·津關令〉所見五關》，《中國歷史文物》2003年第1期，第44—52頁；董平均《〈津關令〉
與漢初關禁制度論考》，《中華文化論壇》2007年第3期，第62—68頁；楊建《西漢初期津關制度
研究：附〈津關令〉簡釋》，第43—50、58—64頁；蔡坤倫《楚扞關考》，《臺灣師大歷史學報》第46
期，2011年，第1—34頁；梁萬斌《從長安到洛陽：漢代的關中本位政治地理》第二章《關中本位
政治地理的形成：漢初之政治地理》，博士學位論文，復旦大學，2013年，第34—60頁。
② 關於武帝廣關的相關研究，可參辛德勇《漢武帝"廣關"與西漢前期地域控制的變遷》，《中國歷
史地理論叢》第23卷第2輯，2008年，第76—82頁；胡方《漢武帝"廣關"措置與西漢地緣政策的
變化——以長安、洛陽之間地域結構爲視角》，《中國歷史地理論叢》第30卷第3期，2015年，第
40—45頁。
③ "安"字原未釋，據姚磊意見補，參《肩水金關漢簡釋文合校》，第435頁。

4.8. 居延左部守游徼肩水里士伍張武年五十六　十一月庚子候史丹入☐

　　　　　　　　　　　　　　　　　　　　　　　　73EJT37：701

4.9. 定陶□亭長弟①里公乘靳舍年卅四長七尺四寸黑色尉史恭入

　　　　　　　　　　　　　　　　　　　　　　　　73EJT33：76

簡 4.6 下端"二月一日卒李譚入"，李譚當即爲關卒。駟北亭及東部候長駐在 A32 遺址，②候史當爲東部候長屬吏。肩水候一度在此地常駐，③尉史作爲文書吏隨侍肩水候，可能亦在 A32 遺址。因此，候史、尉史亦臨時負責通關。

事情重大時，肩水候亦親臨關口，如下：

4.10.

使者一人	假司馬一人	騎士廿九人	●凡卅四人	傳車二乘	軺車五乘
吏八人	廐御一人	民四人	官馬卅五匹	馬七匹	候臨

　　　　　　元康二年七月辛未嗇夫成佐通内　　　73EJT3：98

"候臨"，當即表示肩水候親臨。或許此次人員大規模入關，干係重大，故關嗇夫、關佐及肩水候均親臨迎接，以示隆重。

（二）録副與登記

關吏在查驗通關者身份及物資之餘，亦須録副通關證件。這一點，似與秦代不同，據睡虎地秦簡《法律答問》：

4.11. "發僞書，弗智，貲二甲。"今咸陽發僞傳，弗智，即復封傳它縣，它縣亦傳其縣次，到關而得，今當獨咸陽坐以貲，且它（57）縣當盡貲？咸陽及它縣發弗智者當皆貲。（58）

秦代持傳出行，似乎每到一地皆需開封傳信，並另行封印。漢代並非如此，

---

① "弟"，原釋爲"第"，據姚磊意見改，參《肩水金關漢簡釋文合校》，第 390 頁。
② 侯旭東《西漢張掖郡肩水候官駟北亭位置考》，《湖南大學學報（社會科學版）》2016 年第 4 期，第 32—37 頁；拙文《漢代張掖郡肩水塞東部候長駐地在 A32 遺址考》，原刊《簡帛研究》2017 年春夏卷，此據拙著《肩水金關漢簡研究》，第 150—162 頁；青木俊介《漢代肩水地区 A32 所在機関とその業務関係》，載高村武幸編《周縁領域からみた秦漢帝国》，東京：六一書房，2017 年，第 66—68 頁。
③ 拙文《漢代肩水候駐地移動初探》，載《肩水金關漢簡研究》，第 99—149 頁。

前舉 1.8、1.9 兩傳分別由南陽郡西鄂縣、河南郡原武縣簽發,持傳者勢必途經函谷關或武關才能到達金關,但兩簡所封的依然是原籍縣之印,顯然此前過關時並未另行封以所過地之印。這種差異,或許是秦漢制度不同吧。

　　據前,傳一般包括傳文及與之配合使用的"致"。關吏錄副傳文的同時,亦另簡錄副"致",並在其上登記出入信息,兩者可對應。此例甚多,暫舉公傳如下:

　　4.12. 居聑三年二月戊寅朔癸卯,杜行守丞莊移過所:遣亭長垣黨爲郡送絳張掖居延都尉府,當舍傳舍,從者如律令。　　　　　/掾並守令史奮

　　　　　　　　　　　　　　　　　　　　　　　73EJF3：114+202+168

　　4.13. 南陽郡杜衍亭長垣黨年冊五　輜車一乘　　　　六月庚子出
　　　　　　　　　　　　　　　用馬一匹驪牝齒七歲高六尺二寸

　　　　　　　　　　　　　　　　　　　　　　　73EJF3：48+532+485

　　4.14. 居聑三年二月戊寅朔癸……□①丞岑移過所過:守尉周重爲郡送絳張掖居延都尉府,當舍傳舍,從者如律令。　　　　　/掾鳳令史博

　　　　　　　　　　　　　　　　　　　73EJF3：470+564+190+243+438

　　4.15. 南陽郡氾鄉侯國守尉周重年卅六　輜車一乘　　　六月庚子出
　　　　　　　　　　　　　　　用馬馬一匹驪騩牝齒八歲高六尺二寸

　　　　　　　　　　　　　　　　　　　　　　　73EJF3：290+121

4.12 是南陽郡杜衍縣爲亭長垣黨開具的公傳,4.13 爲垣黨出入名籍簡。個人信息相同,毫無疑問是同一個人。4.14 中間殘缺,簽發機構不詳,持傳者爲氾鄉侯國守尉周重,名籍簡 4.15 周重的身份亦是守尉。比對四簡筆迹書風,亦極爲相似。此外,4.14 傳文"爲郡送絳張掖居延都尉府",任務與 4.12 相同,而垣黨、周重皆來自南陽郡,出關的月份干支相同。懷疑垣黨、周重同爲南陽郡所遣,任務相同,故結伴而行,同日過關。此例爲目前所僅見。此外,73EJT24：264+269、73EJT25：88 分別是居延都尉府卒史孫畢的傳文書與個人信息簡;73EJF3：118、73EJF3：270 分別是居延縣守尉史東郭護的傳文書與個人信息簡,不贅。

　　私傳亦有對應者,如下:

―――――――――――

① 原釋爲"並",細察圖版,該字上半部缺損,故闕釋。

4.16. 五鳳四年六月庚子朔甲寅,中鄉嗇夫廣佐敢言之:囂陵里男子習
萬自言欲取傳,爲家私使張掖居延界中。謹案:萬年五十一,毋官獄徵
事,當得爲傳,父【老】不尊證。謁言移過所縣邑,毋留止,如律令。敢
言之。

六月己未長安守右丞世移過所縣邑毋苛留如律令　掾　令史奉

73EJT37:1076A

章曰長安右丞印　　　　　　　　　　　　　　　　　73EJT37:1076B

4.17. 京兆尹長安囂陵里習萬年五十一長七尺三寸黑色　正月丁丑入

73EJT37:1081

兩簡習萬的户籍、年齡皆相同,當爲同一人。細察圖版,兩簡書風筆迹相似,
當爲同一人所書。簡 4.17 多出習萬身長膚色,當即録自"致"。習萬來自長
安,目的地爲居延,而該簡僅記歸程信息,很可能來時另簡記録。此外,前引
1.15 肩水千人派遣韓則、吕義前往居延收債,韓則名籍簡如下:

4.18. 平陵宜利里公乘韓則年卅五　軺車一乘馬一匹　字子師　皆十
二月己酉入　　　　　　　　　　　　　　　73EJT37:107+60

該簡所記韓則的户籍、年齡與 1.15 相同,當爲同一人。"皆十二月入"顯示
當爲歸程,且不止韓則一人,同行的吕義當另簡記録,兩簡編聯在一起,通關
時只在其中一枚簡上記録出入信息。細察圖版,簡 4.18 上端文字與 1.15 筆
迹相似,顯係同一個人所書。而 4.18 下端"皆十二月入"書寫潦草,明顯與
其他文字不同,令人費解。很可能兩人出關北上時,關吏製作出入名籍并編
聯在一起,返程過關時並未重新製作出入名籍,而是在原來的名籍上登記入
關信息。相似者還有下組:

4.19. 地節三年正月戊午朔辛酉,居延軍候世謂過所:遣私從者河內郡
溫犀①里左通私市張掖郡中,謁移過　　　　　　73EJT24:267A

章曰軍候印　　　　　　　　　　　　　　　　　　　73EJT24:267B

4.20. 河內郡溫犀里左通　□▨　　　　　　　　　73EJT24:715

---

① "犀"字原釋作"庠",據黃浩波、黃艷萍等意見改,參黃浩波《肩水金關漢簡地名簡考(八則)》,
《簡帛研究》2017 年秋冬卷,2018 年,第 117—118 頁;黃艷萍、張再興《肩水金關漢簡校讀叢札》,
《簡帛》第十七輯,2018 年,第 220—221 頁。

4.19 由居延軍候簽發,軍候似爲部都尉屬官,秩比六百石,設有候丞。[1] 或與塞候不同。該簡起首有"軍候謂過所",且簡背印文亦爲軍候,或由其直接簽發。不過,簡文"謁移"似乎表明又需向其他機構申報。73EJT21:71、73EJT30:254 或亦爲軍候簽發之傳,不贅。4.19、4.20 兩簡所記左通信息相同,無疑當爲同一人。比對圖版,兩簡筆迹不同。很可能傳文録自入關時,名籍簡録自出關時,或者相反。

此外,亦有出入名籍簡記載往返雙程信息者。如下:

4.21. 廄佐范惲　用馬一匹騮牡齒七歲高五尺八寸　十月辛丑入　十一月甲子出

73EJT3:64

4.22. 富貴里公乘夏千秋年廿長七尺黑色　弩一矢十二　牛車一兩　十二月辛卯出　閏月己未入

73EJT37:1589

前簡廄佐爲低級官吏,後簡爲普通民衆,兩簡所涉當分別爲公傳、私傳。細察圖版,皆存兩種筆迹。前簡"十月辛丑入"與上端文字筆迹相似,而"十一月甲子出"字體較小,且擠在左下角,明顯是別筆所書。後簡"閏月己未入"筆迹亦明顯與其他文字不同。很大可能是夏千秋返程時別筆所書。這種記載方式,或即與前述"復傳"有關,返程時直接在前次通關登記的名籍簡上記録了出入信息。

傳,與通關致書不同,應只需録副,無需將原件留下。目前所發現的傳,可考者均如此,傳文與簡背字迹相同,如前舉 1.2、1.8、1.9 等等,明顯爲關吏所抄。不過,也發現一枚例外者,如下:

4.23. ☐□年九月丁巳朔庚申,陽翟邑獄守丞就兼行丞事移:函里男子李立第臨自言取傳之居延。過所縣邑侯國勿苛留,如律令。候自發

140.1A

陽翟獄丞

☐長二丈二尺直千六百錢□曼□身乃予之　　　　　140.1B/A32

---

[1] 相關研究,參柯友根《西漢部曲初探》,《廈門大學學報(社會科學版)》1962 年第 3 期,第 24—34 頁;黃今言《秦漢軍制史論》,南昌:江西人民出版社,1993 年,第 226—231 頁;郭俊然《漢代官僚制度研究》,鄭州:鄭州大學出版社,2018 年,第 223 頁。

該簡紀年當爲成帝陽朔四年。從圖版觀察,簡牘似削治過,背面文字等或係後來書寫。正面文句與私傳相似,但未見鄉的申報,直接由縣官府簽發。"候自發"表示肩水候自己開封,奇怪的是三字筆迹與衆不同,似別筆所書。一般而言,録副之傳當由同一人所完成,似不應假手第二人。該簡材質爲竹,而非河西地區常見的木,當由内地携來,此或爲傳之原件。[①] 若爲原件,何以留在金關而未携走? 亦不清楚,録此待考。

(三) 匯總與保存

吏民持傳出入的情況,金關關吏似每天都要整理匯總,如下簡:

4.24.　　　　　　　　　　　　其五人新傳出　　軺車一乘馬二匹入
　　　　　　　　　　　　　　　一人復故傳出

神爵四年七月丙寅凡吏民十一人　　四人新傳入　　73EJT37：910+887[②]

該簡左側殘缺,記神爵四年(前58)七月四日(丙寅)當天吏民出入關情況,當爲小結記載。殘存簡文顯示當天共十一人出關北上,其中九人新傳,一人復故傳,另一人當殘去。據前述,"復故傳"當即使用原來舊傳的意思,新傳當即新簽發之傳。或許可理解爲:籍貫在金關以北某地的吏民先前已經持傳入關,此次持舊傳返程通關,故稱"復故傳出";籍貫在金關以南某地的九位吏民持傳北上,尚未返程,故記爲新傳。新傳分兩次記録,或許與不同關吏放行有關。雖然傳存在公傳、私傳的不同,但金關似未分別匯總保存。

保存時,傳與附件的"致"應該分置,每月匯總。如下:

4.25. ▨元始三年十二月吏民

　　　▨出入關傳副卷　　　　　　　　　　　　　73EJT35：2

4.26. ◎　五鳳三年二月吏民
　　　　　出入關傳籍　　　　　　　　　　　　　73EJT6：17

① 承日本東洋文庫籾山明先生郵件(2016年11月11日)見告,謹致謝忱! 關於西北地區出土的竹質漢簡的來源地問題,可參王子今《簡牘資料與漢代河西地方竹類生存可能性的探討》,《簡帛》第二輯,2007年,第465—473頁;沈剛《漢代西北邊地出土竹簡問題》,中共金塔縣委、金塔縣人民政府、酒泉市文物管理局、甘肅簡牘博物館、甘肅敦煌學學會編《金塔居延遺址與絲綢之路歷史文化研究》,第97—106頁。
② 該簡綴合,參謝明宏《〈肩水金關漢簡(肆)〉綴合第13—15則》,2022年5月30日刊於簡帛網,http://www.bsm.org.cn/? hanjian/8708.html。

4.27. ■右十月傳　　□　　　　　　　　　　　73EJT37：13A

　　　 ■右十月傳　　□　　　　　　　　　　　73EJT37：13B

4.28. ■右十二月致　□　　　　　　　　　　　73EJT37：245A

　　　 ■右十二月致　□　　　　　　　　　　　73EJT37：245B

4.26上端半圓形,且鑽孔,雖無網狀格紋,當與4.25同爲楬。後兩簡爲簿籍結計簡。4.28"十二月致",當指十二月出入金關的吏民信息簡。推測應該也有年度性總結。據4.25、4.27、4.28,大部分録副傳文與登記的出入名籍應當分開放置。據4.24、4.27、4.28,每日統計後再逐月匯總。此類結計簡如下:

4.29. 十一月入,凡二百五十四人,馬卅八匹,軺車廿九乘,牛百七十九,

　　　車百七十九兩□　　　　　　　　　　　73EJH2：20

該簡統計某年十一月入關人馬車牛數量。當然,這類統計肯定不限於持傳通關者,當亦包括符、致書通關者。推測亦當有出關結計簡。

　　也有自某日以來的匯總,如下簡:

4.30. ■乙亥視關以來傳券　　　　　　　　　121.13A／A32

該簡右殘,簡文僅存左半。若釋文無誤的話,則總結的是某月乙亥以來的傳副。結束到何日,尚不清楚。或爲臨時性匯總,當非常制。

　　據下簡,亦有以特定人群爲單位的匯總,如下:

4.31. ●酒泉居延倉丞葆建始三年十一月傳副　　□　　73EJC：617

該簡爲簿書標題簡,所涉簿書可能記載了居延倉丞所葆建始三年十一月傳文書的抄件。

　　傳、致分別匯總後,因彼此有對應關係,應該還放在一起。如下兩枚楬:

4.32. ▨甘露二年十月□

　　　▨關傳致籍　　　　　　　　　　　　　73EJT9：11

4.33. ▨吏民出入金關傳

　　　▨致籍　　　　　　　　　　　　　　　73EJT10：240

前簡尚存繫繩,後簡右殘。這兩枚楬很可能是傳、致分別匯總後放在一起的標籤。

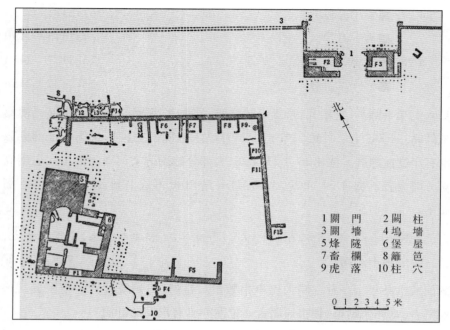

圖 2-1 A32 遺址平面圖①

　　具體到金關的辦公地點,可結合考古遺址進行分析。金關關門兩側的
F2、F3 房間,應爲金關吏卒的主要居住及辦公場所,而西南向不遠處的塢院
則爲駭北亭、東部候長治所等機構所在。探方 T36 開在西側關門,範圍上涵
蓋了 F2;探方 T37 開在東側關門,涵蓋了房屋 F3。因 F2、F3 房間基址尚存,
與 T36、T37 深淺不同,故所出簡牘及其他遺留物可區別開來。② 不計後期
綴合,F2 僅出土 48 枚簡牘,所開探方 T36 未獲簡牘。F3 房間內多出一道隔
牆,牆東窄間內出土 635 枚簡牘,③這批簡牘當時堆積在一起極易獲得。④
因此,房間 F2、F3 當爲金關吏卒居所,F3 兼具辦公職能,牆東隔間即爲文書
檔案室,通關簡牘多放在該房間。經過一定時期後,短期保存的簡牘檔案則
抛散在外,⑤這也是探方 T37 出土大批通關簡的原因所在。仔細審視 F3 簡牘
不難發現,絕大多數紀年集中于新莽時期,這應該就是檔案定期抛棄的表現。

① 據甘肅居延考古隊《居延漢代遺址的發掘和新出土的簡册文物》,第 13 頁。
② 關於 F3 及 T37 的具體關係,承發掘者初世賓先生告知(2016 年 9 月 10 日電話請教),謹致謝忱!
③ 甘肅居延考古隊《居延漢代遺址的發掘和新出土的簡册文物》,第 5 頁。
④ 據發掘者初世賓先生電話(2016 年 9 月 10 日)告知,該批 635 枚簡牘堆積在 F3 隔間內。
⑤ 汪桂海分析甲渠候官遺址 F22 房間所出簡牘,認爲漢代官文書分永久保存和短期保存兩種,後
　者保存期限約爲 13 年(《漢代官文書制度》,第 227—232 頁)。

五 小 結

一般而言,公務及公職人員才可使用公傳,但因爲人情的滲透侵蝕,亦出現公傳私用、假公濟私的現象。私傳的開具首先經過鄉級機構的審核,送達縣廷後,理論上亦是審核後才予以簽發。服役期滿的刑徒,歸家時需向所在機構申請私傳。官府奴隸與官員同出公差時,亦須開具相應的證件才可以通關。若途中意外丟失,亦可依照律令向相關機構申請新傳。

公傳、私傳不僅包括傳文,亦包括相應的身份證件,非如此不足以防範僞冒及襲用復傳的發生。公傳開具後,當可往返使用。其時效,端視公務完成的遲速。極個別私傳載明了四個月的有效期,大多數均未記載,當亦可往返使用。

持傳過關時,金關關吏既需審核傳之真僞,亦須據身份證件核查持傳者及其隨從、物資等。此外,關吏還需録副傳文,並另簡製作出入名籍。少數情況下,關吏亦合併登記。關吏登記通關者證件,一方面有案可查,一方面也有利於事後向上肩水候官、肩水都尉府逐級呈報。

此外,金關地當要衝,位於內地前往居延的必經之路上。名義上,居延處在漢匈鬥爭的前綫,實際上大部分時期雙方相安無事,加之邊境雙方物資往來的客觀需求,因此很可能存在廣泛的小規模的走私貿易。試想在擁有精密的偵查技術及完備的隔離設施的今天,邊境地區尚存在廣泛的越境、走私等等活動,兩千年前恐怕更難杜絕此類行爲。內地民衆前往居延跟當地人、跟匈奴人做生意的情況應該是存在的。大多數過關者,都是"私市居延"的內地民衆,其原因或即在此。此外,當地吏卒很可能也參與到貿易中。①

附記:該文得到侯旭東、鄔文玲等師長的指導,原刊《簡帛研究》2018 年春夏卷,收入本書時加以修訂。

---

① 如著名的"候粟君責寇恩書"所透露的情況。

附一　秦漢簡牘"來復傳"含義考辨

　　無論古代還是現代,官員公務出差之際,相信應該都可享受到飲食住宿等公用招待,當然,出差者毫無疑問需要持有相關憑證。這類憑證,在中國歷史後期有"過所""路引"等種種稱呼,而在秦及西漢則稱爲傳。對於秦漢通行證件,學界有傳、傳信或傳文書等稱謂,同時爲了區別公私出行,公務出行的憑證一般稱爲公傳,私人出行的憑證爲私傳。

　　從傳世文獻看來,秦代即已有傳信制度。《史記》載"孟嘗君得出,即馳去,更封傳,變名姓以出關……秦昭王後悔出孟嘗君,求之已去,即使人馳傳逐之",①說的是孟嘗君受困於秦,得雞鳴狗盜之助才脫困。其中"更封傳",司馬貞《索引》注解爲"改前封傳而易姓名",②無疑是傳信。秦昭王後"使人馳傳逐",無疑是指乘坐傳車。《史記》載藺相如持和氏璧到秦國,秦昭王"舍相如廣成傳",司馬貞《索引》即曰"廣成是傳舍之名"。③ 可見,秦的傳信、傳車、傳舍等相關設置一應俱全。出土文獻也不乏相關例證。如嶽麓秦簡一條秦令規定,"諸乘傳、乘馬、傳(使)馬傳(使)及覆獄行縣官,留過十日者,皆勿食縣官,以其傳稟米,叚(假)鬻甗炊之",④內容涉及官員出差途中的飲食。"諸乘傳"講乘坐傳車,"以其傳稟米",則是按照傳信的要求給予米糧,兩者都涉及秦代傳信。傳世文獻和出土文獻的相關記載,無疑都説明秦存在成熟的傳信制度。

　　不過,雖然可以肯定秦代存在傳信制度,但傳文書內容一直不得其詳。之所以如此,一方面緣於傳世文獻專注於上層政治和人物,並不青睞這類常見的普通事物,另一方面則因爲學界雖然對漢代傳信的認識非常深入,但對秦代傳信關注不足。幸運的是,2002 年湖南龍山縣里耶鎮出土了秦代洞庭郡遷陵縣的文書遺留,其中就有包含"續食"字樣的秦代傳文書。比對漢代傳信不難發現,這類文書通常包含的"續食""來復傳""謁告過所縣鄉"等用

---

① 《史記》卷七十五《孟嘗君列傳》,點校修訂本,北京:中華書局,2013 年,第 2849 頁。
② 《史記》卷七十五《孟嘗君列傳》,第 2850 頁。
③ 《史記》卷八十一《藺相如廉頗列傳》,第 2945 頁。
④ 陳松長主編《嶽麓書院藏秦簡(伍)》,上海:上海辭書出版社,2017 年,簡號 257。

語,尤其是"謁告過所縣鄉",都是傳文書的標配,究其實質就是秦代傳信。不過,學界多未考慮其性質,往往就便稱爲"續食"文書,①唯有青木俊介將"續食"文書與傳文書聯繫起來考察,但明確否認其爲傳文書。② 新近有學者討論漢代傳文書時,回溯秦代,引用殘簡8-50+8-422,稱爲"具有傳功能的文書",③可見認識較爲含混。

目前來看,只有青木俊介的觀點最爲明確,即否認以5-1爲代表的里耶秦簡"續食"文書就是秦代傳信。細察其觀點,關鍵依據乃在於對"來復傳"一詞的解釋,但這一理解未必準確。爲正確認識這批文書的性質,促進秦漢交通制度的研究,本文從對"來復傳"含義的考辨入手,以澄清相關問題。

(一)"來復傳"含義考

目前發現的"續食"文書,共計5-1、8-50+8-422、8-110+8-669、8-169+8-233+8-407+8-416+8-1185、8-694、8-1517、8-1847、9-1886等八枚。9-1114雖然也有"續食"字樣,但並非"續食"文書(詳下)。爲討論方便,參照原簡行款,移錄幾枚完整且有代表性的"續食"簡如下:

1.1. 元年七月庚子朔丁未,倉守陽敢言之:獄佐辨、平、士吏賀具獄縣官,食盡甲寅。謁告過所縣鄉,以次續食,雨留不能,投宿齎。來復傳。零陽田能自食,當騰,期卅日。敢言之。/七月戊申,零陽靠移過所縣鄉。/齮手。/七月庚子朔癸亥,遷陵守丞固告倉嗇夫:以律令從事。/嘉手。　　　　　　　　　　　　　　　　　　　　　5-1

遷陵食辨、平,盡己巳旦□□□□遷陵。

七月癸亥旦,士五(伍)臂以來。/嘉發。　　　　　　5-1背

1.2. ☑寅④倉□建□□□:畜官適□☑

☑□謁告過所縣鄉,以次續食。雨☑

① 鄔文玲《里耶秦簡所見"續食"簡牘及其文書構成》,《簡牘學研究》第五輯,2014年,第1—8頁;余津銘《里耶秦簡"續食簡"研究》,《簡帛》第十六輯,2018年,第131—143頁。
② 青木俊介《里耶秦簡の"統食文書"について》,《明大アジア史論集》第18號,2014年,第14—35頁。
③ 張鵬飛《西北漢簡所見"傳"文書研究》,碩士學位論文,河南大學,2019年,第7頁。
④ "寅"字原未釋,細察圖版,尚殘存"寅"字下半部,徑補。

☑騰騰。遷陵田能自食。敢言之。☑

☑□□□丞遷移酉陽、臨沅。／得☑　　　　　　　　8－50＋8－422

1.3. 卅五年二月庚申朔戊寅，倉□擇敢言之：隸□餉爲獄行辟書彭陽，食盡二月。謁告過所縣鄉，以次牘〈續〉食，節（即）不能，投宿齎。遷陵田能自食。未入關縣鄉，當成齎，以律令成齎。來復傳。敢言之。☑

　　　　　　　　　8－169＋8－233＋8－407＋8－416＋8－1185

☑　擇手。　　　　　8－169＋8－233＋8－407＋8－416＋8－1185 背

1.4. 卅五年三月庚寅朔辛亥，倉衙敢言之：疏書吏、徒上事尉府者牘北（背），食皆盡三月。遷陵田能自食。謁告過所縣，以縣鄉次續食如律。雨留不能，投宿齎。當騰騰。來復傳。敢言之。　　　　　　　8－1517

令佐溫。

更戍士五（伍）城父陽翟執。

更戍士五（伍）城父西中痤。

骨手。　　　　　　　　　　　　　　　　　　　　　　　8－1517 背

不難看出，以上舉簡牘爲代表的里耶秦簡“續食”文書，往往出現“謁告過所縣鄉”“以次續食”“雨留不能投宿齎”“來復傳”“田能自食”“當騰騰”等固定用語。關於其釋文、句讀、語義、程序等，學界已做了較多分析，①爲本文討論奠定基礎。

　　對於本文來説最爲關鍵的“來復傳”，此前整理者襲用《漢書·終軍傳》顏師古關於“復傳還”的訓釋，認爲“來復傳”應理解作“往返雙程的傳”，②並獲得學者認同。③ 這一解釋——將“來”理解爲先程，“復”爲歸程——雖然不盡正確，但已經接近指出“續食”文書的性質，可惜没有進一步分析，故未引起學界注意。而青木俊介引用《論語·學而》“信近於義，言可復也”的

① 陳偉主編《里耶秦簡牘校釋（第一卷）》，武漢：武漢大學出版社，2012 年，第 1—7 頁；鄔文玲《里耶秦簡所見“續食”簡牘及其文書構成》，第 1—8 頁；青木俊介《里耶秦簡の“続食文書”について》，第 14—35 頁；余津銘《里耶秦簡“續食簡”研究》，第 131—143 頁。
② 陳偉主編《里耶秦簡牘校釋（第一卷）》，第 3 頁。注釋 7 引用《二年律令·津關令》504 號簡“來復傳”，查彭浩、陳偉、工藤元男等主編《二年律令與奏讞書》，注釋轉引了《漢書·終軍傳》的顏師古注，認爲“來復，指往返”（上海：上海古籍出版社，2007 年，第 316 頁）。
③ 鄔文玲《里耶秦簡所見“續食”簡牘及其文書構成》，第 5 頁；余津銘《里耶秦簡“續食簡”研究》，第 137 頁。

何晏注"復,猶覆也",①認爲"復"乃覆核之意,"來復傳"是要核對傳文書,在此基礎上主張"續食"文書先於出差者送抵沿途經行之地,待出差者持"傳"到達,當地乃將之與此前送抵的"續食"文書相核對,吻合後才提供食宿招待。②青木俊介的這一説法包含了兩個關鍵信息,即將"來"理解爲到達,將"復"理解爲覆核檢查。其中對"復"的解釋,先後獲得鷹取祐司、安永知晃的支持。③筆者以爲,這兩個解釋,可能都存在問題。

里耶秦簡雖然出現不少"來復傳"的用例,但語詞單一,無法做出有效判斷,需要拉長時段做出分析。實際上,漢代的傳文書中也出現了"來復傳"及類似的辭例。如下:

1.5. 誼從者居延西道里……☐

誼從者居延利上里公大夫王外人年☐☐長七尺四寸黑色尸

元康三年九月辛卯朔壬子,佐宣敢言之:☐☐☐長誼逐命張掖、酒泉郡中,與從者西道……☐……以令取傳。謹踈年長物色,謁移肩水金關出,來復傳。敢言之。☐……水金關,如律令/掾延年佐宣

73EJT37：28+653+1133A

印曰居延丞印　　　　　　　　　　73EJT37：28+653+1133B

1.6. ☐七月壬子居延令勝之丞延年移肩水金關出,來復傳入,如律令。

73EJT37：1478+406④

1.7. ☐遣鳴沙里陵廣地爲家私市張掖酒泉☐☐☐☐☐☐☐☐門亭鄣河津金關毋苛止,環復傳,敢言之。

☐如律令/掾不害令史應　　　四月甲戌入　　　　　　36.3/A33

1.8. 神爵二年十二月壬申朔辛卯,東鄉嗇夫生敢言之:昌樂里韓忠自言以令占田居延,與子女婢温小男……乘占用馬四匹,軺車三乘,謁移肩水金關出,入復傳,毋苛留止,如律令。敢言之。　73EJT37：871

1.9. 初元五年癸酉朔甲午,☐☐鄉佐☐敢告尉史:龐自言爲家私使居

---

① 程樹德撰《論語集釋》,北京:中華書局,1990年,第49—50頁。
② 青木俊介《里耶秦簡の"統食文書"について》,第22—25頁。
③ 富谷至編《漢簡語彙考證》,"復傳"條(鷹取祐司執筆),第251—254頁;安永知晃《〈漢簡語彙考證〉訂補(二)》,2022年1月29日刊於簡帛網,http://www.bsm.org.cn/? hanjian/8630.html。
④ 該簡綴合,見姚磊《〈肩水金關漢簡(肆)〉綴合(十四)》,2016年3月5日刊於簡帛網,http://www.bsm.org.cn/? hanjian/6640.html。

延,謹案:毋官獄徵事,當爲傳。謁移函谷關入,來復傳出①,過所津關
毋苛留。敢告尉史。　　　　　　　　　　　　　　　　73EJT24:78

1.10. 元鳳五年十一月丙子朔辛卯尉史鳳敢言之:戎邑給敦煌郡羌譯一
人,有請詔,今謹遣羌譯板里男子妾南,以縣牛車傳送,續食,謁移過所
縣道官,給法所當得,【當】舍傳舍。敢言之。　　　　VDXT1511⑤:2A

十一月辛卯戎邑丞舍移過所縣道官河津關:往,來復傳,如律令。掾留
見守令史建德□□元鳳五年九月丙申過東　　　　VDXT1511⑤:2B②

先來審視青木俊介將"來"理解爲到達的意見。拋開整體,單獨看每一枚傳
文書,則 1.5"謁移肩水金關出,來復傳"尚可講得通,意思是到達關口核驗證
件。1.10 亦可比照 1.5 處理,也能講得通。但若把"來"理解作到達,將這一
層意思帶入傳文書 1.6"移肩水金關出,來復傳入"和 1.9"謁移函谷關入,來
復傳出",無論怎麼調整斷句,都無法妥當解釋。與此相似的還有 73EJT10:
339+480、73EJT31:148、73EJT37:4+1172 等傳文書。

　　矛盾的關鍵點就在於 1.6、1.9 兩枚傳文書,"來"與"出""入"並存,如果
前者"來復傳入"少了"入",後者"來復傳出"少了"出",則都可以解釋通。
那麼,多出來的"出"或"入"表示什麼意思呢? 細察傳文書 1.8 的表述"謁
移肩水金關出,入復傳"不難發現端倪,該傳文書"出""入"相對,先"出"後
"入",後續的動作"入"無疑表示返程。實際上,該傳"出""入"的表述並不
是隨意的,與其和金關的相對方位非常吻合。該傳未言簽發機構,但傳主籍
貫"昌樂里"見於氏池縣,③且前往居延,故此極可能是金關之南的氏池縣所
簽發。對於氏池來説,過金關北行,自然是"出",故此傳文言"移肩水金關
出";返程過關而南自然算"入",故傳文言"入復傳"。將這一層意思帶入
1.6、1.9,也可講得通。1.6 由居延縣簽發,因爲簡牘出自金關遺址,無疑是要
過關南行。對於居延來説,過關往南行,則越來越遠,自然算"出";若返程通
過金關往北走,則距居延越來越近,可以算"入"。傳文書内容"移肩水金關

---

① "出"原未釋,據張俊民意見補,參姚磊《肩水金關漢簡釋文合校》,第 291 頁。

② 引自張俊民《懸泉漢簡——社會與制度》,蘭州:甘肅文化出版社,2021 年,第 363 頁。

③ 560.14/A33、73EJT29:4、73EJD:27 等簡均載"氏池昌樂里"。關於氏池所轄里名,可參紀向軍
《居延漢簡中的張掖鄉里及人物》,蘭州:甘肅文化出版社,2014 年,第 80—85 頁;黃浩波《肩水
金關漢簡地名簡考(八則)》,第 148—149 頁。

出,來復傳入",恰與此相符。與之相似的是傳文書1.5,背面署有"居延丞印",且從者爲居延西道里,顯然是居延縣簽發,而傳主出行地是張掖酒泉,在金關之南,故傳文稱"移肩水金關出"。至於傳文書1.9,從傳主"私使居延"且"移函谷關"看,毫無疑問是關東地區的機構簽發。比照傳文書1.8氐池和金關的例子,對於關東而言,通過函谷關到達關中理應叫作"出",返程過關回來應叫做作"入",但該傳文書的表述完全相反。實際上這與漢代常見的關中觀念相符,①不足爲怪,且"出""入"相對,先"入"後"出",後續的動作"出"無疑表示返程。

　　分析至此,相信"來"的含義呼之欲出。鑒於"來"在傳文書1.6中與返程的"入"連言,作"來復傳入",在1.9中與返程的"出"連言,作"來復傳出","來"無疑應該理解作歸程、返程。1.6、1.9中的"出""入"是對關口而言,"來"則對是簽發機構和傳主而言的。把這一意思與傳文書1.7比對,更能體會到其正確性。傳文"環(還)復傳",②與1.5、1.6、1.9的"來復傳"對照,"來"毫無疑問應該理解爲與"環(還)"相近的"歸程"。而且,"環(還)復傳"一語並非僅此孤例,還見於傳文書73EJT22:137中。傳文書1.7的表述也與其方位相吻合。該傳雖然出自肩水候官遺址,但應該是金關録副登記後呈報至肩水候官的。傳主籍貫鳴沙里見於居延縣,③且前往張掖酒泉,故極可能乃金關之北的居延縣簽發。傳主持傳通關南行,對於居延來説,無疑是"出"。該簡左下"四月甲戌入"的標注似乎與此不符。實際上,這行字與正文隔開,乃通關記録,爲金關所標注,並非居延縣簽發傳文書的原文。金關位於肩水候官塞的最北端,故過關北行即是"出",過關而南即算"入",該傳"四月甲戌入"乃是傳主過關南行的記録,與前文推論的出入邏輯没有關係。

　　實際上傳文書1.7、73EJT22:137中的"環(還)復傳",其變體還見於傳世文獻。《漢書·終軍傳》記載:

---

① 按照前文推論,過函谷關而西應該算"出",返程過關而東才算"入",但傳文書所言則相反。實際上,漢代將函谷關以西的大片地區稱爲關中,通過函谷關、武關等幾大關口到達關中地區即稱作"入關"。這類記載,見於《史記》《漢書》者極多,俯拾皆是,不贅舉。
② "環"通"還",見王輝編著《古文字通假字典》,北京:中華書局,2008年,第720頁。
③ 如73EJT9:119、EPT68:110、EPT68:77、EPT50:10、EPT59:1等簡均記載"居延鳴沙里"。關於居延縣所轄里名,可參紀向軍《居延漢簡中的張掖鄉里及人物》,第11—52頁;黄浩波《肩水金關漢簡地名簡考(八則)》,第150—153頁。

初,軍從濟南當詣博士,步入關,關吏予軍繻。軍問:"以此何爲?"吏曰:"爲復傳還,當以合符。"軍曰:"大丈夫西游,終不復傳還。"①

關吏和終軍均提到"復傳還",對照而言,只是"還"的位置有所調整而已。細看班固這段記載,關吏之所以給終軍繻,蘇林解釋稱"舊關出入皆以傳,傳煩,因裂繻頭合以爲符信也"。② 換言之,關吏是讓終軍持走半繻,返回時合繻出關。而終軍胸懷遠大,故驕傲地回答"大丈夫西游,終不復傳還",意思是既然來到關中,必定要出人頭地飛黃騰達,絶不灰頭土臉出關回老家。如果這個解釋没錯,"復傳還"一定是指返程。恰與傳文書1.7、73EJT22:137中的"環(還)復傳"的解釋相吻合。從這一點來説,顏師古注"復,返也",③與"還"同義重複,無疑是不對的。將這一解釋放入前舉傳文書1.5、1.6、1.8、1.9等材料中,也是扞格不入的。故此,里耶秦簡整理者據之認爲"來復傳"指"往返雙程的傳"的觀點,也是不能成立的。

回頭再看傳文書1.10。該傳乃天水郡戎邑道輸送羌人翻譯到敦煌郡,由戎邑丞簽發,告訴沿途機構"往,來復傳",意思也是交待返程的待遇。從簡背標注"過東"——經過懸泉置向東出發——看來,因戎邑道在懸泉置之東,無疑是返程了。當然,通行日期"元鳳五年九月丙申"在簽發日期"元鳳五年十一月辛卯",不符常理,當有一誤,可惜圖版尚未公布。

如果上述推論不誤,則"來復傳"之"來"不能理解爲到達,"復"也不能理解爲返回,而應該將"來"理解爲返程、歸程。那麼,在將"來"理解爲歸程的基礎上,"復"是否可以視爲覆核呢? 實際上,鷹取祐司通過對西北漢簡的常見詞"往來"的考察,也認爲"來"即歸程,④但同時又引用馬圈灣漢簡的材料支持青木俊介對"復"的解釋(詳下)。鷹取祐司這一對"來復傳"的理解,已經脱離了里耶秦簡的語境,與青木俊介對"續食"文書性質的判斷相左。

---

① 《漢書》卷六四《終軍傳》,第2819—2820頁。"爲復傳還,當以合符","還"原屬下讀,王先謙引劉奉世意見,認爲當上讀(王先謙《漢書補注》,上海:上海古籍出版社,2008年,第4475頁),可從。

② 《漢書》卷六四《終軍傳》,第2820頁。

③ 《漢書》卷六四《終軍傳》,第2820頁。

④ 鷹取祐司《肩水金關遺址出土的通行證》,載作者主編《古代中世東アジアの関所と交通制度》,京都:汲古書院,2017年,第214—216頁。鷹取祐司對"來"的認識,是通過對西北漢簡"往來"一詞的考察得出的,並未貫通考察秦漢簡牘中的"來復傳"用例,對"來"含義的論證不夠充分,而且這一理解受到安永知晃的質疑(《〈漢簡語彙考證〉訂補(二)》,注釋3),故本文前面做了詳細考辨。

不過,單就對秦漢傳文書中"來復傳"一語的理解而言,這一看法還是值得檢驗的。

按照鷹取祐司的意見,"來復傳"即指返程時覆核傳文書,試把這一層意思放入上舉材料的語境。若拋開整體,單獨看每一枚傳文書,則 1.5、1.8、1.10 都需要調整斷句才能講得通。即 1.5 調整爲"謁移肩水金關,出來復傳",1.8 調整爲"謁移肩水金關,出入復傳",1.10 調整爲"往来復傳",在此基礎上可將"復"理解爲審核,意爲往返雙程都審核傳信。如果不加調整的話,則以 1.5 爲例,"謁移肩水金關出,來復傳"將會理解爲返程審核傳文書。而這一要求是没有道理的,若需要審核證件,也是往返都審核,不可能單單要求返程審核證件。但是,即使允許隨意調整斷句,1.6"移肩水金關出,來復傳入"和 1.9"謁移函谷關入,來復傳出",將"復"視作"覆",無論如何是讀不通的。放在里耶秦簡"續食"文書里,也無法講得通,因爲不可能單單要求返程才核查證件。

時代早於西北漢簡的《二年律令·津關令》,其中有一條法律規定,也顯示"復"不能理解作覆核。如下:

1.11. □:相國上中大夫書,請中大夫、謁者、郎中、執盾、執戟家在關外者,得私買馬關中。有縣官致上中大夫、郎中,中大夫、郎中爲書告津關,來復傳(504),津關謹閱出入。馬當復入不入,以令論。·相國、御史以聞,·制曰可(505)

若兩簡連綴無誤,則"來復傳"與"津關謹閱出入"相接。將"復"理解爲"覆核",即與"謹閱出入"同義重複,故此不能成立。

值得一提的是,鷹取祐司引用敦煌馬圈灣遺址出土的一枚傳文書殘簡,作爲支持青木俊介觀點的依據,需要加以辨析。如下:

1.12. 便宜,書到内人〈入〉,來復傳出,如律令。　　　209/79DMT5：170

該簡左半殘缺,"復"字僅存右半,🀄,早期的整理本釋爲"校",①恰與將

---

① 甘肅省文物考古研究所編《敦煌漢簡》,第 227 頁;吳礽驤、李永良、馬建華釋校《敦煌漢簡釋文》,蘭州:甘肅人民出版社,1991 年,第 19 頁。

"復"理解爲"覆"的主張相吻合，故鷹取祐司支持青木俊介的看法。① 實際上，馬圈灣漢簡的再整理本已將該字改釋爲"復"，②但鷹取祐司對比字形認爲改釋不當。③ 放大圖版，仔細觀察字形，右下部分 又，並非"又"形，起筆不是完整的一横，其上叠加了一横，應是一道拐筆，與武威醫簡 反（簡48）、復（簡60）和東牌樓東漢簡 復（簡51B）、復（簡55B）等"復"字筆順相同，只不過拐筆寫得没有那麼分開而已，故改釋爲"復"應無問題，④且獲得學者支持。⑤ 因此，鷹取祐司基於簡牘文字誤釋而做出的解釋，也是不能成立的。

　　總之，青木俊介、鷹取祐司對"來復傳"的理解，道理上講不通，辭例上出現强有力的反證，是不能成立的。之所以得出不一樣的認識，與兩者僅僅孤立考察"復傳"有很大關係。

　　細察前舉材料，無論是"來復傳出/入"，還是"環（還）復傳出/入"，綜合看來，"來"只能理解成歸程，"傳"當指傳文書，"復"則是最常見的"再次""又"等表示重複的意思。"復傳"表示再次使用傳文書，只不過承前省略了動詞"用""使用"而已。

　　實際上，"復"作爲内涵豐富的連接詞，承前省略的現象並不罕見。譬如《論語·雍也》記載"季氏使閔子騫爲費宰。閔子騫曰'善爲我辭焉！如有復我者，則吾必在汶上矣'"，關於"復我"，孔安國注"重來召我"，朱熹同此。⑥ 這一解釋也是吻合文意的，"復我"承前省略了"招徠""召見"的動詞。《論語·述而》孔子曰"舉一隅不以三隅反，則不復也"，關於"不復"，鄭玄注"不復重教之"，朱熹注"復，再告也"，⑦可見"不復"承前省略了"教導"。又，《大戴禮記》記載"問必以其序，問而不決，承閒觀色而復之"，關於"復之"，王聘珍、孔廣森、阮元都認爲是"再問"之意，⑧可見承前省略了

---

① 鷹取祐司《肩水金關遺址出土の通行證》，載作者主編《古代中世東アジアの関所と交通制度》，第216—217頁。
② 張德芳《馬圈灣漢簡集釋》，第213、427頁。
③ 鷹取祐司引用陸錫興編著《漢代簡牘草字編》（上海：上海書畫出版社，1989年）所列的"復"（第33頁）、"校"（第112頁）字頭，比對1.12殘字，認爲當是"校"。參《肩水金關遺址出土の通行證》，載作者主編《古代中世東アジアの関所と交通制度》，第293頁注釋33。
④ "復"字的釋讀，得到了楊小亮、李洪財的指教，謹此致謝！
⑤ 白軍鵬《敦煌漢簡校釋》，上海：上海古籍出版社，2018年，第207頁。
⑥ 程樹德撰《論語集釋》，第380—382頁。
⑦ 程樹德撰《論語集釋》，第448—449頁。
⑧ 方向東《大戴禮記彙校集解》卷四《曾子立事》，北京：中華書局，2008年，第419—420頁。

“問”。又如《趙國策·趙策一》記載“今事有可急者,秦之欲伐韓、梁……今攻楚,休而复之,已五年矣”,鮑彪注“复之”爲“复攻”,也是承前省略動詞。又,《左傳》昭公十六年,韓宣子向鄭子産求取玉環被拒後,宣子從商人處購得,並告訴子産“日起(宣子)請夫環,執政(子産)弗義,弗敢复也”,杜預注“复”爲“重求也”,①可見也是承前省略了動詞“求取”。

從上舉諸例不難發現,“复”在古代漢語中使用非常靈活,經常承前省略很多動詞,不注意辨析則極易忽略這一點。反觀“來复傳”,從簽發機構的角度出發,傳信面對傳主先程所過的各個地方,簽發機構有必要在傳文里交代諸如食宿通行等各項事宜,而在説明返程也使用該傳時,自然可以省略“用”或“使用”等動詞,直接以“來复傳”代替。這一解釋,放到前舉 1.1—1.12 任何一條材料里,都能説得通。

下述幾枚簡牘,亦可作爲證據:

1.13. 觻得成漢里薛侍親②年卅四,年七月中與同縣男子趙廣同傳,今廣以八月中持傳出入……欲复故傳前入　　　　　　　73EJT8：106A

1.14. 少倩晨夜姚〈逃〉去复傳致出關,書到,項〈願〉令史有田襄字少倩欲☑　　　　　　　　　　　　　　　　　　　50.31/A32

1.15.　　　　　　　　　　其五人新傳出
　　　　　　　　　　　　一人复故傳出
神爵四年七月丙寅凡吏民十一人　四人新傳入　　　　73EJT37：910

1.16. ☑□親　軺車一乘用馬二匹　以十二月壬申复傳☑
　　　　　　　　　　　　　　　　　　　　　　　　　73EJT5：79

四枚簡牘皆出自金關遺址。簡 1.13 下端墨迹殘泐,據簡文,薛侍親與趙廣使用同一枚傳信出行,趙廣曾在八月份持傳出入,這次薛侍親或趙廣“欲复故傳前入”。細忖文意,“欲复故傳前入”是傳主提出的請求,理解作“打算再次使用故傳出入”最爲貼近情理,只是“复故傳”省略了“用”而已。簡 1.14 左半殘缺,文意前後不接,據上端“少倩晨夜姚〈逃〉去,复傳致出關”,應該是使用舊通關證件出關之意。簡 1.15 左半殘缺,據書式,當爲肩水金

① 李夢生整理《春秋左傳集解》,南京:鳳凰出版社,2010 年,第 683—684 頁。
② “侍親”二字,原未釋,沈思聰釋出,參姚磊《肩水金關漢簡釋文合校》,第 97 頁。

關神爵四年(前58)七月四日(丙寅)吏民通關匯總記録。上欄記時間與通關吏民總數,下欄記録明細,惜僅存三行共十人,當缺損一行。根據文意,"五人新傳出""四人新傳入",無疑是五人使用新傳北出、四人使用新傳南入。若此不誤,"一人復故傳出",也只能理解爲一人使用故傳北出,也是有所省略。簡1.16上端下端均殘缺,據殘存簡文,當爲通關名籍,"以十二月壬申復傳"之後所缺部分當爲出入記録,"復傳"應該也是"復用傳"之省稱。尤其是後兩枚簡,更證明"復"讀作"覆"之不可行。作爲管理人口流動的關卡,核對通關證件乃其首要任務,不需要也無必要在通關名籍上注明哪些傳文書經過了審核。畢竟標明"復傳"者只是極少數,一旦將之理解爲覆核傳文書,那麼絶大多數未標明"復傳"者就只能視爲未履行核對傳文書的職責,也就等於是失職了,而這是難以想象的。

　　傳信,究其實質,是一種官方文書,由官方機構簽發,面向的對象是行政網絡里的另一個/些官方機構,因此勢必要符合基本的文書通例。進一步說,簽發機構在已經詳細説明先程的待遇之後,對返程的説明不需要再重複一遍,代以簡略的"來復傳","接收"該傳文書的機構也能明白其內容。從這個角度看,"復傳"一詞,從秦至漢沿用既久,可能已經高度程式化,成爲時人都能明白的縮略語,[1]所以省略動詞"用"也不至於產生理解上的障礙。

　　綜上,里耶秦簡"續食"文書所見的"來復傳","來"表示返程,不能理解成到達或先程,"復"不能理解爲審核或歸程,"復傳"表示再次使用傳文書。如果這一推測不誤,則青木俊介基於將"來復傳"理解成到達時核驗另外的文書(傳),進而主張里耶秦簡1.1—1.4等八枚文書屬於事前通知性質的"續食"文書的觀點,無疑是不能成立的。1.1—1.4等所謂"續食"文書,按照文書本身的叫法,其實就是傳。按照公私的分別,則屬於公傳。當然,公傳、私傳,究其本質都是官府簽發的出行憑證,只是享受待遇不同,而"來復傳"是説明傳的有效期,兩者並不矛盾,故前文論證未做刻意區分。

(二)"續食"在漢代傳文書中的使用

　　青木俊介等之所以未能正確認識"續食"文書的性質,筆者猜想,除了對

---

① 就好像"過所"一詞,早期只是傳文書的一個常見表述,通常搭配在"移過所縣道津關"一語里,後期逐漸取代傳文書,成爲通關證件的正式名稱。可參李銀良《漢代通關憑證——"傳"與"過所"關係考辨》,第26—30頁。

"來復傳"的理解有所不同外,可能還覺得"續食"一詞的使用跟漢代公傳相比略顯突兀。

不可否認,漢代公傳文書關於食宿待遇的説明,通常都是"當舍傳舍",出現"續食"字眼的確實不多,但也並非没有。除了前舉 1.10 天水郡戎邑道簽發的公傳外,下枚公傳也有相同詞例:

2.1. 建平二年三月丁亥朔甲辰,戊校左曲候永移過所:遣□陵亭長……縣次續食,給□□□□,如律令。　　　　　Ⅱ0113③：34①

該枚公傳包含"縣次續食"用語,"給"後缺釋四字當是"法所當得"。文書開頭所署時間"建平二年三月丁亥朔甲辰",年月日俱全,故可排除該文書缺損前半段的可能性,當是直接簽發。從"遣□陵亭長"看,也是官員公差出行。從這兩例看來,"續食"一詞在漢代公傳中也有使用,只不過極少而已。

實際上,睡虎地秦簡《屬邦律》載"道官相輸隸臣妾、收人,必署其已稟年日月,受衣未受,有妻毋有。受者以律續食衣之"。② 這是秦統一前關於官府輸送隸臣妾和收人的衣食規定,"續食衣"連言,包含飲食和衣服。張家山漢簡《二年律令》載"丞相、御史及諸二千石官使人,若遣史、新爲官及屬尉、佐以上徵若遷徙者,及軍吏、縣道有尤急言變事,皆得爲傳食。……縣各署食盡日,前縣以誰(推)續食"。③ 這是漢初關於官員公差的傳食待遇規定,要求"縣各署食盡日,前縣以誰(推)續食",就是路過縣道依次提供飲食的意思。傳世文獻也有類似用例,如《漢書·武帝紀》記載,元光五年武帝下詔求賢,"徵吏民有明當時之務、習先聖之術者,縣次續食,令與計偕"。④ 綜合這幾則材料,"續食"就是官員或與官府有關的人員(如刑徒)在出差或傳送之際享受飲食,實際上也就是公傳。

從上舉材料可以看出,秦及漢初,公傳應該還都有關於"續食"的説明,可能隨着傳信作爲一種專用證件的象征意義逐漸突顯,其實質內容及用語反而不太重要了,故而大幅縮減,僅剩"當舍傳舍,從者如律令"。這一象征

---

① 該簡原載於胡平生、張德芳《敦煌懸泉漢簡釋粹》,第 129 頁。張俊民校補了釋文,2007 年 1 月 31 日刊發在山東大學主辦的簡帛研究網站上,惜網絡鏈接已失效,本文轉引自侯旭東《西北漢簡所見"傳信"與"傳"——兼論漢代君臣日常政務的分工與詔書、律令的作用》,第 48 頁。
② 可參陳偉主編《秦簡牘合集(壹)》,武漢:武漢大學出版社,2014 年,簡號 201。
③ 可參彭浩、陳偉、工藤元男等主編《二年律令與奏讞書》,簡號 232—237。
④ 《漢書》卷六《武帝紀》,第 164 頁。

意義大於實質意義的縮略語，儘管没有提及飲食，但毫無疑問相關待遇是有的。

當然，"續食"一詞也還存在於傳文書中，只是這類傳文書不是標準的公傳而已。先來看下簡：

2.2. 河平四年二月甲申朔丙午，倉嗇夫望敢言之：故魏郡原城陽宜里王禁自言：二年戍屬居延，犯法論，會正月甲子赦令，免爲庶人，今願歸故縣。謹案，律曰：徒事已毋糧，謹故官爲封偃檢，縣次續食，給法所當得。謁移過所津關，毋苛留止。原城收事。敢言之。

二月丙午，居【延】令博移過所，如律令　掾宣嗇夫望佐忠　73EJT3：55

該簡傳主王禁因犯法論爲刑徒，逢赦令免歸故縣，由居延倉嗇夫上報，居延縣令批准簽發。簡文引了一條律文"徒事已毋糧，謹故官爲封偃檢，縣次續食，給法所當得"，顯示漢代規定刑徒期滿從服役地回家，沿途各地要按照規定提供飲食。律文提到的偃檢，還見於下枚傳文書中：

2.3. 河平四年七月辛亥朔庚午，西鄉有秩嗇夫誼守斗食佐輔敢言之：中安男子楊譚自言，欲取偃檢，與家屬俱客田居延界中。謹案譚等年如牒書，皆非亡人命者，當得取偃檢，父老孫都證。謁移居延，如律令，敢言之。七月癸酉長安令右丞萬移居延，如律令　　　/掾殷令史賞

73EJT37：527

從用語、程序看，乃標準的私傳。傳主與家屬客田居延，因此申請"偃檢"。值得注意的是前引傳文書1.8，也是因"占田居延"才申請通行證，鄉嗇夫的表述就是"來復傳"。綜合2.3、2.2及傳文書1.8，前兩者"偃檢"無疑是指傳信。[1]

下述幾枚傳文書，也都包含"續食"用語：

2.4. 永光四年六月己酉朔癸丑，倉嗇夫勃敢言之：徒故穎川郡陽翟宜昌里陳犬，永光三年十二月中坐傷人，論鬼新（薪），會二月乙丑赦令，免罪，復作，以詔書贖免爲庶人，歸故縣，謁移過所河津關，毋苛留止，縣次

---

[1] 此前有學者認爲偃檢與傳屬於不同事物（肖從禮《西北漢簡所見"偃檢"蠡測》，張德芳主編《甘肅省第二屆簡牘學國際學術研討會論文集》，第291頁），應是不對的。傳稱爲"偃檢"，應是就其形制而言。

贖〈續〉食。　　　　　　　　　　　　　　　　　　73EJT37：526

2.5. 城旦五百人□施刑詣居延……施刑□□淮陽郡城父幸里□□□

日前,謁移過所縣邑侯國津關,續食,給法所當得,毋留,如律令,敢言

之□□　　　　　　　　　　　　　　　　　　　　73EJT30：16

2.6. ☑計到三年四月己酉以請詔施刑□☑

　　☑關,以縣次續食,給法①所當得☑　　　　　73EJT5：31

傳文書 2.4 也是刑徒遇赦免歸,同樣包含"縣次贖〈續〉食"的請求。2.5、2.6
簡牘殘損,均含"續食,給法所當得"的表述,從簡文看也都與刑徒有關。這
三枚漢代傳文書,都包含了"續食"字樣。

　　按照學界通常做法,2.2、2.4、2.5、2.6 四枚傳文書,因享受"續食"這一公
家招待,當爲公傳,但簽批之語"移過所津關,毋苛留"却是私傳的標準用語,
因此不好太區分公傳或私傳。但如果從前引睡虎地秦簡《屬邦律》來看,這
些刑徒無疑都與官府有關,故歸家途中享受公家食宿,因此某種意義上也可
看作公傳。若此不誤,則漢代公傳的"續食"用例也不可謂罕見。

　　仔細審視文獻語境和用例,"續食"就是連續提供飲食的意思,並無特殊
深意。實際上,里耶秦簡也見包含"續食"字眼的其他文書。如下:

2.7. 廿六年十一月甲申朔戊子,鄢將奔命尉沮敢告貳春鄉主:移計二

牒,署公叚(假)于牒。食皆盡戊子,可受瘺續食。病有瘳,遣從□。敢

告主/十一月己丑,貳春鄉後敢言之:寫上,謁令倉以從吏(事)。敢言

之/尚手　　　　　　　　　　　　　　　　　　9-1114

十一月壬辰遷陵守丞戍告倉以律令從吏(事)/丞手

即走籌行　　　　　　　　　　　　　　　　　9-1114 背

從簡文"食皆盡戊子,可受瘺續食"看,似乎屬於"續食"文書,也就是傳文
書。不過"移計二牒,署公叚(假)于牒","病有瘳,遣從□"又顯示,肯定還
涉及其他事務,但又未交待清楚。很可能該簡與其他簡連綴成册,前面還有
記載相關內容的簡牘,故內容單獨看起來無頭無尾,讓人不得其解。至於簡
文開頭年月日完備的方式,很可能像里耶秦簡 9-1—9-12 等簡一樣,因爲

―――――――――

① "給法"兩字,原釋爲"驗決",據圖版,徑改。

相關事務跨年,故後面行文開頭記録年份。若此不誤,該文書只是在交待諸項事情時,連帶提及"續食"安排,並非"續食"文書。因此之故,更可見"續食"一語並無特殊含義,也不是某類特殊文書的專稱。

綜合前舉 2.1、2.2、2.4—2.7 等簡可知,"續食"本身一直都有明確的含義,就是提供飲食,指代非常具體,故漢代公傳發展出包含飲食住宿等待遇的"當舍傳舍"這一高度概括的象征語之後,"續食"一詞即遭淘汰。換言之,"續食"與"當舍傳舍"兩者不會同時出現在傳文中。這也是漢代公傳少見"續食"的主要原因,但絶不能因此而認爲前期那些含有該詞的文書是某種有别於傳信的特殊文書。

綜上,前舉里耶秦簡 1.1—1.4 等文書包含的"續食"一詞見於秦漢相關律令、秦代普通文書和漢代傳文書中,没有特殊含義,並非僅見於某類特殊文書。從這一點來説,青木俊介認爲前舉傳信 2.2 是與里耶秦簡 1.1—1.4 等文書相似的屬於事前通知性質的漢代"續食"文書,①這一看法既没有正確認識到里耶秦簡"續食"文書的性質,又對漢代傳信的用語和特點没有全面的把握。

(三) 餘論

里耶秦簡 1.1—1.4 等"續食"文書,簡文包含的"來復傳"是返程再次使用該傳的意思,這一用語已經表明這些文書就是秦代傳信。"續食"一詞,也少量出現於漢代公傳中,並不能作爲里耶秦簡"續食"文書構成一種特殊文書的理由。進一步而言,青木俊介關於"續食"文書屬於與傳信不同的事前通知文書的説法,也是不能成立的。實際上,平心静氣想一想,公務人員出差何其頻繁,若每地都要事前通知,將憑空增添多大的行政負擔! 更何況,公差途中難免遇到臨時調整,若都要事前通知,一是預料不到,二是束縛了手腳,從哪一點説都不太合理。

前舉里耶秦簡 1.1—1.4 等傳文書,從事務性質和出差者的身份看來,無

---

① 青木俊介認爲隨着時代的變化,"續食"文書與傳信漸漸一體化,漢簡中遂不見事前通知性質的"續食"文書,而傳文書 2.2 是不可多得的漢代"續食"文書(《里耶秦簡の"續食文書"について》,第 30—32 頁)。

疑屬於公傳。那麼秦代公傳與漢代公傳相比有何變化呢?① 鑒於秦代公傳目前僅見前舉八枚,樣本太少,本文在此嘗試作一探討,也不敢太過自信。

　　最引人注目的無疑是用語上的變化。秦代常用的"來復傳""縣次續食"等文書用語至漢代出現較少,轉而代以"當舍傳舍""從者如律令"等。秦代公傳"田能自食""當騰騰"和對"食盡"日期的説明等内容,也不見於漢代。

　　程序上,秦漢公傳也有所不同。以前舉簡 1.1 爲例,二世元年(前 209)7月 8 日(丁未)零陽縣倉嗇夫提出申請,7 月 9 日(戊申)零陽縣丞簽發,7 月24 日(癸亥)早晨士伍臂帶到遷陵縣廷,當天縣丞給倉下達指示。其中最特别的,是由零陽縣倉嗇夫而非出差人獄佐辨、平和士吏賀申請公傳。在漢代,公傳則往往由中央或郡縣等機構直接簽發,不見申請之語。② 當然,前舉2.2、2.4 兩枚漢代公傳也是由倉向縣廷申請,但這兩例的出行者是刑徒,而秦代八枚公傳可考的出行者都包含官吏。這一不同,很可能與倉官在秦漢時代的地位變化有關。據研究,倉、庫等管理具體事務的實官,在秦代尚與縣廷令史對接開展工作,但因爲令史接近縣令長,故逐漸由縣廷内部走向前台,侵蝕剥奪了倉、庫等實官的職權,致使後者退居二綫。③ 若這個説法不錯,則前舉 1.1 之所以由倉向縣廷申請,是因爲秦代的倉平時就主管官員的廩食供應,故而在其外出時,也要予以考慮安排。簡 1.1 遷陵縣收到公傳後直接給倉下達接待命令,應該也是出於相同的原因。到了西漢中後期,因倉已退居二綫,故官員平日廩食雖然可能還由倉負責轉運存儲,但廩食的發放等工作已不歸倉來管,官員公差出行之際,更不由倉發起申請。不過,漢代刑徒還歸倉管理,故其歸家途中的飲食也由倉負責安排。這也是前舉 2.2、2.4 兩枚漢代刑徒公傳由倉向縣廷申請的原因。

① 漢代公傳出土頗多,爲節省篇幅,本節不再一一舉例説明,相關特點和歸納可參侯旭東《西北漢簡所見"傳信"與"傳"——兼論漢代君臣日常政務的分工與詔書、律令的作用》,第 5—53 頁;鷹取祐司《肩水金關遺址出土的通行證》,載作者主編《古代中世東アジアの関所と交通制度》,第197—208 頁;本書第二章第一節。
② 當然,金關簡傳文書 73EJT9∶104、73EJT37∶519 分别由守令史、尉史向縣廷申請。不過兩枚傳信,雖然都是官員公務外出,但簽發之却是類似於私傳的"移過縣道,毋苛留"等。不清楚這兩枚傳信何以如此,但占比極小。詳參本書第二章第一節。
③ 仲山茂《漢代の掾史》,《史林》第 81 卷第 4 號,1998 年,第 513—546 頁;土口史記《秦代的令史與曹》,原刊《東方學報》第 90 卷,2015 年,此據石洋中譯本,載《中國中古史研究》第六卷,2018年,第 30—32 頁。

　　除此之外,還有一點值得注意,即前舉簡 1.1 顯示,零陽獄佐和士吏沿零陽—充—酉陽—遷陵路綫出發,①其傳文書 15 天後送抵遷陵縣廷,後者再向遷陵倉下達接待的指令。細思之,難道出差人必須在倉接到縣廷命令之後才能得到食宿招待嗎? 遷陵的傳舍,②又在其中起到什麽作用? 進一步說,前舉八枚秦代傳信的文書性質和處理程序,尤其是"遷陵食辨、平,盡己巳旦□□□□遷陵"一行,是哪個機構所作,流轉程序是怎樣的? 目前均無法妥善解決。值得期待的是,漢代懸泉置——類似於傳舍——也出土了大量公傳,待兩批材料全部公布後,或許能解決上述疑惑,並全面比較秦漢傳信的異同。

　　附記:該文得到侯旭東、方誠峰、王彬、曹天江等師友指教。原以《論里耶秦簡"續食文書"即秦代傳信》爲題,刊於《甘肅簡牘(第二輯)》(2022 年)。

附二　秦漢從史補考

　　《漢書·兒寬傳》記載"時張湯爲廷尉,廷尉府盡用文史法律之吏,而(兒)寬以儒生在其間,見謂不習事,不署曹,除爲從史,之北地視畜數年。"③兒寬雖補廷尉府文學卒史,但因口才笨拙且爲儒生之故,廷尉張湯僅任爲從史,派去北地郡管理畜産。關於這個"從史",顔師古注"只隨官僚,不主文書"。④ 關於"不署曹",張晏注曰"不署爲列曹也",顔師古注"署,表也,置

---

① 臨沅—零陽—充—酉陽—遷陵,這一交通路綫的復原,可參晏昌貴《里耶秦簡牘所見郡縣名録》,《歷史地理》第三十輯,2014 年,第 145—146 頁;楊智宇《里耶秦簡牘所見洞庭郡交通路綫相關問題補正》,《簡帛研究》2019 年秋冬卷,第 147—150 頁。
② 里耶秦簡包含不少傳舍封檢,即下端削尖、上署"傳"的簡牘,如 8 - 54、8 - 365、8 - 958、8 - 1038、8 - 1649、9 - 278、9 - 393、9 - 837、9 - 983、9 - 1629、9 - 1655、9 - 2069、9 - 2241、9 - 2482、9 - 3318 等。還有"傳舍沅陵獄史治所"封檢(8 - 940、8 - 1058、8 - 2039),大概表示沅陵獄史在遷陵傳舍的駐地。比照漢代遺址出土封檢的情況,里耶秦簡既然包含不少傳舍和倉的封檢,就説明其中部分簡牘屬於遷陵傳舍和倉之遺留(可參拙著《肩水金關漢簡研究》附録《籾山明、佐藤信編〈文獻と遺物の境界〉(第一、二册)評介》,第 230—232 頁)。當然,里耶秦簡中也有貳春鄉、啓陵鄉的封檢,但二者治所毫無疑問不在遷陵縣寀。針對這一現象,陶安提出可能是簡牘刮削、折斷等二次利用造成的(《談談里耶秦簡所見文書簡牘的再利用情況》,載張忠煒主編《里耶秦簡研究論文選集》,上海:中西書局,2021 年,第 154—159 頁),這一説法值得重視。
③ 《漢書》卷五八《兒寬傳》,第 2628—2629 頁。
④ 《漢書》卷五八《兒寬傳》,第 2629 頁。

也。凡言署官,表其秩位,置立爲之也"。① 居延舊簡出土後,陳夢家注意到其中的從史資料,但以"待考"擱置未論,②唯稍微提及尉從史的遷轉。③ 安作璋、熊鐵基綜合顏師古與沈欽韓的看法,將從史與從史位、從掾、待事掾等均視爲散吏,並引"(枚皋)與(梁共王)冗從爭,見讒惡遇罪"的師古注"冗從,散職之從王者也",推測從史可能是冗從的他稱。④ 從史屬於散吏是没有問題的,但將之等同於冗從,未必可信。換言之,冗從很可能包括舍人、門客等在内,其指涉範圍遠大於從史。最近,閻步克指出從史主要負責長官私務,有隨從、私吏、勤雜人員的意味,並與從史位對比,認爲後者的差使更具行政性,更爲重要一些。⑤ 這一看法基本可信。不過,簡牘所見從史資料較爲豐富,尚有學界未及注意之處,下面試爲補充。

(一) 設置範圍及相關問題

設置從史的機構或官吏,實際上非常廣泛。不僅上舉廷尉府設置從史,丞相府、王國相等均設立從史。如成帝朝,丞相匡衡曾"遣從史之僮,收取所還田租穀千餘石入衡家"⑥,被舉劾專地盜土,因此失職免爲庶人。文帝朝,袁盎爲吳國相,"有從史嘗盜愛盎侍兒,盎知之,弗洩,遇之如故",景帝時吳楚反亂,袁盎因此得救。⑦ 兩例從史記載甚明。

在郡一級機構中,太守府設有從史。如西漢末陳遵爲河南太守,"既至官,當遣從史西,召善書吏十人於前,治私書謝京師故人。"⑧西北漢簡所見,太守丞也有自己的從史,如下:

1.1. 武威郡張掖丞從史公乘陵里曹奉年五十　　　　73EJT37:1079

該簡爲單札,完整無缺損,乃武威郡張掖縣丞從史曹奉的名籍簡。

此外,郡級軍事及農事機構,如郡都尉、都尉丞、司馬、千人等亦設從史。

---

① 《漢書》卷五八《兒寬傳》,第 2629 頁。
② 陳夢家《漢簡所見太守、都尉二府屬吏》,原作於 1962 年,此據作者《漢簡綴述》,第 118 頁。
③ 陳夢家《漢簡所見居延邊塞與防禦組織》,此據作者《漢簡綴述》,第 52 頁。
④ 安作璋、熊鐵基《秦漢官制史稿》,1984 年初刊,此據齊魯書社 2007 年版,第 633—634 頁。
⑤ 閻步克《從爵本位到官本位——秦漢官僚品位結構研究(增補本)》,北京:生活·讀書·新知三聯書店,2017 年,第 485—488 頁。
⑥ 《漢書》卷八一《匡衡傳》,第 3346 頁。
⑦ 《史記》卷一〇一《袁盎列傳》,第 3303 頁。
⑧ 《漢書》卷九二《遊俠傳》,第 3711 頁。

如下：

  1.2. 居延都尉從史平樂里公乘彭賜之年□☑　　　　73EJT37：207+867

  1.3. 河平元年五月庚子朔丙午都鄉守嗇夫宗敢言之：肩水里男子王野

  臣自言爲都尉丞從史徐興☑取傳。謹案户籍臧官者，野臣爵大夫，年

  十九，毋官獄徵事，當得以令取傳，謁移過所津關，毋☑

  五月丙午居延令宣守丞城倉丞敢移過所縣道毋苛留止如律令/掾商

                    73EJT26：87

  1.4. 居延司馬從史觻得益昌里馮昌年卌一　軺車一乘馬二匹駣☑

                  73EJT8：54A

  1.5. 元延元年九月乙丑朔丙戌肩水千人宗移過所：遣從史趙放爲私市

  居延，當舍傳舍，從者如律令。　　　　　73EJT37：528

1.2、1.4 分別爲居延都尉從史、居延司馬從史的通關名籍簡，1.3、1.5 均爲通關傳的抄件。1.3 是居延縣簽發的私傳，傳主王野臣當與居延都尉從史徐興身份密切，惜簡牘殘斷，身份不得其詳。1.5 是肩水千人簽發的公傳，從史趙放雖然"私市居延"，但依然享受"當舍傳舍"的待遇。需要補充的是，千人、司馬皆爲都尉下屬，且皆有治所與屬官。[①] 另，直屬於大司農的農都尉也設有從史，如下：

  1.6. ☑……定爲農都尉從史，遣之彊□取衣用☑□……移過所縣道津

  關：當舍傳舍……☑

  ☑圍兼行事謂過所縣道……☑　　　　　　　73EJT27：50

該簡殘損嚴重，字迹模糊，據簡文判斷，當爲傳的抄件。"定爲農都尉從史"顯示農都尉也設立從史，與 1.4 相同，從史任務"取衣用"雖爲私活，但也享受"當舍傳舍"的待遇。

  縣一級機構中，從史的設置也很普遍，縣令、縣丞、縣尉等均設有從史。如下：

---

① 陳夢家《漢簡所見居延邊塞與防禦組織》，作者《漢簡綴述》，第 43—45 頁。不過，千人與司馬的級別高下，尚存爭議(郭俊然《"千人類職官"探析》，《安康學院學報》第 24 卷第 5 期，2012 年，第 74 頁)。

1.7. 居延令從史唐□年卅二歲　　□□□一匹牡駵齒七歲　　七月己巳入
　　　　　　　　　　　　　　　□□□□□三歲

　　　　　　　　　　　　　　　　　　　　　　　　　73EJT3：108

1.8. 居延丞從史公乘安樂里智□☑　　　　　　　73EJT10：153

1.9. 允吾左尉從史駱護年廿三　軺車一乘用馬一匹駵駮牝齒五歲卩十
二月甲午夤食入　　　　　　　　　　　　　　73EJF3：189+421

三簡分别是居延令從史、居延丞從史、允吾左尉從史的通關名籍簡。允吾爲
金城郡首縣,郡治所在。此外,塞候、塞尉、倉長等邊塞機構長吏亦設有從
史。如下:

1.10. 居延卅井候從史□☑　　　　　　　　　　73EJT25：120

1.11. 居延甲渠塞尉從史居延萬歲里張常富年廿一　長七尺五寸黑色
　　　　　　　　　　　　　　　　　　　　　　　73EJT25：43+191

1.12. 建平三年八月己卯朔乙巳居延城倉長護移過所縣道津關:遣從史
周武歸武威取衣用,當舍傳舍,從者如律令。　　嗇夫長佐□
　　　　　　　　　　　　　　　　　　　　　　　73EJT37：749A

　居延倉長印　　　　　　　　　　　　　　　　73EJT37：749B

1.10、1.11 分别是卅井塞候從史、甲渠塞尉從史的通關名籍簡。1.12 是居延
城倉長簽發的傳文書,派遣從史周武"取衣用",也享受"當舍傳舍"的公務
出行待遇。

　　此外,有一枚簡涉及騎士從史,需要作出説明。如下:

1.13. 永始四年九月辛丑朔戊辰都鄉嗇夫恭敢言之:三泉里男子□咸自
言爲騎士從史何歆葆□□

　……　　　　　　　　　　　　　　　　　　73EJT37：38

簡文左側殘損,細察圖版,"騎士"兩字模糊,"士"字尚可辨識,"騎"字僅餘
點畫,無從辨認。而且,有研究者認爲騎士身份近於半官半民,①推測擁有從

---

① 高村武幸《關於漢代材官、騎士的身份》,原刊《日本秦漢史學會會報》第 5 號,2004 年,此據中譯
本,載《簡帛研究 2004》,2006 年,第 458—462 頁。高村武幸據居延舊簡"今除爲鱳得騎士
(510.3／A35)",認爲騎士任用跟官員除任差不多(第 455 頁),實際上該簡原來釋文有誤,衍"除"
字,新整理本已删,故高村之説可再斟酌。此條意見承趙爾陽提示,謹致謝忱!

者是没問題的,但有從史未免太匪夷所思。故此,本條從史材料暫可擱置不論。

綜上,丞相、王國相、郡太守、太守丞、郡都尉、都尉丞、農都尉、司馬、千人,以及縣令、縣丞、塞候、塞尉、倉長等機構或長吏都設有從史。可以説,上至丞相廷尉,下至郡國邊塞,都能到從史的身影,不可謂不廣泛。其中 1.5、1.6、1.12 等簡,也佐證了從史近乎勤務人員的觀點。

值得進一步考慮的是,設置從史的職官,除去太守丞、都尉丞、縣丞外,其他各職官皆統轄獨立的機構,唯有丞被視爲長官副貳,署理文書。此前有學者綜合分析長沙地區出土簡牘中所見的"丞掾",指出東牌樓東漢封檢"臨湘丞掾驛馬行"中的掾當爲丞的某一個屬吏,並進一步推測秦漢時期的丞有自己的屬吏系統,如掾、史、守屬、書佐等。[①] 驗以上文所引"丞從史"的資料,東牌樓封檢"丞掾"理解爲丞之掾可能更合理。但這能否説明丞有自己的屬吏系統呢? 恐怕還要謹慎一些。無論是正史所載(如《續漢書·百官志》)[②],還是出土文獻所見(尹灣漢簡),[③]丞基本上都排列在太守、都尉和縣令長之下,無疑屬於長吏副貳的角色,獨立性甚小。至於傳世文獻、出土文獻所見丞的掾、書佐、從史等屬吏,當是由縣統一辟署後調配給丞使用的,並不意味着丞有自己的獨立的屬吏系統。若丞果有獨立性,《續漢書·百官志》或尹灣漢簡集簿的記録方式就將調整爲太守/縣令長、都尉/縣尉、丞三者並列,而非將丞置於前兩者之下。

(二) 從史與從掾

從史的設置,最早可追溯至秦統一前後(里耶秦簡 8 – 1575、8 – 2196),而張家山漢簡《奏讞書》案例十五記載高祖七年醴陽縣令指使從史盜縣官米,[④]可見雖經秦漢鼎革,但從史一職延而未改。前節引用資料,顯示西漢早期至晚期均可見到從史。新莽時期典制多改,未見從史一職。光武復漢以後,到建武六年之前,從史的職稱又恢復使用。如建武三年四月,已經歸附光武的竇融發布了一份俸禄文告(EPF22:70—EPF22:79),其中提到"從

---

① 徐暢《長沙出土簡牘中的"丞掾"》,《文物》2017 年第 12 期,第 70—78 頁。
② 《續漢書·百官志》載"丞署文書,典知倉獄",見《後漢書》,第 3623 頁。
③ 尹灣漢簡"集簿"記載"太守一人""都尉一人,丞一人""令七人,長十五人,相十八人,丞卅四人,尉卅三人"。分別記載,列爲三欄。
④ 彭浩、陳偉、工藤元男主編《二年律令與奏讞書》,第 352—353 頁。

史田吏如律令"(EPF22：70)。① 額濟納漢簡中有一份檄書顯示,建武四年九月從史報告匈奴侵擾之事(2000ES9SF3：4)。另外,甲渠候官遺址出土了一枚"右部從吏孟倉"的名籍簡(EPT59：574+575+576),肖從禮認爲從吏就是從史,②據73EJT23：1013"從吏日勒尉史齋☒"看來,從吏更可能是泛稱,而非從史的別稱。無論如何,建武五年以後,史料再未記載從史。究其原因,當與建武六年光武帝的改革有關。當時,劉秀已經基本上控制隴西和巴蜀以外的地區,形勢穩定,遂於六月辛卯下詔,"令司隸、州牧各實所部,省減吏員",此次改革結果,史籍描述"吏職減損,十置其一"。③ 從史一職,應是此次改革所省減掉的。畢竟從史需要發放俸禄花費公帑,却服務於長官私人事務,被裁撤也在情理之中。東漢晚期崔寔批評官員俸禄微薄入不敷出,謂"長吏雖欲崇約,猶當有從者一人,假令無奴,當復取客,客庸一月千",④可能正反映了東漢後期從史被裁減之後,長吏没有可供隨意役使的低級屬吏而只能自掏腰包雇備私人隨從的現象。

與從史官號相似的是從掾和從掾位,也值得考察。目前所見,最早記載從掾的是斯坦因發掘的一枚敦煌漢簡,如下:

2.1. ☒ 從□一狗直石五斗　　從誅虜卒壽明桼斗　　從卒王少曼

☒ 從卒陶陽五斗　　　從掾受五斗　　　□五斗　1847/D23

從掾與從卒、從誅虜卒並列,而誅虜當爲烽燧或部之名稱(359/79MDT5：321、490/79MDT6：10),故從掾既可理解爲固定官稱,又可理解爲隨從掾屬的意思。聯繫到新莽時期已經明確出現了從掾位一職(詳下),故簡2.1理解爲官稱應無問題。不過,該簡無紀年,D23遺址出土簡牘較少,未見紀年,但簡文"桼"乃新莽時期開始行用的數字,⑤故從掾一職出現的時間最早可追溯至新莽時期。

① 至遲建武三年初,竇融集團就已歸附光武,承用正朔,職官名物恢復西漢舊制。參張忠煒《〈居延新簡〉所見"購賞科别"册書復原及相關問題之研究——以〈額濟納漢簡〉"購賞科條"爲切入點(增訂稿)》,張德芳、孫家洲主編《居延敦煌漢簡出土遺址實地考察論文集》,上海：上海古籍出版社,2012年,第199頁,又可見鐘良燦《兩漢之際河西所奉正朔考——以居延漢簡年號簡爲中心》,《内蒙古大學學報(哲學社會科學版)》2017年第2期,第63—68頁。
② 肖從禮《居延新簡集釋(五)》,蘭州：甘肅文化出版社,2016年,第393頁。
③ 《後漢書》卷一《光武帝紀》,第49頁。
④ 崔寔撰,孫啓治校注《政論校注》,北京：中華書局,2012年,第149頁。
⑤ 饒宗頤、李均明《新莽簡輯證》,第106頁;焦天然《新莽簡判斷標準補説——以居延新簡爲中心》,第103—104頁。

東牌樓東漢簡也出現了從掾,如簡 2.2:

長沙大守從掾文顯　　　　　　　　　　　　　　　　094A

門下功曹史邵弘　　　　　　　　　　　　　　　　　094B

這一枚名刺兩面書寫,涉及長沙太守從掾文顯和門下功曹史邵弘兩人。東牌樓漢簡的紀年都集中在靈帝時期,①該枚名刺時代可能不出其外。可惜的是,僅簡 2.2 知太守府設有從掾,而簡 2.1 看不出來從掾的設置機構。

與從掾相近的從掾位,出現也不晚,馬圈灣漢簡即有記載,如下:

2.3. 從掾位田襄　　米三斗　　私從二人　　麥二斛

　　　　　　　　　　　　　　　　　　　　345/79MDT5:307

該簡無紀年,從"三"字的用法看,無疑是新莽簡。② 另,341(79MDT5:303)、342(79MDT5:304)、343(79MDT5:305)、344(79MDT5:306)、346(79MDT5:308)、417(79MDT5:379)諸簡與簡 2.3 相比,書風筆迹相似,書式相同,內容都是糧食發放記録,當屬同一册書。其中的簡 342 出現了戊曹掾一職,據《漢書·王莽傳》記載,王莽正式稱帝之後,"公卿入宮,吏有常數,太傅平晏從吏過例,掖門僕射苛問不遜,戊曹士收繫僕射",其中的"戊曹",應劭注曰"莽自以土行,故使太傅置戊曹士"。③ 考慮到居延舊簡 505.1+505.4/A35 與戊曹左史一同出現的居延倉宰也是新莽職官,④應劭的看法無疑是正確的。因此,簡 2.3 反映新莽時就已出現從掾位一職。不過,該簡的從掾位與簡 341 的守千人、342 的戊曹掾、343 的監厨史、344 的門下史、346 的騎吏、417 的門下西曹等官職並列,看不出從掾位到底屬於哪個機構。

進入東漢以後,從掾位一職延續下來,建武六年的職官改革並未省減此職。東漢早中期的五一簡即出現了從掾位,如簡 2.4:

從掾位悝言考實倉曹史

朱宏劉宮臧罪竟解書　十二月七日　到　三六七/2010CWJ1③:198-4

---

① 共見建寧、熹平、光和、中平四個年號,均爲靈帝年號。可參長沙市文物考古研究所、中國文物研究所編《長沙東牌樓東漢簡牘》,北京:文物出版社,2006 年,第 28 頁。

② 焦天然《新莽簡判斷標準補説——以居延新簡爲中心》,第 103 頁。

③ 《漢書》卷九九《王莽傳》,第 4135 頁。

④ 饒宗頤、李均明《新莽簡輯證》,第 140 頁;冨谷至編《漢簡語彙考證》,第 74 頁(藤井律之執筆)。

該簡無紀年,據學者研究,當在和帝永元十六年(104),①與五一簡整體時代相符。② 另外,CWJ1③:286-199+289-16+289-11+284-227(4987+5638+5633+3099)出現了從掾位宗,2010CWJ1③:268-1(2170)出現了從掾位翕。東漢後期的碑刻題名中也出現不少從掾位,如桓帝延熹年間倉頡廟碑、靈帝熹平年間堂邑令費鳳碑、靈帝光和年間溧陽長潘乾校官碑等。③走馬樓吳簡亦有相關記載(如竹簡第四冊1402、1410、1415、3837等簡),可見三國孫吳沿用此一職官。整體看來,多數簡牘顯示從掾位設置於縣廷,或許簡2.3的從掾位也設置於縣廷。

從上述分析可知,光武帝建武六年的官制改革裁撤了服務長官個人私務的從史,但保留了行政功能更多的從掾和從掾位。而與從掾位相對應的從史位,此前有學者認爲西漢中後期的西北漢簡即已出現,④實際上這一官職並未見於西漢,多出現於東漢晚期,如東漢靈帝建寧年間的《西狹頌》《郙閣頌》等石刻。⑤ 此後的走馬樓吳簡、樓蘭文書也多次出現。

(三) 餘論

綜上,從史起源較早,而從掾、從掾位起源較晚,細思之,後者可能是比附前者而設立的。但是,從史主要服務於長官私人事務,故光武帝建武六年的官制改革予以裁撤,而具有更多行政色彩的從掾和從掾位則保留下來。隨着從掾位一職的延用,行之既久,名號比附從掾位的從史位也就設立起來了。從史位一職,雖然極易讓人聯想到早期的從史,但兩者性質不同,從材料中看不出從史位具有多强的服務長吏私人事務的色彩。

附記: 該文得到張俊民、趙爾陽兩位師友的指教,原載清華大學出土文獻研究與保護中心編《半部學術史、一位李先生》(清華大學出版社,2021年),收入本書時加以增補。

---

① 楊小亮《長沙五一廣場東漢簡牘册書編聯復原研究》,博士學位論文,清華大學,2021年,第73—74頁。
② 五一簡年號集中在和帝永元二年(90)至安帝永初五年(111),參長沙市文物考古研究所《湖南長沙五一廣場東漢簡牘發掘簡報》,《文物》2013年第6期,第16頁。
③ 倉頡廟碑文,見高文《漢碑集釋(修訂本)》,鄭州:河南大學出版社,1997年,第236頁;堂邑令費鳳碑、溧陽長潘乾校官碑文,見洪适《隸釋·隸續》,北京:中華書局,1986年,第56、108頁。
④ 閻步克《從爵本位到官本位——秦漢官僚品位結構研究(增補本)》,第486頁。
⑤ 高文《漢碑集釋(修訂本)》,第358、380頁。走馬樓吳簡、樓蘭文書等更多見,不贅。

第三章
通關致書與肩水金關

　　除符、傳之外,還有一類通關證件,以通知文書的形式向關口行文,附牒記録出行者名單,關口根據移送來的文書核查放行。這類通知文書,據其用語及程式,類似於今天俗稱的通知書,學界一般稱爲"致"。不過,通知文書及傳所附的牒,均可稱爲致,一定程度上,傳亦可稱爲致(詳下),故將此類通知書性質的通關證件稱爲"致"極易造成混淆。綜合考慮,暫名爲通關致書,以指代過去所習稱的"致"。

　　作爲通關憑證之一的通關致書,在特定區域內,出現頻率及重要性不減符、傳。學界注目已久,早前陳邦懷、裴錫圭、徐樂堯、李均明、大庭脩等對敦煌漢簡、居延舊簡中的致及致文書進行了考辨。[①] 張家山漢簡《二年律令·津關令》刊布後,李均明、陳偉、李天虹、藤田勝久、楊建、冨谷至、安忠義等結合該批律令簡討論了傳、致之異同。[②] 金關漢簡刊布後,杜鵬姣、田家溧對致籍格式和分類進行了初步研究,[③]青木俊介探討了致

---

① 陳邦懷《居延漢簡考略》,《中華文史論叢》1980 年第 2 輯,第 85—86 頁;裴錫圭《漢簡零拾》,原刊《文史》第十二輯,1981 年,今據《裴錫圭學術文集》第二卷《簡牘帛書卷》,上海:復旦大學出版社,2012 年,第 79—81 頁;徐樂堯《漢簡所見信符辨析》,第 152—153 頁;李均明《簡牘文書"致"考述》,原刊《新疆文物》1992 年第 4 期,此據作者《初學録》,臺北:蘭臺出版社,1999 年,第 116—121 頁;大庭脩《漢簡研究》,第 145—149 頁。

② 李均明《漢簡所反映的關津制度》,第 31—32 頁;陳偉《張家山漢簡〈津關令〉涉馬諸令研究》,《考古學報》2003 年第 1 期,第 37—38 頁;李天虹《漢簡"致籍"考辨——讀張家山〈津關令〉札記》,《文史》2004 年第 2 輯,第 33—37 頁;藤田勝久《〈張家山漢簡·津關令〉與漢墓簡牘——傳與致的情報傳達》,第 447—452、456—457 頁;楊建《西漢初期津關制度研究:附〈津關令〉簡釋》,第 91—95 頁;冨谷至《文書行政的漢帝國》,第 257—260 頁;安忠義《秦漢簡牘中的"致書"與"致籍"考辨》,《江漢考古》2012 年第 1 期,第 111—116 頁。

③ 杜鵬姣《試論漢簡中的"致"和"致籍"》,第 51—53 頁;田家溧《漢簡所見"致籍"與"出入名籍"考辨——以金關漢簡爲中心》,第 112—117 頁。

的使用。①

　　綜觀此前研究,學界對通關"致"含義的認識仍然存在分歧。致書通關的研究則較爲薄弱,有效期、送達者、文本性質等相關問題皆有待進一步討論。有鑒於此,本章首先考辨"致"的含義,在此基礎上,結合額濟納河流域的屯戍組織體系,深入考察致書通關的相關問題。

一　"致"義辨析

　　學界對通關簡中"致"或"致籍"的認識,按照時間先後,存在三種看法。下面逐一辨析。

　　第一種看法是陳邦懷提出的。該學者注意到下述的楬:

　　1.1. ▨民出入關傳致籍　　　　　　　　　　　　　50.26/A32

推測簡 1.2 即爲"致",如下:

　　1.2. ……韓弟自言□☑□充光謹案户籍在官者,弟年五十九,毋官獄徵

　　事,願以令取傳,乘所占用馬☑

　　八月癸酉居延丞奉光移過所河津金關毋苛留止如律令/掾承☑

　　　　　　　　　　　　　　　　　　　　　　　　　218.2/A32

之所以做出這種推斷,可能因兩簡皆涉及通關。② 這個看法,無疑是錯的。今天看來,據用語、流程及書式,簡 1.2 當屬傳文書。

　　第二種觀點,認爲"致"當指記載出入關人員、車輛、馬牛等情況的簡。這個觀點是裘錫圭提出來的,依據材料如下:

　　1.3. 居攝三年吏私牛出入關致籍　　　　　　　534/79DMT6：54

　　1.4. ☑轉谷輸塞外輸食者出關致籍　　　　　　682/79DMT8：27

　　1.5. ●元始三年七月玉門大煎都萬世候　長馬陽所賣操妻子從者奴婢

　　出關　致籍　　　　　　　　　　　　　　　795/79DMT9：27

---

① 青木俊介《肩水金関漢簡の致と通関制度》,《日本秦漢史學會會報》第 12 號,2014 年,第 36—64 頁。
② 陳邦懷《居延漢簡考略》,第 85 頁。

三簡當爲簿書標題簡,末簡尚存兩道編聯空白。比對居延漢簡中常見的簿書,這些通關簿書標題簡中的"致籍",無疑應是記載出行人員及物品車馬等信息的某種名籍。① 這個看法,最爲接近"致"或"致籍"的本意。此後,李天虹、藤田勝久、初世賓等亦持此説。②

第三種觀點,認爲"致"是以下述兩簡爲代表的通關證件:

1.6. 建平三年閏月辛亥朔丙寅,禄福倉丞敞移肩水金關:●居延塢長王戎所乘用馬各如牒,書到出,如律令。　　　　　　　　　　　15.18/A32

1.7. 始建國三年五月庚寅朔壬辰,肩水守城尉萌移肩水金關:吏所葆名如牒,書到出入,如律令。　　　　　　　　　　　　73EJF3:155A

　　　　　　　　　　　　　　置興鳳　　73EJF3:155B

兩簡皆有"××如牒書到出(入)"等字樣,表示以文書附牒的形式直接發給金關,前簡尚有編聯留空。最早指出此類文書即爲通關"致"的是李均明,他還進一步推測"吏所葆名如牒",即附件,當以名籍的形式呈現,這類名籍包括人員、牲畜、器物等。"致",包括文書和附牒兩者。③ 不過,1.6、1.7兩簡皆無"致"字眼,今天看來,在當時的條件下能做出這樣的推斷無疑是非常敏鋭的。大庭脩、陳偉亦認同此觀點。④ 金關漢簡刊布後,青木俊介注意到下述兩簡:

1.8. 建昭元年……辰,廣地候千秋移□☑

　　　將省卒詣……到,案致出入,如律☑　　73EJT23:200①+②

1.9. 願令史案致籍出,毋留,如☑　　　　　　73EJT10:218A

　　　正月辛未□□卒□以來☑　　　　　　　73EJT10:218B

兩簡雖殘,將其簡文與1.6、1.7比對,不難發現其相似性。1.8"(書)到案致出入如律(令)"、1.9"案致籍出毋留"與1.6、1.7兩簡"書到出(入)如律令"文句相似,性質相同。據此,青木俊介認可了通關致包括文書和附牒的

---

① 裘錫圭《漢簡零拾》,第80—81頁。
② 李天虹《漢簡"致籍"考辨——讀張家山〈津關令〉札記》,第35頁;藤田勝久《〈張家山漢簡·津關令〉與漢墓簡牘——傳與致的情報傳達》,第449—452頁;初世賓《懸泉漢簡拾遺》,第95頁。
③ 李均明《簡牘文書"致"考述》,載《初學録》,第119—120頁。
④ 大庭脩《漢簡研究》,第145—149頁;陳偉《張家山漢簡〈津關令〉涉馬諸令研究》,第37頁。

觀點。①

　　不過,仔細審視第三種看法,尤其 1.8、1.9 兩簡的案致(籍)出入,所謂的致,其真正所指當是文書所附的牒。② 下述兩簡亦可證明:

1.10. 神爵二年十二月壬申朔戊寅,將轉肩水倉令史☒
　　　轉折穀就家縣名里各如牒,出入復籍,敢言☒　　　　73EJT3:113

1.11. 甘露四年戊寅朔甲午,甲渠鄣守候何齎移肩水金關:令史□☒
　　　罷軍徒補觻得臨谷候官令史,書到,案籍内,如律令。

　　　　　　　　　　　　　　　　　　　　　　　　　　73EJT5:68A

　　　　　　　令史安世　　　　　　　　　　　　　　73EJT5:68B

兩簡與前述 1.6、1.7 相似,確實均爲通知性的過關文書。不過,仔細比對文句及意思,1.10“出入復籍”、1.11“案籍内”等所案核的致或籍,與 1.6“……所乘用馬各如牒”、1.7“吏所葆名如牒”,指代相同。1.8“案致”、1.9“案致籍”,亦與 1.6、1.7 相同。由此可見,嚴格意義上,“致”“致籍”實際上是指此類通知文書所附的牒,並不包括通知文書本身。而且,張家山漢簡《二年律令·津關令》中關於“致”的相關規定,亦支持這個看法,如下:

1.12. 十二:相國議,關外郡買計獻馬者,守各以匹數告買所内史、郡守,内史、郡守謹籍馬職物、齒、高,移其守,及爲致告津關,津關案閲(509)出,它如律令。御史以聞,請許,及諸乘私馬出,馬當復入而死、亡,自言在縣官,縣官診及獄訊審死亡,皆津關,制曰:可。(508)

1.13. ☒議,禁民毋得私買馬以扞關、鄖關、函谷關、武關及諸河塞津關。其買騎、輕車馬、吏乘、置傳馬者,縣各以所買(506)名匹數告買所内史、郡守,内史、郡守各以馬所補名爲久,久馬,爲致告津關,津關謹以籍、久案閲出。諸乘私馬入而復以出,若出而當復入者(507),津關謹以傳案出入之。詐僞出馬,馬當復入不復入,皆以馬賈詑過平令論,及賞捕告者。津關吏卒、吏卒乘塞者智,弗告劾(510),與同罪;弗智,皆贖耐。

---

① 青木俊介《肩水金關漢簡の致と通関制度》,第 46—49 頁。
② 李零認爲,牒是簡册的基本單位,竹簡一枚,木牘一枚,都叫牒(《視日、日書和葉書——三種簡帛文獻的區别和定名》,《文物》2008 年第 12 期,第 78 頁);鷹取祐司認爲,就簡牘而言,牒是作爲附加文書而被添附的木簡(《秦漢官文書の基礎的研究》,第 576 頁,尾注 14)。

● 御史以聞,制曰:可。(511)

1.14. □、相國上中大夫書,請中大夫、謁者、郎中、執盾、執戟家在關外者,得私買馬關中。有縣官致上中大夫、郎中,中大夫、郎中爲書告津關,來復傳(504),津關謹閱出入。馬當復入不入,以令論。● 相國、御史以聞,● 制曰可(505)

細察三條律令,"致"的含義當如前述裘錫圭所言。1.12"内史、郡守謹籍馬職物、齒、高,移其守,及爲致告津關,津關案閱出"顯示,内史、郡守需要記錄馬的標識、齒齡及尺寸,並"爲致"告津關,津關根據"致"案閱出入。從其句式及文意判斷,"致"無疑是指前述記載了馬之體貌特徵的某種簿籍。1.13"内史、郡守各以馬所補名爲久,久馬,爲致告津關,津關謹以藉、久案閱出",津關無疑是根據"致"上記載的籍、久進行案閱的。1.14"縣官致"當指前述"私買馬"的情況,中大夫、郎中將此情況以"書"的形式通告津關。此處的"書"實際上是個泛稱,並不表示某一類通關證件,傳、通關致書皆屬廣義的書。①

至此,基本可以確定,"致"或"致籍"的本意,是指記載出行者及其車馬、物資明細的簡牘,既包括私傳中記載個人信息的簡,亦包括上舉 1.6、1.7 所附的牒。一定意義上,將 1.6、1.7 爲代表的那類通關文書稱爲"致"未嘗不可,但如此處理,就掩蓋了"致"的真正含義。

另外,作爲通行證的傳,完整者當包括傳文及個人信息兩部分。與傳文配合使用的個人信息簡,亦可稱爲"致",這一看法,最早爲藤田勝久提出,②

---

① 金關漢簡私傳亦頗多"書到"者,如下:

永始五年閏月己巳朔丙子,北鄉嗇夫忠敢言之:義成里崔自當自言爲家私市居延。謹案:自當毋官獄徵事,當得取傳。謁移肩水金關、居延縣索關,敢言之。
閏月丙子㯹得丞彭移肩水金關、居延縣索關:書到,如律令。/掾晏令史建　　　15.19/A32
□嘉二年七月丁丑朔丁丑,西鄉嗇夫政敢言之:成漢里男子孫多牛自言爲家私市居延☑
傳。謹案:多牛毋官獄徵事,當得取傳。謁移肩水金關、居延縣索【關】:出入,毋苛留止☑
七月戊寅㯹得長守丞順移肩水金關、居延縣索【關】:寫移書到,如律令。/掾尊守□
　　　　　　　　　　　　　　　　　　　　　　　　　　　　　　　　　73EJT6:39A
　　㯹得丞印　　　　　　　　　　　　　　　　　　　　　　　　　　73EJT6:39B

據程序、書式及用語,尤其"當得取傳"判斷,兩簡無疑是私傳,但縣廷簽發之語皆言"書到如律令",不同於常見的"毋苛留止"。這一點即顯示,私傳亦可視爲廣義的"書",推測公傳、致書等亦如此。

② 藤田勝久《〈張家山漢簡·津關令〉與漢墓簡牘——傳與致的情報傳達》,第 452 頁。

杜鵑姣、田家溧亦認可。① 不過，三位學者僅僅推測，未作詳論，且未見直接
證據。新刊金關簡及居延舊簡即有這方面的材料：

> 1.15. 建平四年正月丁未朔庚申，西鄉守嗇夫武以私印行事：昭武男子
> 孫憲詣鄉自言願以律取致籍，歸故縣。謹案：憲毋官獄徵事，當得以律
> 取致籍。名縣如牒，唯廷謁移卅井縣索、肩水金關，出入如律令。敢言
> 之。　　三月辛酉北嗇夫豐出　　　　　　　　　　　　　73EJT37：530
>
> 1.16. 元延二年四月壬辰朔丙辰，守令史長敢言之：表是安樂里男子左
> 鳳自言鳳爲卅井塞尉，犯法論，事已，願以令取致，歸故縣。名籍如牒，
> 謁移卅井縣索、肩水金關，出入如律令。敢言之。　　　　73EJT37：529
>
> 1.17. ☑ 私市居延，願以令取致。謹☑　　　　　　　　　　243.34/A32

1.15、1.16 兩簡皆由傳主先提出申請，隨後再由鄉嗇夫或令史向上級申報批
准。兩簡皆未見縣級機構的批准簽發之語，當是簡牘殘損之故。據兩簡懸
索關在前、金關在後的移文順序，當由居延縣簽發。1.15“三月辛酉北”顯
示，孫憲後來又返回居延，該簡當是返程時過關錄副。1.17 殘斷，比對用語，
與前兩簡亦相似。據此，三簡用語、流程，與私傳幾乎全同。暫舉典型私傳
如下：

> 1.18. 始建國元年八月庚子朔乙巳，南鄉有秩博敢言之：悉意虞章自言
> 爲家私使之居延，願以令取傳。謹案：章年卅六爵公乘如牒，章毋官獄
> 徵事，當得以令取傳。謁移居延縣索津關出入毋苛留止，如律令。/八
> 月乙巳觻得長守丞襄移過所寫移如律令/掾戎守令史商
>
> 　　　　　　　　　73EJF3：175+219+583+196+407

傳主虞章爲家私使居延，申請私傳。前述 1.15“以律取致籍”，1.16、1.17“以
令取致”，與該簡“以令取傳”，極其相似。結合前述對“致”的考證，三簡所
取的“致”和“致籍”，當指記載出行者信息的身份證件。

因完整的傳由傳文及“致”組成，故有時亦以“致”稱呼“傳”。如下：

> 1.19. 毋官獄徵事。謁□書嬰齊等年長物色，謁移肩水金關以致籍出，

① 杜鵑姣《試論漢簡中的“致”和“致籍”》，第 53 頁；田家溧《漢簡所見“致籍”與“出入名籍”考
辨——以金關漢簡爲中心》，第 113 頁。

來復傳入,如律令。敢言之。   73EJT37：4+1172

簡文"以致籍出""來復傳入"顯示,該簡既可稱爲"傳",又可稱爲"致"。另外,嬰齊的"致"亦可找到,如簡 1.20：

　　河南郡滎陽縣蘇里公乘梁嬰齊年廿七長七尺二寸黑色

                                    73EJT37：1141+1102①

該簡墨色、筆迹與 1.19 幾乎全同,當爲嬰齊過關時關吏製作出入名籍而留下的。據此,雖然 1.15、1.16、1.17 三簡僅言"取致"或"取致籍",但"致"有時亦代指傳。此外,下簡亦可爲此説提供旁證：

　　1.21. 甘露四年六月丁丑朔甲辰,西鄉有秩□□☑王武案,毋官徵事,當

　　爲傳致□☑□□□六月雒陽☑   334.20A

印曰雒陽丞印   334.20B/A32

該簡雖殘,但鄉的申請及雒陽縣的簽發之語皆存.流程與 1.18 全同,爲私傳無疑。簡文"毋官徵事,當爲傳致"顯示,"傳致"當即縣廷簽發的傳以及相應的身份證件。如果説 1.15、1.16 皆由張掖郡內的居延縣簽發,尚可懷疑兩枚"致"僅適用於短途旅行、另成一類的話,那麼 1.21 由河南郡雒陽縣簽發,則足以打消這方面的疑問了。

　　此外,簡 1.21"當爲傳致"似表示傳、致分開。不過,傳、致未必全都分開製作,也存在少數將出行者信息記入傳文內,或者與傳文記在同一枚簡上的情形。② 傳需封印是無疑的,推測"致"亦須封印,以保證其有效性。如下簡：

　　1.22. 觻得益昌里王福年五十七　　　陽朔四年十月庚戌觻得長護封致
　　　　　　　　　　　　　　　　　　　爲家私市居延　　　　　☑

                                             72EJC：121

該簡形制爲單札,與一般出入名籍簡相同,據其書式及用語當即録自王福所持的"致",又添加上"陽朔四年十月庚戌觻得長護封致爲家私市居延"的説明,很可能因此而並未另簡録副王福所持之傳。此外,該簡顯示,"傳"亦可

_____

① 該簡綴合,可參謝明宏《〈肩水金關漢簡〉綴合拾遺(十一)》,2022 年 7 月 8 日刊於簡帛網,http://www.bsm.org.cn/？hanjian/8737.html。
② 詳本書第二章第二節。

稱爲"致"。比對下簡,更證明此點:

1.23. 居延尉史梁襃　　陽朔元年九月己巳居延令博爲傳　十二月丁☐
　　　　　　　　　　　市上書具長安

73EJT6：27A

該簡書式與 1.22 幾乎完全一致,唯多出簡末出入信息,而 1.22 下殘,出入信息可能殘去。比對兩簡,傳、致確實存在混同的現象。

　　綜上,"致"指的是名籍類簡牘。1.6、1.7"如牒"所附的牒,以及與私傳配合使用的身份證件,皆可稱爲"致"。有時,傳亦可稱爲"致"。因此,將 1.6—1.11 等通知性質的通關文書稱爲"致",是不太準確的,而且極易與私傳相混淆。青木俊介雖然注意到 1.8 中包含的"致"字眼,但忽略了"致"的本來含義,而將"致"作爲與私傳、公傳性質相同的通關證件加以討論,其結論自然難以讓人信服。[①]

二　通關致書相關問題考辨

　　考慮到以 1.6—1.11 等爲代表的通關憑證,其附牒的正式名稱爲"致",而本章所要研究的對象,不僅包括 1.6—1.11 等文書附牒,亦包括文書本身,故暫將之稱爲"通關致書",以區別于公傳、私傳、符等通關證件。排比材料,目前可發現 60 多份通關致書(表 3 - 1、3 - 2)。此前,學者在"致"的名義下對"致書"通關展開了研究,取得不少進展,但在有效期、送達者、通關等方面,尚待進一步探索。下面圍繞這些問題進行考辨。

(一)使用群體、與簽發

　　通關致書的使用群體較爲廣泛,不僅有官吏(例 6、9、10 等)、戍卒(例 16、37)、騎士(例 43)、就人(例 1、5、40 等),還有家屬葆私使從者(例 9、33、34 等)、[②]

---

① 青木俊介《肩水金関漢簡の致と通関制度》,第 36—64 頁。
② 關於葆、從者的身份,可參侯宗輝《漢代"私從"的身份與政府管理探論》,《五邑大學學報(社會科學版)》第 15 卷第 4 期,2013 年,第 54—58 頁;侯宗輝《肩水金關漢簡所見"從者"探析》,《敦煌研究》2014 年第 2 期,第 132—140 頁;凌文超《西北漢簡中所見的"庸"與"葆"》,載史亞當主編《出土文獻與物質文化》,第 91—104 頁。

大奴(例 2)等。就其事務屬性而言,既有詣府(例 10、17、47 等)、校郵書(例 25)、征伐(例 43)等公務,亦有收債(例 12、27、56 等)、私使居延(例 18)等私事。從中不難看出,雖然使用人群及事務性質多樣,但基本上均與官員有關係。

至於通關致書的適用地域,此前徐樂堯、李均明、大庭脩等推測不及傳之廣闊,[①]今日看來無疑是對的。據附表不難看出,通關致書的發出者,有肩水候(例 9、12 等)、橐他候(例 10、16 等)、橐他塞尉(例 19、21 等)、廣地候(例 15、17 等)、肩水庫嗇夫(例 3 等)、肩水城尉(例 13 等)以及甲渠候(例 6 等)、甲渠塞尉(例 40 等)、居延城倉丞(例 53 等)、居延庫丞(例 31 等)、居延令(例 4、38、43 等)等機構或官吏,還有疑似肩水塞尉(例 63)、肩水倉(例 54)、肩水千人(例 5、59)、肩水都尉(例 7)等發出者,多數集中于肩水都尉及居延都尉轄區內。[②] 此外,前引通關致書 1.6,簽發者爲禄福倉丞,禄福距金關甚近,但轄於酒泉郡,郡外發給金關的通關致書,僅此一見。

此前,李均明推測通關致書的申請手續,與傳相似。[③] 推測其意思,傳當指直接簽發的公傳。檢附表不難發現,通關致書大部分亦直接簽發。不過,少部分包含低級屬吏的"自言",即申請。暫舉如下:

2.1. 建平元年十二月己未朔辛酉,橐他塞尉立移肩水金關:候長宋敞自言與葆之觻得,名縣里年姓如牒,書到出入,如律令。　73EJT37:1061A

張掖橐他候印　　　　　　　即日嗇夫豐發

十二月壬戌令史義以來　　　門下　　　　　　73EJT37:1061B

---

① 徐樂堯《漢簡所見信符辨析》,第 153 頁;李均明《簡牘文書"致"考述》,載《初學録》,第 119—120 頁;大庭脩《漢簡研究》,第 14 頁。
② 還有一份致書似爲"觻得塞尉"發出,如下:

建平二年六月丙辰朔 ☑ 候長趙審寧歸屋蘭,名縣爵里年姓如牒,書到出入,如
　　　　　　　　　　　　　　　　　　　　　73EJT37:651+727A
　觻得塞尉印　　候史丹發　　　　　　　　73EJT37:651+727B

據用詞"名縣爵里年姓如牒書到出入"判斷,無疑屬於通關致書,惜簡背"觻得塞尉"費解,不見有此官職。屋蘭在金關以南,持該致書者通過金關,故發出者"觻得塞尉"當在金關以北。結合下簡,"觻得塞尉"或爲廣地塞尉之訛,如下:

建平元年十月庚申朔戊子,廣地候移肩水金關:遣候長趙審爲官市,名縣爵里年姓如牒,書
　到出入,如律令。十一月辛卯……並入　　73EJT37:964+1124+1352A
　　　　　　　令史嘉　　　　　　　　　　73EJT37:964+1124+1352B

兩簡相差半年,出行者皆爲候長趙審,懷疑是同一人。而且,後簡由廣地塞發出,與前簡的位置亦相符。若此不誤,則前簡所謂的"觻得塞尉"或即廣地塞尉,翮吏打開封泥膽抄印文時出錯。
③ 李均明《簡牘文書"致"考述》,載《初學録》,第 119 頁。

據簡文,候長宋敞首先"自言",提出申請,然後才由橐他塞尉簽發。[①] 另有類似者,如下:

2.2. 以致籍入,敢言之。　　　　　　　　　　　　73EJT9：59B

印曰張肩塞尉

四月庚寅就家李幼君以來　　　　　　　　　　　73EJT9：59A

該簡形制爲兩行,正背筆迹相似。據"敢言之"及"印曰張肩塞尉",似由肩水塞尉呈報,其呈報對象或爲肩水候官。據下簡,李幼君活動于甘露三年:

2.3. 甘露三年三月甲申朔丁亥,張掖☐家輸橐他廣地候官,書到☐　　　　　　　　　　　　　　　　　　　　　　　　73EJT33：54A

肩水千人印

三月戊子就家李幼君以來　　　　　　　　　　　73EJT33：54B

據簡背印文及簡文,尤其"書到",似亦爲通關致書。很可能肩水都尉府派遣就家輸谷橐他、廣地候官,[②]故簽發此通關致書。簡背"三月戊子就家李幼君以來"顯示,致書由就人携帶通關。不過,簡首左右兩側均有刻槽,且正背筆迹亦相似,或原件由就人携走,此爲録副。就人李幼君可能長期在此地活動,故頻繁通關。2.2、2.3由不同機構簽發,或許就人并無固定服務機構。

此外,李均明認爲,通關致書發給特定的關口。[③] 檢附表3-1,這一看法無疑是對的。不過,之所以如此,並非因爲致書通關有特殊規定,而是這類證件基本上均在張掖郡內使用,而該郡僅設金關、懸索關,故可在致書中明言關口。實際上,短途外出的私傳,亦見不少發給特定關口者,如下:

2.4. 永始五年閏月己巳朔丙子,北鄉嗇夫忠敢言之:義成里崔自當自言

---

① "自言"的形式,采用書面還是口頭,尚不清楚。睡虎地秦簡《内史雜》規定"有事請也,必以書,毋口請,毋羈請(188)",通關致書的使用者多爲官吏,故書面申請者當居多數。私傳常見的"自言",因其多爲普通民衆,當是口頭申請。關於"自言"的進一步研究,可參卜憲群《秦漢日常秩序中的社會與行政關係初探——關於"自言"一詞的解讀》,《文史哲》2013年第4期,第81—92頁。

② 就家、就人乃雇傭之人,相關研究參張俊民《從簡牘談漢代西北邊郡運輸的幾個問題》,《中國社會經濟史研究》1996年第3期,第3—4頁;蔡宜静《漢代居延"就"運新探》,《簡牘學報》第十七期,1999年,第269—280頁;郭麗華、張顯成《西北屯戍漢簡中的"就人"及其相關詞語考論》,《中國社會經濟史研究》2016年第2期,第99—102頁。

③ 李均明《簡牘文書"致"考述》,載《初學録》,第120頁。

為家私市居延。謹案：自當毋官獄徵事，當得取傳，謁移肩水金關、居延縣索關。敢言之。

閏月丙子鱳得丞彭移肩水金關、居延縣索關：書到，如律令。／掾晏令史建

15.19／A32

2.5. ☐嘉二年七月丁丑朔丁丑，西鄉嗇夫政敢言之：成漢里男子孫多牛自言為家私市居延☐傳。謹案：多牛毋官獄徵事，當得取傳。謁移肩水金關、居延縣索【關】：出入，毋苛留止☐

七月戊寅鱳得長守丞順移肩水金關、居延縣索【關】：寫移書到，如律令。／掾尊守☐☐   73EJT6：39A

鱳得丞印☐   73EJT6：39B

兩枚私傳皆由鱳得縣簽發，傳主皆私市居延，因途中僅設金關、懸索關兩個關卡，故縣廷簽發之語指明了兩關。

綜上，通關致書絕大部分發出機構均位於肩水都尉及居延都尉轄區內。僅有一份由酒泉郡禄福縣發出，或為特例。凡可考的通關致書，亦均發給特定關口。其原因就在於這類證件僅適用於張掖郡內，而該郡僅設金關、懸索關，故無須贅言"過所津關"。根據發出機構及出行目的地，移向的關口亦不同。

（二）有效期

關於通關致書的有效期，尚未見討論。實際上，大多數致書亦未交代。一般而言，應僅限於往返雙程，下次出行時須另行簽發。亦有明確交代時效者，如下：

2.6. 元延二年正月癸亥朔壬午，肩水關嗇夫欽以小官行☐

事，隧長章輔自言遣收責橐他界中，出入盡十二月止[①]，如律令☐

                         73EJT23：79A

            守令史駿☐   73EJT23：79B

該簡下殘，推測是金關嗇夫以行肩水候事的身份發出的。簽發時間為元延

---

① "止"字原釋為"晦"，據姚磊意見改，參《肩水金關漢簡釋文合校》，第 220 頁。

二年(前11)正月,"出入盡十二月"顯示有效期到年底。此外,還有兩件相似者,如下:

2.7. ☐建國元年正月癸酉朔戊寅,橐他守候孝移肩水金關、居延卅井縣索關：吏葆家屬私☐縣爵里年姓如牒,書到出入,盡十二月,如律令。

73EJF3：120A

☐掖①橐他候印

☐□十日北嗇夫欽出　　　　守尉史長□　　　　73EJF3：120B

2.8. 始建國元年二月癸卯朔乙巳,橐他守候孝移肩水金關、居延卅井縣索關：吏所葆家屬、私使名縣爵里年始牒,書到出入,盡十二月。令史順

73EJF3：117A

張掖橐他候印　　　　　　　　　　　　　　　73EJF3：117B

兩致書發出時間相隔僅一個月,有效期皆到年底。落款並非同一人,兩簡正面文字筆迹亦不同。兩致書皆以橐他候孝的名義發出,均發給了金關、懸索關。兩個月內向金關、懸索關簽發兩次通關致書,且時效均爲一年,可見出行者並非同一批人。此外,2.7簡背印文筆迹與正文明顯不同,而2.8背面墨色與正面似存差別,但筆迹書風相似,推測2.7爲原件,2.8爲録副。何以如此,尚不清楚。

下述名籍簡,或即與2.6、2.7、2.8等類似文書配合使用的附牒:

2.9. 河上守候史觻得專心里公乘薛遠年廿三郭迹橐他界中出入盡十二月

73EJT37：1163

2.10. ☐豐佐仁送客行書橐他界中出入盡十二月☐

73EJT37：1247+1235

2.11. ☐ 級年十八　豐郭迹塞外君級戎收責橐他界中盡十二月止
　　　　年十七

73EJT37：1168

三簡均一筆下來,形制爲單札。2.9爲肩水塞所轄河上隧候史,河上隧可能爲某部候長駐地。其他兩簡所在機構不詳,所涉事務分別爲送客行書和收債,皆在"橐他界中",推測出行者亦屬肩水塞。有效期皆"盡十二月",惜不

---

① "掖"字原釋爲"水",細察圖版,僅存下半,當爲"掖",徑改。

詳簽發日期。還有下述三簡：

2.12. 禁姦隧戍卒鞣得悉意里公乘王鳳年五十行書橐他界中　　盡五年

二月止　　　　　　　　　　　　　　　　　　73EJT37：628+658

2.13. 騂北亭戍卒鞣得定國里公乘莊憙年廿七 行書橐他界中　　盡五月

二月止　　　　　　　　　　　　　　　　　　73EJT37：631+113

2.14. 河上守候史鞣得春舒里不更馮長年廿八郭迹塞外盡三月

　　　　　　　　　　　　　　　　　　　　　　73EJT37：1581

2.12、2.13 兩簡筆迹書風相似，所涉禁姦隧、騂北亭同屬肩水塞。2.13"五月
二月"當爲"五年二月"之誤，兩簡截止日期相同，推測當爲同一份通關致書
的附牒，惜致書簽發日期不詳。2.14 亦屬肩水塞，注明了"盡三月"的時限。

（三）送達者

青木俊介認爲，通關致書當由出行者本人携帶送至關口。[1] 理論上，出
行者本人携帶致書，不僅過關時方便，即在途中遇到盤查亦保無虞。不過，
亦有例外者，如下：

2.1. 建平元年十二月己未朔辛酉，橐他塞尉立移肩水金關：候長宋敞自
言與葆之鞣得，名縣里年姓如牒，書到出入，如律令。　73EJT37：1061A

張掖橐他候印　　　　　　　　　　即日嗇夫豐發

十二月壬戌令史義以來　　　　　　門下　　　　　73EJT37：1061B

比對正背文字，筆迹書風似不同，顯係接到後別筆所書，當爲原件。該致書
使用者爲候長宋敞及其所葆人員，但簡背"令史義以來"顯示由令史送來。
下簡亦非通關者本人帶來：

2.15. 居延都尉卒史居延平里徐通大奴宜長七尺黑色髡頭　十一月丙辰出

五鳳元年十月丙戌朔辛亥，居延守丞安世別上計，移肩水金關：居延都
尉卒史居延平里徐通自言，縣之隴西，還買鞣得敬老里丁韋君大奴宜。
今疎書宜年長物色，書到出入，如律令。　　　　73EJT37：522A

印曰居延丞印

十一月丙辰佐其以來　　　　　　　　　　　　73EJT37：522B

─────────────

① 青木俊介《肩水金関漢簡の致と通関制度》，第 56—57 頁。

該通關致書由居延守丞在五鳳元年(前57)十月二十六日(辛亥)簽發,涉及居延都尉卒史徐通所買大奴通關之事。很可能徐通持有之前出差時開具的公傳,而新買大奴則需增開證件方可通關。不過,該致書並未由大奴宜携帶,而是由佐其携往。或許佐其與之同行,過關時由其出示。另外,細察圖版,簡背接收記錄與正面文字書風筆迹皆不同,不過,右下角"十一月丙辰出"與簡背相同,當皆爲關吏別筆所書,該簡顯係原件。細察該簡書式,大奴宜的身份信息記在右側,當別無附牒。

(四) 通關與存檔

如前述 2.1、2.7 等簡背接收記錄與正面文字筆迹書風不同,推測這些通關致書當是原件,由出行者携帶至關,將原件留下,返程時據關口留存證件而通行。據附表 3-1,大部分致書皆如此,正背筆迹不同,當爲原件。與此同時,前舉 2.2、2.3、2.8 等似爲録副而非原件。一個可能的解釋,是出行者需要先後經過懸索關、金關,但僅持有一份通關致書,因此先行經過的關口只能録副,後一個關卡或可留下原件。如下:

2.16. 居攝二年三月甲申朔癸卯,居延庫守丞仁移卅井縣索、肩水金關:
　　都尉史曹解、掾葆與官大奴杜同俱移簿大守府,名如牒,書到出入,如律令。
　　　　　　　　　　　　　　　　　　　　　　　　　73EJT8：51A

　居延庫丞印　　　嗇夫常①發

　　　　　　君門下　掾戎佐鳳　　　　　　　　73EJT8：51B

2.17. 官大奴杜同年廿三　　三月辛亥☐　　　　73EJT8：52

簡 2.16 爲寬木牘,簡 2.17 爲單札,均僅存上端編繩,下端編繩脱落留有空白。細察圖版,簡 2.16 正面、簡背落款及簡 2.17 上端"官大奴杜同年廿三"字迹墨色相似,疑爲同一人書寫。簡 2.16"名如牒"當包括所有出行者,惜僅存杜同一簡,兩簡可編聯。此前學者據兩簡扭結方位,判斷簡 2.17 當居前、簡 2.16 當居後。② 結合前引簡 2.15 的書式行款,確應如此。此外,簡 2.16

---

① "常"原釋爲"當",據馬智全意見改,參《肩水金關關嗇夫紀年考》,載張德芳主編《甘肅省第三屆簡牘學國際學術研討會論文集》,第 260 頁。
② 青木俊介《肩水金関漢簡の致と通関制度》,第 46 頁。

背面上端及簡 2.17 下端"三月辛亥",與正面字迹迥異,顯非抄件,當爲關吏在原件上別筆所書。該致書由居延庫簽發,目的地是張掖太守府,路上先後經過懸索關和金關,既然原件留在金關,推測經過懸索關時可能僅僅録副。理論上,居延庫可開具兩份内容相同的致書,分别放在懸索關、金關,但考慮到出行者持一份致書即可通關,似無必要另開一份。上述推測,可由下簡得到證明:

2.18. 綏和二年四月己亥朔癸卯,守城尉賞移肩水金關、卅井縣索關:吏
自言遣所葆……　　　　　　　　　　　　　　　　73EJT37：1067A
四月乙巳北　　白發君前　　　　　　　　　　　　73EJT37：1067B

文書發出者爲守城尉,結合先金關後懸索關的順序,此城尉當即肩水城尉。細察圖版,該簡正背兩面筆迹相似。其原因,或即出行者僅持一份通關致書,過金關時由關吏録副,過懸索關時把原件留下。

出行者經過金關時,因大部分致書均要留下,故目前所見的相關出入名籍簡多數存在兩種以上的筆迹。如下:

2.19. 千秋隧長辛匡　詣府　八月廿六日南入九月廿四日出

73EJF3：277+479

千秋隧轄於橐他塞中部,[①]"詣府"即前往肩水都尉府,故先南入後北出。細察圖版,"千秋隧長辛匡詣府""八月廿六日南入""九月廿四日出"等筆迹各不相同,推測該簡當爲通關致書附牒原件,關吏在該簡上分别填上出、入信息。不過,較爲常見的是單程出入名籍簡,如下:

2.20. 橐他守尉延陵循　葆從者居延西道里賈良年十四　三月戊辰南
嗇夫豐入　　　　　　　　　　　　　　　　　　73EJT37：135+133

2.21. 駁馬亭長封並　葆孫昭武久長里小男封明年八歲 、 三月甲子入
明弟乃始年四

73EJT37：787

2.22. 居延令温君　兄子禄福嘉平里温普年十三　十二月庚午南嗇夫豐入
馬一匹騮牡齒七歲高五尺七寸半

73EJT37：785

_____

① 關於橐他塞部隧建制,可參拙文《漢代橐他塞部隧設置研究》,原載《敦煌研究》2019 年第 1 期,此據拙著《肩水金關漢簡研究》,第 65—81 頁。

2.23. 田卒居延富里張惲年三十五　　大車一兩用牛二頭　　九月戊戌出　
　　　　　　　　　　　　　　　　　　　　　　　　　　73EJF3：371

2.24. 廣漢隧長張霸　送佐胡敞候史蘇章詣府　　五月八日入
　　　　　　　　　　　　　　　　　　　　　　　　　　73EJT37：82

2.25. 居延臨湖塢長尹音年五十六　^{車一乘}_{用一匹}　十一月甲辰入
　　　　　　　　　　　　　　　　　　　　　　　　73EJT37：1083

前三簡皆爲家屬,2.23 爲田卒,後兩簡爲官吏。六簡的出入信息與個人信息文字筆迹皆不同,懷疑當是致書附牒原件,關吏在其上登記出入信息。不過,一般而言,若致書原件留下,則出行者返程時並不持有通關證件,關吏需查找舊檔才能予以核實放行,此時的通關信息似亦應登記在原來的出入名籍簡上。不過,目前發現此類名籍簡大部分都僅記單程通關信息,或許,返程時關吏需要另簡製作出入名籍簡,少部分在舊簡上備注。

當然,大規模的吏卒通關,無須在每一枚簡上都記録下出入信息。如始建國二年(公元 10 年)十一月騎士奔赴西域的通關致書:

2.26. ☑□年十一月癸亥朔壬辰,居延守宰城倉守宰詡、守丞習移肩水
　　　金關:遣騎士史永等百百二十人,以詔書持兵馬之西或(域),卒(革)馬
　　　十二匹,名如牒。書到出入,如律令。　　　　　　73EJF3：184A
　　　居延丞印
　　　☑月三日入　　　　　　　　　　　　　　　兼掾永守令史黨
　　　　　　　　　　　　　　　　　　　　　　　　73EJF3：184B

該簡形制爲兩行,正面有兩道留空,當爲編繩所過。該簡紀年不存,據"居延守宰城倉守宰"判斷,當爲新莽時期簡牘。[①] 又據簡 73EJF3：123+561 紀年"始建國二年十一月癸亥朔癸亥",當爲始建國二年十二月三日入關而南。[②] 正面及簡背具名"兼掾永守令史黨"書風筆迹相似,當同一人所書。簡背

---

① 新莽始建國元年改縣令長爲宰(《漢書》卷九九中《王莽傳》,第 4103 頁)。相關討論參饒宗頤、李均明《新莽簡輯證》,第 140 頁。
② 漢簡所記新莽始建國二年十一月朔日干支,與學界推算多不相符,如朱桂昌認爲當月朔日爲壬辰(《太初日曆表》,第 231、611 頁)。實際上,新莽時期曆朔改動頗大,後人逆推容有錯誤,應以當時漢簡行用爲準。

"居延丞印""月三日入"筆力劣弱,顯係收到文書後別筆所書。其所附 120
名騎士的"名如牒",亦可找到。暫舉五簡如下:

2.27. 右前騎士閒①都里任憲　卩　左前騎士陽里張嚴　卩　中營右騎
士中宿里鄭戎　卩　　　　　　　　　　　　　　73EJF3：3

2.28. 右前騎士閒都里趙嚴　卩　左前騎士通澤里李嚴　卩　中營右
騎士安樂里范良　卩　　　　　　　　　　　　73EJF3：11+4

2.29. 右前騎士中宿里華賞　卩　左前騎士當遂里蕭仁　卩　中營左
騎士廣郡里孫長　　　　　　　　　　　　　　73EJF3：7+360

2.30. 右前騎士仁里楊意　卩　左前騎士廣都里馮恭　卩　中營右騎
士遮虜里戴林　卩　　　　　　　　　　　　　73EJF3：273+10

2.31. 右前騎士閒都里李誼　卩　左前騎士陽里張豐　卩　中營左騎
士安樂里李豐　卩　　　　　　　　　　　　　73EJF3：415+33

名籍簡按照原有的部曲卒伍編制記録,②每一枚簡記録三人,當有 40 枚簡,
目前共發現 35 枚。在這 35 枚簡中,幾乎每名騎士之下皆有勾畫符號,顯見
當時應該是逐人查點通關。這些人奔赴西域,與當時西北邊疆形勢有關。③
據此,各地征調過來的新卒以及服役結束的罷卒,其通關形式亦應與騎士通
關類似。④

　　關吏匯總通關人員情況時,將通關致書與傳放在一起,基本上以月爲單

① 2.27、2.28、2.31 等簡的"閒",原釋爲"關",據張俊民、李洪財意見改。參張俊民《〈肩水金關漢簡
　（壹）〉釋文補例》,2014 年 12 月 16 日刊於簡帛網,http://www.bsm.org.cn/?hanjian/6288.html;李
　洪財《〈肩水金關漢簡(伍)〉校讀記(一)》,2017 年 2 月 25 日刊於簡帛網,http://www.bsm.org.
　cn/?hanjian/7481.html。
② 關於漢代兵卒的組織編制,可參黃今言《秦漢軍制史論》,第 226—233 頁。
③ 關於這份通關册書的復原及相關問題,參本書第四章。
④ 新卒及罷卒通關的相關文書,如下:
　　卒張披居延,移肩水金關卒當出關名籍一編,如律令。　　　　　73EJT37：738A
　　淮陽令印　　　　　　　　　　　　　　　　　　　　　　73EJT37：738B
　　元康二年八月丁卯朔甲申,昭武左尉爲郡將漕敢言:謹寫罷卒名籍移,敢言之。
　　　　　　　　　　　　　　　　　　　　　　　　　73EJT30：21A+87
　　　　　　　　　　　　　　　　　　佐安昌亭長齊　73EJT30：21B
　前簡是新卒戍守居延,由淮陽直接發給金關。後簡是罷卒,由昭武左尉上呈,可能呈給張掖太守
　府,由後者轉給金關。兩簡"卒當出關名籍一編""罷卒名籍"顯示,亦當附有記録具體人員名單
　的牒。通關形式,當與前舉騎士通關相似。

位,年度總結。① 除此之外,對於牛車、轉車等亦有記載,如下:

2.33. ● 元康三年六月己卯轉車入關名籍　　☒　　　　73EJT5:3

2.34. ● 神爵元年五月轉車名籍　　　　　　　73EJT29:103

2.35. ▨初元五年三月敦煌

　　　▨馮卿所送降者　　　　　　　　　73EJT9:9A

　　　▨馮卿所送降者用牛

　　　▨車名籍　　　　　　　　　　　　73EJT9:9B

2.33 記載某日入關轉車,2.34 以月爲單位記載轉車。2.35 所記是敦煌送降者所用牛車,單獨立案。筆者推測,應該也會有年度匯總。

三　小　　結

通關"致"的本意,是記録個人信息的名籍簡,並非特定的通關證件,傳及通知書的附件均可稱爲"致"。一定意義上,傳亦可稱爲致。過去,學界將"致"作爲獨立的通關證件進行討論,如此處理未見其可。

目前可見的通關致書,絶大多數都局限在張掖郡内使用,軍政、民政等機構皆可發出。其使用群體儘管多樣,但基本上均與官吏有關。一般而言,通關致書當由出行者本人携帶通關,但亦不乏例外者,端視具體事務而定。與公傳、私傳不同,留在關口的多爲通關致書的原件而非録副。關吏在原件上登記出入信息。絶大多數僅限於出入雙程,部分明確記載一定的期限,一年者有之,其他時段或亦有之。綜合看來,通關致書類似於傳,但其形式更爲靈活,適合臨時性的外出,或者一段時間内頻繁多次的外出,如送客、行郵書等。此外,大規模人員也采用這種形式通關,因其較爲方便。

此類通關證件的性質,與能在全國通用的傳相比,類似地方施行的土政策。因此,從形式到實質,通關致書具有傳、符所不具備的靈活性,亦可有效補充兩者在通關方面的不足,作用不容小覷。

---

① 詳本書第二章第四節。

表 3 – 1 通關致書信息簡表

序例	時　間	出行者及事由	簽發者	所移關口	正背筆迹①	簡　　號	備　注
1	神爵二年（前60）十二月戊寅	轉折穀就家				73EJT3：113	敢言□
2	五鳳元年（前57）十月辛亥	居延都尉卒史徐通大奴宜	居延守丞	金關	不似	73EJT37：522	佐其以來
3	甘露二年（前52）正月丙午	載輸歸洛亭××牛車	肩水庫嗇夫			37.51/A32	
4	甘露二年（前52）二月庚午	曹子元、段中宗、崔子玉、夫人、從者、奴	居延令		不似	73EJT34：1	曹子元以來
5	甘露三年（前51）三月丁亥	就家輸橐他廣地候官	肩水千人印			73EJT33：54	就家以來
6	甘露四年（前50）戊寅朔甲午	令史從補轢得臨谷候官令史	甲渠守候	金關		73EJT5：68	
7	永光五年（前39）正月壬申	成宣等自言遺葆□□□之官	肩水城尉行都尉事？			73EJT3：109	
8	建昭元年（前38）	將省卒詣	廣地候			73EJT23：200①+②	

① 正背筆迹一欄，是皆正面的文書與背面的接受開封封記錄，簡背的具名屬於文書內容。部分簡牘背面有具名，沒有接收開封封記錄，則不再比較。

續表

序例	時間	出行者及事由	簽發者	所移關口	正背筆迹	簡號	備注
9	鴻嘉四年（前17）二月辛未	督盜史張卿葆從者	肩水守候	謂關嗇夫	不似	72EJC：2	鄰以來
10	永始五年（前12）閏月戊寅	令史呂鳳持傳車詣府	槖他守候	金關	不似	73EJT37：1065	
11	元延元年（前12）六月	收責槖他				73EJT37：273+410	
12	元延二年（前11）正月壬午	隧長韋輔自言遣收責槖他界中	金關嗇夫兼行候事？			73EJT23：79	
13	元延三年（前10）三月甲子	士吏口宣	肩水守城尉			73EJT37：143+729	
14	綏和二年（前7）四月癸卯	吏自言遣所葆	肩水守城尉	金關，懸索	相似	73EJT37：1067	
15	綏和二年（前7）閏七月乙丑		廣地守候			73EJT37：148+422	
16	綏和二年（前7）十一月壬子	遣吏卒送雞府	槖他候	金關		73EJT37：783	
17	建平元年（前6）四月甲申	候詣府	廣地候	金關	不似	73EJT37：1503	
18	建平元年（前6）四月	吏自言遣所葆爲家私使居延	肩水守城尉	金關，懸索		73EJT37：640+707	
19	建平元年（前6）十月癸亥	……肩水界中	槖他塞尉	金關，懸索	不似	73EJT37：1162	

續表

序例	時　間	出行者及事由	簽發者	所移關口	正背筆迹	簡　號	備　注
20	建平元年(前6)十月戊子	遣候長趙審爲官巿	廣地候	金關	不似	73EJT37：964+1124+1352	
21	建平元年(前6)十二月辛酉	候長未啟自言與葆之礫得	橐他塞尉	金關	不似	73EJT37：1061	令史義以來
22	建平二年(前5)六月	候長趙審審歸至蘭	礫得塞尉印		不似	73EJT37：651+727	
23	建平三年(前4)閏三月丙寅	居延塢長王戎	禄福倉丞	金關		15.18/A32	
24	建平三年(前4)四月丁未		驛北守亭長行候事			73EJT37：591+795	
25	建平三年(前4)五月甲子	遣守令史敞校郵書橐他	肩水候	謂關嗇夫	不似	73EJT37：788	
26	建平三年(前4)九月庚午①		驛北亭長行候事	謂關嗇夫		73EJT37：1311+1233	
27	建平四年(前3)正月癸丑	吏據書葆妻子收責橐他界中	肩水候	謂關嗇夫		73EJT37：1378+1134	
28	建平四年(前3)十二月癸酉		廣地候	金關		73EJT37：800	

① 原簡紀年僅存"三年九月戊申朔庚午",查曆日,西漢中後期,某年號三年九月朔日爲戊申者,只有哀帝建平,故當爲建平三年。

續表

序例	時　間	出行者及事由	簽發者	所移關口	正背筆迹	簡　號	備　注
29	建平四年(前3)十二月甲戌	吏使囗	廣地候			73EJT37：1502	
30	元始五年(5)三月戊辰	吏囗囗囗	肩水城尉	金關		73EJT24：616	
31	居攝二年(7)三月癸卯	都尉史曹解操葆與官奴移禪大守府	居延庫守丞	懸索、金關	不似	73EJT8：51	
32	居攝三年(8)六月丙子	吏妻子家夕客	橐他守候孝			73EJT24：75	
33	始建國元年(9)正月戊寅	吏葆家屬私	橐他守候孝	金關,懸索	不似	73EJF3：120	
34	始建國元年(9)二月乙巳	吏所葆家屬,私使	橐他守候孝	金關,懸索	相同	73EJF3：117	
35	始建國元年(9)二月丙午	吏所葆	肩水候	金關,懸索		73EJT23：290	
36	始建國元年(9)三月己丑	吏使	金關嗇夫行候事	謂關嗇夫		73EJF3：338+201+205+ 73EJT7：148	
37	始建國元年(9)七月丙申	遣吏卒	廣地隧長行候事	金關	不似	73EJF3：125	
38	始建國元年(9)八月甲辰	亭長程望	居延守令城騎千人丞	懸索、金關		73EJT35：8+9	
39	始建國元年(9)十二月己酉		金關守嗇夫行候事	謂關		73EJF3：153	

續表

序例	時　間	出行者及事由	簽發者	所移關口	正背筆迹	簡　號	備　注
40	始建國二年(10)七月庚午	就人車兩石粟斗人名如牒	甲渠守塞尉	懸索、金關	不似	73EJF3：299+492+334	王莽時期并無十一月朔日癸亥者，可能當時曆法改動較大。
41	始建國二年(10)八月丙辰	吏所葆	肩水庫有秩行城尉事	金關、懸索		73EJF3：327	
42	始建國二年(10)十一月癸亥	吏詣府?	廣地守候	金關	不似	73EJF3：123+561	
43	始建國二年(10)十一月壬辰①	騎士120名，馬12匹，前往西域	居延守掌城倉守丞	金關	不似	73EJF3：184	
44	始建國三年(11)五月壬辰	吏所葆	肩水守城尉	金關		73EJF3：155	
45	始建國六年(14)二月庚寅	吏所葆	肩水城尉	金關、懸索		73EJF3：116+208	
46	天鳳元年(14)二月庚辰②		肩水候	謂關嗇夫		73EJF3：180	
47	天鳳元年(14)十二月壬午	遣吏奏檄詣府	橐他候	金關		73EJF3：39	
48	天鳳三年(16)四月	尉史刑張等追亡卒范威等				73EJF3：171	

① 該簡上殘，僅余"□年十一月癸亥朔壬辰"。據"居延守丞"判斷，當爲王莽簡，當爲始建國二年。而73EJF3：123+561 紀年爲"始建國癸亥"，則當爲始建國二年十一月。

② 該簡上殘，查曆日，昭帝元鳳元年二月朔爲癸酉，宣帝五鳳五年二月朔爲庚寅，唯新莽天鳳元年二月朔爲庚戌，故紀年當爲天鳳元年。

續　表

序例	時間	出行者及事由	簽發者	所移關口	正背筆迹	簡號	備注
49		迎錢城倉	橐他/廣地候官	金關		73EJT3：11	
50		候×	橐他守候守塞尉	金關		73EJT7：30	
51			橐他候		不似	73EJT15：29	
52		部吏所葆家屬	廣地候	懸索、金關		73EJT23：15	
53		遣就人車輛人名	居延城倉丞			73EJT23：907	
54			肩倉小官印	懸索、金關		73EJT24：237	
55		萬年里趙房等十一人	居延右尉		不似	73EJT31：92	
56		收債橐他候官				73EJT32：3	
57		延水丞就迎鐵器大司農府		金關		73EJT37：182+1532	
58		告歸平陵	廣地候		不似	73EJT37：209＋213＋1285+1297	
59		遣吏之居延	肩水千人印	金關	不似	73EJT37：781	
60		吏及所葆之居延	肩水城尉	金關、懸索		73EJT37：913	
61			居延令	懸索、金關		73EJT37：1560+246+61	

續表

序例	時間	出行者及事由	簽發者	所移關口	正背筆迹	簡號	備注
62		千人令史等自言遣葆	肩水城尉	金關		73EJF2：45	
63		就家	肩水橐尉印			73EJC：313	
64		×與家屬賤奴	居延縣？	懸索、金關		73EJC：446	
65		橐他士吏閻章迎奉府自言葆如牒	橐他候官？			73EJC：523	

表 3–2　通關致書資料匯總

序例	釋文	簡號
1（簡 1.10）	神爵二年十二月壬申朔戊寅，將轉肩水倉令史☐ 轉折穀就家縣名縣各里各如牒，出入復籍，敢言☐	73EJT3：113
2（簡 2.15）	（A）居延都尉卒史居延平里徐通大奴宜長七尺黑色鬍頭　十一月丙辰出 五鳳元年十月丙戌朔辛亥，居延守丞安世別上計，移肩水金關：居延都尉卒史居延平里徐通自言，詔之隴西，還買僤得敬老里丁韋君大奴宜。今疎書官年長物色，書到如入，如律令。 印曰居延丞印 十一月丙辰佐史以來 （B）	73EJT37：522
3	甘露二年正月辛卯朔丙午，肩水庫嗇夫☐ 載輪歸洛亭，名縣里姓牛車各如☐	37.51/A32

續表

序例	釋文	簡號
4	甘露二年二月庚申朔庚午，居延令弘移□□ 縣界中，令欽去，書到，毋□ 　　　凡入八二月乙亥人 曹子元 段中宗　　　居延令印 崔子玉 夫人一 從者三人 奴一人　二月乙亥曹子元以來　　（A）	73EJT34：1
5	甘露三年三月甲申朔丁亥，張掖□　　　　（A） 家輸臺他廣地候官，書到□ 肩水千人印 三月戊子就家李幼君以來　　　　　　　（B）	73EJT33：54
6（簡1.11）	甘露四年戊寅朔甲午，甲渠鄣守候何敢移肩水金關：令史□□　（A） 罷軍徒補繕得臨谷候官令史，書到，案籍內，如律令。 　　　　　　令史安世　　　　　　　　　　　　　（B）	73EJT5：68
7	永光五年正月乙巳朔壬申，肩水城尉奉世移 成宣等自言遣葆齎衣用之官①，如牒，書到出入，如□	73EJT3：109
8（簡1.8）	建昭元年……辰，廣地候干秋移□□ 將省卒詣……到，案致出入，如律□	73EJT23：200①（①＋②）

① "齎衣用"三字，原未釋，據張俊民、姚磊意見補，參《肩水金關漢簡釋文合校》，第39頁。

續表

序例	釋文	簡號
9	鴻嘉四年二月丁卯朔辛未，肩水守候長譚關嗇夫吏：督蓬史張卿葆從者名縣爵里年姓各如牒. 書到 (A) 出人，如律令。 君印　　嗇夫譚發　　守令史宣 二月辛未鄣以來 (B)	72EJC：2
10	永始五年閏月己巳朔戊寅，橐他守候護移肩水金關：遣令史呂鳳持傳詣府，名縣爵里年姓如牒 (A) 嗇夫欽白發　　　　/令史鳳尉史敝 (B) 書到出人，如律令。 張肩塞尉 閏月□午以來①	73EJT37：1065
11	元延元年六月丙申朔□ 收責橐他，名縣爵里年□ (A) (B)	73EJT37：273+410
12(簡2.6)	元延二年正月癸亥朔壬午，肩水關嗇夫欽以小官行□ 事，隧長章輔自言遣收責橐他界中，出入盡十二月止，如律令□ 守令史駿□ (A) (B)	73EJT23：79
13	元延三年三月丙辰朔甲子肩水守城尉賞移肩水金關：士吏□宣自言□ (A) □嗇夫□□ (B)	73EJT37：143+729
14(簡2.18)	綏和二年四月己亥朔癸卯，守城尉賞移肩水金關，卅井縣索關：吏自言遣所葆…… (A) 四月乙巳北　白發□ (B)	73EJT37：1067

① "□午"原釋為"壬申況"，據圖版徑改。

續表

序例	釋文	簡號
15	綏和二年閏月丁酉朔乙丑，廣地守候番和尉常移金關：遣□北□□	73EJT37：148+422
16	綏和二年十一月乙未朔壬子，橐他候普移肩水金關：遣吏卒送雞府，官隊各如牒，書到出入，如律令。 （A） （B） 令史永	73EJT37：783
17	建平元年四月癸亥朔甲申，廣地候況移肩水金關：候詣府，名縣爵里年姓如牒，書到出入，如律令。 （A） （B） 廣地候印　　令史嘉	73EJT37：1503
18	建平元年四月癸亥朔□□，□水守城尉賁移肩水金關居延縣索關：吏自言遣所保爲家私使居延，名縣里年姓如牒，書（到）出入，如律令。 （A） （B） 佐忠	73EJT37：640+707
19	□□□年十月庚申朔癸亥，橐他塞尉……肩水界中，官隊如牒，書到出入，如律令。 （A） 張掖橐塞尉　即日嘗夫豐發 □□□以來　門下 （B）	73EJT37：1162
20	建平元年十月庚申朔戊子，廣地候移肩水金關：遣候長趙審爲官市，名縣爵里年姓如牒，書到出入，如律令。十一月辛卯……並入 （A） （B） 令史嘉	73EJT37：964+1124+1352

續表

序例	釋文	簡號
21（簡 2.1）	建平元年十二月己未朔辛酉，橐他塞尉立移肩水金關：候長未敢自言與葆之觻得，名縣里年姓如　　　　　（A） 牒，書到出入，如律令。　　　　即日盃夫豐發 張掖橐他候印　　　　　門下 十二月壬戌令史義以來　　　　　（B）	73EJT37：1061
22	建平二年六月丙辰朔□ 候長趙審歸至蘭，名縣爵里年姓如牒，書到出入，如□　（A） 觻得塞尉丹印　　候史丹發□　　　　（B）	73EJT37：651+727
23（簡 1.6）	建平三年閏月辛亥朔丙寅，祿福倉丞敢移肩水金關：●居延塢長王戎所乘用馬各如牒，書到出，如律令。 （A）	15.18/A32
24	建平三年四月辛巳朔丁未，肩水騂北亭守亭長誼以私印行候事□ □□□□□□□□□縣爵里年姓各如牒，書到入，如律令。 （A）（B）	73EJT37：591+795
25	建平三年五月庚戌朔甲子，肩水候憲謂關嗇夫豐：遣守史敞校郵橐他，書到出入，如律令。 張掖肩候　　即日發關 五月甲子以來　　　令史褒 （A）　　（B）	73EJT37：788
26	□三年九月戊申朔庚午，肩水騂北亭長何以私印行候事謂關嗇夫：吏收責橐他，名縣里年姓如牒， 書到出入，如律令。 令史嚴 （A）（B）	73EJT37：1240+1311+1233

續　表

序　例	釋　　　文	簡　號
27	建平四年正月丁未朔癸丑,肩水候憙謂關嗇夫:吏據書嗇榮妻子收責臺他界中,名縣爵里□除年姓如牒,書到出入,盡十二月,如律令。	73EJT37：1378+1134
28	建平四年十二月辛未朔癸酉,張掖廣地候況移肩水金關…… 名縣爵里年姓如牒,書到出入,如律令。　(A) 廣地候印　(B) 守令史偉	73EJT37：800
29	□年十二月辛未朔甲戌,張掖廣地候況移肩水金關:吏使 □里年姓如牒,書到出入,如律令。　(A) □□　(B) 守令史偉	73EJT37：1502
30	元始五年三月乙丑朔戊辰,肩水城尉□移肩水金關:吏□□□ 如牒,書到出入,如律令。　(A) 肩水城尉印　(B)	73EJT24：616
31(簡2.16)	居攝二年三月甲申朔癸卯,居延庫守丞仁移仁移卅井縣索,肩水金關:都尉史曹解,掾葆與官大奴杜同 俱移居延庫大守府,名縣……　(A) 居延庫丞印 君門下　嗇夫常發　(B) 掾戎佐鳳	73EJT8：51
32	居攝三年六月丙子朔丙子張掖…… 吏妻子家屬夕客如牒,謂移……　(A) 如律令,敢言之。　(B)	73EJT24：75

續表

序例	釋文	簡號
33	☑建國元年正月癸酉朔戊寅，橐他守候孝移肩水金關、居延卅井縣索關：吏葆家屬私☑縣爵里年姓如牒，書到出入，盡十二月，如律令。（A） ☑水橐他候印 ☑十日北嗇夫欽出　　守尉史長☑（B）	73EJF3：120
34	始建國元年二月癸卯朔乙巳，橐他守候孝移肩水金關，居延卅井縣索關：吏所葆家屬私縣爵里（A） 年始〈如〉牒，書到出入，盡十二月　令史順（B） 張掖橐他候印　尉史昌	73EJF3：117
35	始建國元年二月癸卯朔丙午，肩水候　謂關嗇夫候：吏所葆如牒 謂關嗇夫欽。	73EJT23：290
36	始建國元年三月壬申朔己丑，關嗇夫欽以小官印行候文書謂關嗇夫：吏使名縣爵里姓名如牒，書到（A） 出入，如律令。（B） 尉史昌	73EJF3：338＋201＋205＋ 73EJT7：148
37	始建國元年七月庚午朔丙申，廣地隧長鳳印以私印兼行候文書事移肩水金關：遣史卒，宮除名如牒，（A） 書到出入，如律令。（B） 令史宏 梁鳳私印 七月廿八日南	73EJF3：125
38	始建國元年八月庚子朔甲辰，居延守令、城騎千人丞良□卅井縣索、肩水金關：遣亭長程望（A） 出入，如律令。（B） 令史宏 令史就	73EJT35：8＋9
39	始建國元年十二月戊戌朔己酉，肩水關守嗇夫令以私印行候文書事謂關： 書到出入，如律令。	73EJF3：153

續表

序　例	釋　　文	簡　號
40	始建國二年七月乙丑朔庚午,甲渠守塞尉忠將領右部轉移卅井縣索、肩水金關:遣就人車兩粟石斗人名如牒,書到出入,如律令。（A） 張掖甲渠塞尉　徐襃棄毋 七月十九日人白發　　梁黨 　　　　　　　　延新市員同　　佐放（B）	73EJF3：299+492+334
41	始建國二年八月甲申丙辰,肩水庫有秩良以小官印行城尉文書移肩水金關,居延三十井縣索關:吏所葆名縣	73EJF3：327
42	始建國二年十一月癸亥朔癸亥,廣地守候紀移肩水金關:吏詣官,除如牒,書到出入,如律令。（A） 廣地候印　　置興商（B） 十一月四日人	73EJF3：123+561
43（簡 2.26）	☐☐年十一月癸亥朔壬辰,居延守城倉守丞輩移肩水金關:遣騎士史永等百百二十人,以詔書持兵馬之西或（域）,卒（萃）馬十二匹,名如牒,書到出入,如律令。（A） 居延丞印　　兼椽水守令史黨（B） ☐月三日人	73EJF3：184
44（簡 1.7）	始建國三年五月庚寅朔壬辰,肩水守城尉萌移肩水金關:吏所葆名如牒,書到出入,如律令。（A） 置興鳳（B）	73EJF3：155

續　表

序例	釋　文	簡　號
45	□建國六年二月甲戌朔庚寅，肩水城尉畢移肩水金關，居延三十井縣索關：吏所葆□□□□□名 (A) 縣爵里年姓如牒，書到……	73EJF3：116+208
46	□鳳元年二月甲戌朔庚辰，肩水候謂關嗇□ (A) 縣爵里年姓名如牒，書到如出入，如律令。 (B) /掾宏令史□□	73EJF3：180
47	始建國天鳳元年十二月己巳朔壬午□ 移肩水金關：遣吏奏檄詣府，官除如牒，書到□ (A) 張掖橐他候印 十二月甲申來　嗇夫誗發　□□□ (B)	73EJF3：39
48	始建國天鳳三年三月壬戌朔丁…… 蕭遷尉史刑張卒范威等，名如牒，書到出入，如律令。 □	73EJF3：171
49	□義行候事移肩水金關：遣 □□迎錢城倉，書到出□，如 (A) 　　　　置佐安 (B)	73EJT3：11
50	□橐佗守候守塞尉慶移肩水金關：遣候 □入出，如律令。	73EJT7：30
51	名縣爵里年姓如牒 (A) □ 橐他候印	73EJT15：29

續　表

序　例	釋　　文	簡　　號
52	☑辰朔癸巳,廣地候移居延卅井縣索,肩水金關:部吏所葆家屬爲　(A) (B) ●令史誼	73EJT23:15
53	☑遣就人車兩人名如牒,書到出入,如律令。　(A) (B) 居延城倉丞印　嗇夫常發	73EJT23:907
54	移肩金關,居延卅井縣索:書到出入、如律令。　(A) (B) 肩倉小官印　嗇夫常發　守嗇夫宏	73EJT24:237
55	…… 萬年里趙房等十一人,書到,案籍☑　(A) (B) 居延右尉	73EJT31:92
56	☑收責橐佗候官,名縣爵里年姓長物色如牒,書到出入☑　(A) (B)	73EJT32:3
57	☑延＝水丞迎鐵器大司農府,移肩水金關:遣就人名籍如牒　(A) 候史丹發　(B) 君前　嗇夫豐	73EJT37:182+1532
58	☑告歸平陵,名縣爵里年姓如牒,書到出入,如律令　(A) (B) 張掖廣地候　口口發	73EJT37:209+213+1285+1297
59	☑肩水金關:遣吏使之居延,名縣爵里年姓如牒,書到出入,如律令。　(A) (B) 張掖肩水千人　即日發關 ／令史嘉√襃	73EJT37:781

續表

序例	釋文	簡號
60	……城尉平移肩水金關,居延縣索關:吏使居延所葆各如牒,書到出入……　　(A) 　　(B) 　　　　　　　　　　蓋夫黨	73EJT37:913
61	□□守令官移卅井縣索,肩水金關:寫移,書到出入,如律令。　(A) 　兼掾豐守令史豐夫臨恭　　　　　　　　　　　　　　(B) 　居令延印　　即日蓋夫豐發	73EJT37:1560+246+61
62	□朔乙卯肩水城尉畢移肩水金關:千人令史李忠等自言遣葆	73EJF2:45
63	□遣就家轢得敬老里孟□ □　　　　　　　　(A) 張肩塞尉□　　　　　(B)	73EJC:313
64	□居延令史彊守丞普移卅井縣索,肩水金關:轢得男子趙□　　　　　　　(A) 襍他令長犯法反不論,願以律取致籍,畀家屬歸放縣,名如牒,書到刊人,如律令。(B) 　　　　　　　　　　　/掾宗守令史豐	73FJC:448+446
65	□候官襍他土吏閭章迎奉府,自言葆如牒,書到出入,如律□	73EJC:523
66(簡1.9)	願令令史案致籍出,毋留,如□　　　(A) 正月辛未□□卒□以來□　　　　　(B)	73EJT10:218

附記:該文得到劉樂賢、侯旭東、陳韵青等師友指教,原刊《絲路文明研究》第二輯(2017年),收入本書時加以修訂。

第四章
金關簡始建國二年騎士通關册書整理與研究

2016 年出版的金關簡第五册，刊布了肩水金關關門兩側房間出土的簡牘。西側房屋 F2 不足五十枚，東側房屋 F3 較多，達六百三十余枚。據發掘簡報介紹，F3 内有隔墙，簡牘出自墙東的小隔間。① 結合簡牘紀年集中于新莽時期的現象判斷，該隔間應該是金關的檔案室，平時的文書工作在此完成。② 也正因此，F3 保存的簡牘應該多爲册書，或者説原本是成卷成册的，原則上是可以編聯復原的。

筆者翻閱 F3 簡牘，發現中有不少騎士通關名籍簡，詳載騎士籍貫及營伍組織。大致可分爲兩類，一類騎士簡完整者每枚記録三名騎士，另一類則僅記一名騎士。兩類騎士簡人員略有重合。綜合 F3 出土的結計簡及呈文簡，第一類可復原成册，且其年代可斷定爲始建國二年(10)，故可暫名爲始建國二年騎士通關册書。該册書不僅透露了居延騎士編制的特點，且涉及新莽時期的對匈戰争，與額濟納漢簡中的"始建國二年詔書"密切相關，頗值得深入分析。本章在先行復原始建國二年騎士通關册書的基礎上，綜合比對第二類册書，再對涉及的相關問題進行討論。

一　始建國二年騎士通關册書復原

本節先行復原第一類騎士簡。爲討論方便，暫依簡牘完整程度及部曲

---

① 甘肅居延考古隊《居延漢代遺址的發掘和新出土的簡册文物》，第 5 頁。
② 參拙文《漢代肩水金關關吏編年及相關問題》，《出土文獻》第十輯，2017 年，第 231—232 頁。

編制移録如下：

1.1. 右前騎士關①都里任憲　　卩　　左前騎士陽里張嚴　　卩　　中營右騎

士中宿里鄭戎　卩　　　　　　　　　　　　　　　　　　73EJF3：3

1.2. 右前騎士關都里趙嚴　　卩　　左前騎士通澤里李嚴　　卩　　中營右騎

士安樂里范良　　卩　　　　　　　　　　　　　　　　　73EJF3：11+4

1.3. 右前騎士仁里楊意　　卩　　左前騎士廣都里馮恭　　卩　　中營右騎士

遮虜里戴 林卩　　　　　　　　　　　　　　　　　　　73EJF3：273+10

1.4. 右前騎士全稽里郭隆　　左前騎士白石里鄭立　　卩　　中營右騎士龍

起里孫房　卩　　　　　　　　　　　　　　　　　　　　73EJF3：361

1.5. 右前騎士富里周並　　卩　　左前騎士累山里蕭霸　　卩　　中營右騎士

安樂里房陽　卩　　　　　　　　　　　　　　　　　　73EJF3：416+364

1.6. 右前騎士長樂里莊成　　卩　　左前騎士陽里張崇　　卩　　中營右騎士

富里任並☒　　　　　　　　　　　　　　　　　　　　　73EJF3：366

1.7. ☒永　　卩　　左前騎士孤山里郭賀　　中營右騎士安國里孫政　　卩

　　　　　　　　　　　　　　　　　　　　　　　　　73EJF3：281+18

1.8. ☒左前騎士三泉里張建　　卩　　中營右騎☒　　　73EJF3：29

1.9. ☒左前騎士孤山里張護　　卩　　中營右騎士□□里朱嘉　　卩

　　　　　　　　　　　　　　　　　　　　　　　　　73EJF3：365

1.10. ☒□宋章　　卩　中營右騎士富里李立　　卩　　　　73EJF3：8

1.11. 右前騎士中宿里華賞　　卩　　左前騎士當遂里蕭仁　　卩　　中營左

騎士廣郡里孫長　　　　　　　　　　　　　　　　　　73EJF3：7+360

1.12. 右前騎士關都里李誼　　卩　　左前騎士陽里張豐　　卩　　中營左騎

士安樂里李豐　卩　　　　　　　　　　　　　　　　　73EJF3：415+33

1.13. 右前騎士中宿里刑戎　　卩　　左前騎士誠勢里馬護　　卩　　中營左

騎士富里宋多卩　　　　　　　　　　　　　　　　　　73EJF3：96

1.14. 右前騎士襟里刑禁　　卩　　左前騎士安國里朱輔　　卩　　中營左騎

---

① 本章 1.1、1.2、1.12、2.11、3.12 等簡的"關都里"，原釋爲"闐都里"，據張俊民、李洪財意見改。參
張俊民《〈肩水金關漢簡（壹）〉釋文補例》，2014 年 12 月 16 日刊於簡帛網，http://www.bsm.org.
cn/?hanjian/6288.html；李洪財《〈肩水金關漢簡（伍）〉校讀記（一）》，2017 年 2 月 25 日刊於簡帛
網，http://www.bsm.org.cn/?hanjian/7481.html。

士千秋里孫章　　卩　　　　　　　　　　　73EJF3：97

1.15. 右前騎士延年里楊放　卩　左前騎士累山里許良　卩　中營左

騎士金城里左陽　卩　　　　　　　　　　　73EJF3：98

1.16. 右前騎士襃里孫長　左前騎士累山里樊戎　卩　中營左騎士白石

里焦①博　卩　　　　　　　　　　　　　　73EJF3：359

1.17. 右前騎士全稽里成功恭　卩　左前騎士安國里孫赦　卩　中營

左騎士陽里□□☑　　　　　　　　　　　　73EJF3：362

1.18. 右前騎士中宿里孫賞　卩　左前騎士累山里卞黨　卩　中營左

騎士鳴沙里☑　　　　　　　　　　　73EJF3：25+543

1.19. 右前騎士富里周護　左前騎士陽里顔②立　卩　中營左騎士累山

里☑　　　　　　　　　　　　　　　　　73EJF3：28

1.20. 右前騎士萬歲里衣戎　左前騎士廣都里任當　卩　☑

　　　　　　　　　　　　　　　　　　73EJF3：24

1.21. 右前騎士中宿里單崇　卩　左前騎士廣☑　73EJF3：27

1.22. 右前騎士中宿里蘇永　卩　左前騎士通澤里張宗☑73EJF3：413

1.23. 右前騎士中宿里徐嚴　卩　左前騎士富里韓慶☑　73EJF3：414

1.24. 右前騎士累中宿里□□③　左前騎士□□☑　73EJF3：30+21

1.25. 右前騎士鳴沙里尚詡　卩　左前☑　　　73EJF3：6

如前所述,該簡册完整者每枚記録三名騎士。然完整簡較少,能看出記録三
名騎士者,僅 1.1—1.7 及 1.11—1.19 等,1.8—1.10 及 1.20—1.25 等簡殘損,
僅存兩名騎士。從書風筆迹上看,這二十五枚簡較爲相似,且書式相同,而
F3 遺址出土的第二類騎士簡每枚僅記一名騎士,與此迥異,故可首先斷定
這些簡應屬同一册書。仔細觀察,幾乎每名騎士之下都有"卩"的勾校符號,
而第二類騎士簡則多有"●"或"丿"的勾校符號,兩者並無混同。從這一點
看,下述五簡,亦屬此册書。如下:

① "焦"字,原釋爲"候",據姚磊意見改,參《肩水金關漢簡釋文合校》,第 477 頁。
② "顔"原釋爲"顧",據雷海龍意見改,參《〈肩水金關漢簡(伍)〉釋文補正及殘簡新綴》,原刊簡帛
網(2016 年 8 月 24 日),此據《簡帛》第十四輯,2017 年,第 87—88 頁。
③ "里"字,原釋爲"北",據殘存筆畫及文例當爲"里"。"里"下之字原釋爲"鄉",細察圖版,無法
確認,故闕釋。

1.26. ☐ 卩 左前騎士累山里祝隆　　卩　☐　　　　73EJF3：280

1.27. 右前騎士三十井里趙詡　　卩　☐　　　　　　73EJF3：26

1.28. ☐前騎士肩水里刑並　　卩　☐　　　　　　　73EJF3：556

1.29. ☐騎士肩水里馮陽　　卩　☐　　　　　　　　73EJF3：31

1.30. ☐（富）里韓宮　　卩　　　　　　　　　　　73EJF3：22

五簡殘損較多，僅1.26可辨識出至少記載了兩名騎士，其他簡殘損過重，無法判斷原貌。不過，細察筆迹書風，與1.1—1.25十分相似，勾識符號均爲"卩"，且1.26—1.28三簡書式與1.1—1.25相同，筆者以爲應該屬於同一册書。如果不局限於勾識符號和簡牘完整程度，下述五簡亦應歸入同一册書：

1.31. ☐左前騎士累山里蘇慶　　　☐　　　　　　73EJF3：19

1.32. 右前騎士仁☐　　　　　　　　　　　　　　73EJF3：12

1.33. 右前騎士安國里☐　　　　　　　　　　　　73EJF3：13

1.34. 右前騎士鳴☐　　　　　　　　　　　　　73EJF3：14A

1.35. ☐左騎士昌里徐☐　　　　　　　　　　　　73EJF3：34

五簡書式與前三十枚相同，書風謹飭，與第二類騎士簡不同，應該也屬於第一類騎士簡。

綜上，根據書式、筆迹、勾識符號等標準，筆者從騎士簡中分出三十五枚，認爲應該屬於某一份完整册書。當然，完簡較少，尤其是1.26—1.35等十簡殘損嚴重，然從其殘存長度（表4－1）判斷，完簡是足以記錄三名騎士的。結合F3遺址作爲金關文書檔案室的性質判斷，推測上述三十五枚簡爲一份册書，應該是可以成立的。

另，除上述名籍簡外，還出現了該册書的結計簡與呈文簡，如下：

1.36. ●最凡士百廿人，馬百卅二匹　　　其十二匹萃馬　73EJF3：91

1.37. ☐□年十一月癸亥朔壬辰，居延守宰城倉守宰詡、守丞習移肩水金關：遣騎士史永等百百二十人，以詔書持兵馬之西或（域），卒馬十二匹，名如牒，書到出入，如律令。　　　　　　　　73EJF3：184A

居延丞印

☐月三日入　　　　　　　　　　兼掾永守令史黨

　　　　　　　　　　　　　　　　　　　73EJF3：184B

1.37 乃居延縣發往肩水金關的通關文書,説明派遣一百二十名(簡文衍一"百"字)騎士,前往西域,①而 1.36 恰爲"士百廿人",騎士數量對應得上。1.37"卒馬"即 1.36"莘馬",②馬匹共一百三十二,數量亦吻合。而且,1.36 及 1.37 正面的文字,筆迹書風與前舉騎士名籍簡相似,故當爲同一份册書。1.37 簡背"居延丞印""月三日入"筆力劣弱,顯係收到文書後別筆所書。

那麼,該事件發生在何時呢? 1.37 殘去紀年,無法確知,綫索來自下枚文書:

1.38. 始建國二年十一月癸亥朔癸亥,廣地守候紀移肩水金關：吏詣☐　　官除如牒,書到出入,如律令。　　　　　　　73EJF3：123A+561A

廣地候印

十一月四日入　　　　　　　　　　　置③輿商　　　73EJF3：123B+561B

該簡爲廣地守候發給金關的通關文書,簡首紀年爲"始建國二年十一月癸亥朔癸亥"。據此,則簡 1.37 的準確紀年當爲始建國二年。簡文中"居延守宰"這一新莽簡的特征,亦與所推時代相合。④ 從時間上看,始建國二年十一月三十日(壬辰)派遣騎士"持兵馬"奔赴西域,簡背"月三日入"當爲下個月三日,也就是閏十一月乙未。⑤ 畢竟騎兵部隊從居延縣出發,抵達約兩百公里外的金關,⑥應該不需耗時太久。若上述推測不誤,則該册書的紀年爲

---

① "西或",即"西域",出土典籍簡中,"域"多省作"或",詞例見白於藍編著《簡帛古書通假字大系》,福州：福建人民出版社,2017 年,第 620 頁。

② 卒,與莘、倅相通,見高亨、董治安《古字通假會典》,濟南：齊魯書社,1989 年,第 572 頁。

③ "置"字原釋爲"盡",據圖版徑改,"置輿商"即設於廣地候官的置的駕車人,名爲商。參拙文《漢代額濟納河流域邊防系統中的"置"》,原載《中國文化研究所學報》第六十八期,2019 年,此據拙著《肩水金關漢簡研究》,第 166 頁。

④ 金關簡的年代分布大致集中在西漢昭帝至光武早期,而建 1.37 所從出的 F3,作爲金關的檔案室,其遺存簡牘年代更爲集中,約在哀帝至光武早期。在此時期内,不存在符合"十一月癸亥朔壬辰"的年份。許名瑲曾推測該簡紀年爲光武帝二十二年(《〈肩水金關漢簡(伍)〉曆日綜考》,《出土文獻與古文字研究》第七輯,2018 年,第 328 頁),但與簡文所見官稱不符,故筆者不取。關於該簡的紀年及始建國二年置閏問題,可參拙文《新莽始建國二年置閏考》,《中國史研究》,待刊。

⑤ 始建國二年,閏十一月,朔日爲癸巳而非壬辰,共二十九天,爲小月。詳細討論參拙文《新莽始建國二年置閏考》,《中國史研究》,待刊。

⑥ 居延騎士,應該從居延縣城或其附近集結後出發,而居延縣城的具體位置,學界目前尚無統一意見(相關梳理參高村武幸《Ｋ七一〇遺跡の性格について》,刊於籾山明、佐藤信編《文献と遺物の境界——中國出土簡牘史料の生態研究》,第 28—30 頁),但均認爲在甲渠候官的東面。而甲渠候官距金關,直綫約 159 公里,居延縣城距甲渠候官約 75—80 漢里(EPT3：3、EPT52：137、EPT59：104,89.24/A8),大概 31.5 公里,故此居延縣距金關直綫距離不超過 190 公里。考慮到當地地形複雜,路途要遠一點,但也不應超過 300 公里。

始建國二年,故可暫名爲始建國二年騎士通關册書。①

　　至於這份册書原來的編排方式,據學者研究,西北漢簡的簿籍文書通常是名籍簡在前,呈文簡最後,②故 1.1—1.35 應排在 1.37 之前。至於結計簡 1.36,無疑應排在名籍簡之後、呈文簡之前。此外,騎士名籍簡本身的原始編排順序,現有條件下無疑是不可能完全復原的。但從完整簡記録方式來看,第一横欄是右前騎士,中間一欄是左前騎士,則最下一欄可能也是先右再左吧。若此不誤,則第三欄應該是排列完中營右騎士之後,再排列中營左騎士。因此,本文關於騎士通關册書名籍簡的排序,是第三欄記録中營右騎士的1.1—1.10 在前,第三欄記録中營左騎士的 1.11—1.19 排列在後,而 1.20—1.35 等十六枚因爲下端殘損,無法判斷第三欄的記録情況,故暫且附後。從彩色圖版看,部分騎士簡還存留編繩痕迹,尤其是 1.20 簡編繩從簡文上方經過,册書應是先寫後編。

　　按照呈文簡的説法,共有一百二十名騎士,而每枚名籍簡記載三名騎士,故完整的册書應該有四十枚名籍簡,而目前僅找到三十五枚。當然,這三十五枚騎士簡還很可能存在彼此綴合的可能。

二　騎士信息整理——從第二類騎士簡談起

　　如前所述,始建國二年騎士通關册書原有四十枚名籍簡,而目前僅找到三十五枚,且完整者不足半數,因此若要細究這一百二十名騎士的信息,就十分困難。幸運的是,第二類騎士名籍簡出現了通關册書未見的騎士姓名。因此,本節從分析第二類騎士名籍簡入手,盡力復原這一百二十名騎士的信息。

　　第二類騎士名籍簡,部分人員與始建國二年騎士通關册書重複,故兩類騎士簡有混淆的可能。因此,十分有必要着重説明第二類騎士簡不屬於始

---

① 這類册書,一般是向指定關口移文,以附牒的形式記録通關者的信息,同樣能够起到通關證件的作用,但其形式、申請手續,與符、傳不同,亦無專名。鷹取祐司稱之爲"書到出入通行證"(《肩水金關遺址出土的通行証》,載作者主編《古代中世東アジアの關所と交通制度》,第 258—282 頁),筆者擬名爲通關致書(參本書第三章第二節)。爲便於理解,暫且稱爲通關册書。
② 侯旭東《西北所出漢代簿籍册書簡的排列與復原——從東漢永元兵物簿説起》,第 58—73 頁。

建國二年騎士通關册書的判斷依據。爲討論方便,現按照辨識難易的程度,
移録第二類騎士簡如下:

2.1. 左前騎士陽里鄭馮　　● 　　　　　　　　　　　73EJF3：99

2.2. 中營左騎士白石里焦①博　　　　　　　　　　　73EJF3：100

2.3. 左前騎士陽里張放　　　　　　　　　　　　　　73EJF3：148

2.4. 中營右騎士富里趙隔　　　　　　　　　　　　　73EJF3：151

2.5. 中營左騎士金城里左陽　　　　　　　　　　　　73EJF3：351

2.6. 左前騎士陽里張豐　　　　　　　　　　　　　　73EJF3：385

2.7. 中營右騎士富里任並　　　　　　　　　　　　　73EJF3：398

2.8. 右前騎士中宿里鄭彭　　□□　　　　　　　　　73EJF3：399

2.9. 右前騎士中宿里韓襄　　　　　　　　　　　　　73EJF3：406

2.10. 左前騎士孤山里郭賀　　☑　　　　　　　　　　73EJF3：367

2.11. 右前騎士關都里李誼毋馬十二月壬戌北出　　☑　73EJF3：47

2.12. ☑(左)前騎士三泉里張建　閏月晦北出　　☑　　73EJF3：387

2.13. 中營左騎士富里宋多　　☑　　　　　　　　　　73EJF3：15

2.14. 中營右騎士中宿里鄭戎　●　　☑　　　　　　　73EJF3：23

2.15. 右前騎士安國里史永　　丿　☑　　　　　　　　73EJF3：20

2.16. 右前騎士中宿里單崇　　●　　　☑　　　　　　73EJF3：241

2.17. 右前騎士中宿里刑戎　●　　☑　　　　　　　　73EJF3：358

2.18. 右前騎士中宿里召永●　　☑　　　　　　　　　73EJF3：363

2.19. ☑士中宿里鄭忠　　●　　☑　　　　　　　　　73EJF3：248

2.20. 中營右騎士安樂里范②☑　　　　　　　　　　　73EJF3：16

2.21. 中營右騎士富里李(立)☑　　　　　　　　　　　73EJF3：506

2.22. 中營左騎士鳴沙里尚尊☑　　　　　　　　　　　73EJF3：586

2.23. ☑(左前)騎士陽里張嚴　　☑　　　　　　　　　73EJF3：32

2.24. 右前騎士富③里周並　☑　　　　　　　　　　　73EJF3：554

---

① "焦"字,原釋爲"候",據姚磊意見改,參《肩水金關漢簡釋文合校》,第464頁。

② "范"字闕釋,細審圖版,尚存字頭"丷",比對建國二年騎士通關册書,中有安樂里范良,很可
能是同一人,故補釋"范"。

③ "富"原釋爲"富田",據雷海龍意見改,參《〈肩水金關漢簡(伍)〉釋文補正及殘簡新綴》,第
89頁。

2.25. 右前騎士仁里李恭　　□　　　　　　　　　　73EJF3：5

2.26. 右前騎士富里鳳當□　　　　　　　　　　　　73EJF3：9

2.27. □中營右騎士平明里張宗　　　　　　　　　　73EJF3：17

2.28. □□士富①里鳳則　　□　　　　　　　　　　73EJF3：531

2.29. □孤②山里張護　　　　　　　　　　　　　　73EJF3：102

2.30. □富里韓宫　　　　　　　　　　　　　　　　73EJF3：230

2.1—2.9 等九枚簡均完整無缺,僅記一名騎士,顯然與第一類騎士簡不同。經測量,完整者平均長度爲 22.7 CM（表 4－1）。當然,部分簡牘已彎曲變形,數據不那麼準確,但依然有參考價值。2.10—2.12 三簡雖然殘缺,但缺損長度不足原簡的五分之一,按照書寫行款不可能再寫下另兩名騎士信息,故應非第一類騎士簡。2.13—2.19 七枚簡下端缺損約一半,按照行款,餘下空間亦寫不下兩名騎士。而且,2.13、2.14 兩簡上端完整,以中營左/右起首,與第一類騎士簡以右前騎士起首不同,故不屬於第一類騎士簡。而 2.15—2.18 四枚雖均以右前騎士起首,但勾識符號與第一類騎士簡不同,2.19 的勾識符號也不同,故這五簡亦非第一類騎士簡。2.20—2.22 三枚缺損較多,單從長度上推測不能排除屬於第一類騎士簡的可能,但細察圖版,三簡筆迹書風與第一類不同,且頂端完好,均以中營起首,也不可能是第一類騎士簡。2.23、2.24 兩簡殘存較短,但涉及的陽里張嚴、富里周並,均見於第一類騎士簡(1.1、1.5),而兩人信息不應重複記載,故亦非第一類。2.25—2.28 四枚雖然殘存較短,但字體肥大,書風與第一類騎士簡明顯不同。最後,2.29 涉及的孤山里張護與 2.30 富里韓宫,分別見於 1.9、1.30 兩枚第一類騎士簡,因此,雖然殘去了兩人的身份信息,但應該也是騎士,且兩簡不屬第一類騎士簡。

　　若上述推測不誤,比對兩類簡牘,就可補充一些因簡牘缺損而丟失的信息。如第一類騎士簡 1.30 韓宫當爲富里,與 2.30 對應;第二類騎士簡 2.12 張建、2.23 張嚴的隊列應爲左前,分別與 1.8、1.1 對應;2.21 中營右騎士應爲富里李立,與 1.10 對應。

---

① "富"原釋爲"曹",據姚磊意見改,參《肩水金關漢簡釋文合校》,第 483 頁。
② "孤"字原釋爲"累",據姚磊意見更正,參《肩水金關漢簡釋文合校》,第 464 頁。

　　仔細審視兩類簡牘出現的騎士,重出者共十六名(表4-2),而第二類騎士簡目前共找到三十枚,也就是僅三十名騎士,從這個角度來說,第二類騎士簡涉及的人員更有可能完全出自第一類。如果這個推測不錯的話,綜合兩類騎士簡,目前姓名可考的騎士(計入1.35 昌里徐□)共七十六名(表4-2)。其中右前隊列者二十七名,左前隊列者二十五名,中營右騎士十名,中營左騎士八名,隊列不詳者六名。

　　進一步審視這七十六名騎士,居里不明者僅宋章一人,其他七十五名騎士居里都有明確記載,共涉及三十個里。如果回過頭來考察騎士通關册書的呈文簡,不難發現這些里均在居延。再次引用該簡如下:

1.37. ☑□年十一月癸亥朔壬辰,居延守宰城倉守宰詡、守丞習移肩水金關:遣騎士史永等百百二十人,以詔書持兵馬之西或(域),卒馬十二匹,名如牒,書到出入,如律令。　　　　　　　　73EJF3:184A

居延丞印

☑月三日入　　　　　　　　　　　　　兼掾永守令史黨

　　　　　　　　　　　　　　　　　　　　　　73EJF3:184B

該通關册書由居延縣簽發,簽發者爲"居延守宰城倉守宰詡、守丞習",其中詡同時爲城倉守宰、居延縣守宰,較爲少見,可能當時情形特殊,故由一人兼守兩職。從簡文"遣騎士史永等百百二十人"看,雖未明言這些騎士都來自居延縣,但通讀文書,可知派遣的無疑是居延的騎士。而兩類騎士簡涉及的三十個里,居延的同名里有二十八個。另外的三十井里,居延縣有卅井里,無疑也是同一個里,①故居延縣同名里有二十九個(表4-3)。唯有仁里不見,而居延縣有臨仁里(EPT57:72、EPT68:35),不知是否後期改名或新增,亦或通關册書漏載。結合1.37呈文簡,判斷騎士均來自居延縣應該可以成立。

　　需要指出的是,第二類騎士簡的書風筆迹並不一致,尤其是"里"的末筆,存在兩種迥然不同的寫法。如2.2、2.4、2.18、2.19、2.26等末筆的那一

---

① 金關簡73EJT6:130"止姦隧長居延卅井里",而新莽時期卅改爲三十(饒宗頤、李均明《新莽簡輯證》,第109—110頁;焦天然《新莽簡判斷標準補説——以居延新簡爲中心》,第104頁),故卅井里即三十井里。

横，有十分明顯的波磔，而 2.1、2.3、2.5、2.8、2.10、2.12、2.22 等則十分平直，沒有波磔。如此個性化的書寫習慣，不太可能是時間地點環境不同所導致的差異，應該就是出自不同書手。而且，2.2 書法優美，賞心悦目，與其他簡的草率決然不同。由此可知，第二類簡不應出自同一人之手，至少存在兩個書手。

綜上，始建國二年十一月，居延縣派遣一百二十名縣内騎士奔赴西域，十人共用一匹副馬，因向南須通過金關，故由縣長官簽發通關證件，也就是騎士通關册書。至於第二類騎士簡的製作目的，留待後文討論。

三　居延騎士的編制

如前所述，這批居延騎士共分右前、左前、中營右、中營左等四隊，那麼這個隊列是漢代騎士的日常編制，亦或此次出征的臨時編制？又或者，僅僅是居延騎士的編制？目前尚未見專門探討。此前學界對騎士及騎士簡的研究，主要是分組考察其書式及相關問題，[①]另有學者關注騎士的裝備、身份、兵種、服役等問題，[②]僅見少數學者從整體上討論騎士編制，[③]惜未及利用冠以右前、左前等隊列的騎士簡。本節綜合相關資料，試對居延騎士的編制進行分析。

這裏不妨先亮明觀點，筆者認爲，右前、左前等隊列，實際上就是居延騎士的日常編制。換言之，居延縣的騎士，平時就編爲右前、左前、中營右、中營左等四組。之所以這麽認爲，是因爲凡是冠以右前、左前等隊列的騎士，

① 陳直《居延漢簡綜論》，載《居延漢簡研究》，第 19 頁；魯惟一《漢代行政記録》，1967 年初刊，此據于振波、車今花中譯本，桂林：廣西師範大學出版社，2005 年，第 301—308 頁；徐元邦、曹延尊《居延漢簡中所見的騎士》，刊於中國考古學研究編委會編《中國考古學研究——夏鼐先生考古五十年紀念論文集》，北京：文物出版社，1986 年，第 235—243 頁；大庭脩《漢簡研究》第一編第四章《地灣出土的騎士簡册》，第 70—90 頁；李天虹《居延漢簡簿籍分類研究》，北京：科學出版社，2003 年，第 16—19 頁；沈剛《西北漢簡所見騎士簡二題》，《出土文獻研究》第十一輯，2012 年，第 229—238 頁。
② 龔留柱《西漢步、騎兵兵種初探》，《西北大學學報（哲學社會科學版）》1986 年第 1 期，第 80—86 頁；高村武幸《關於漢代材官、騎士的身份》，原刊《日本秦漢史學會會報》，2004 年，此據中譯本，載《簡帛研究 2004》，2006 年，第 449—463 頁；王彦輝《論秦漢時期的正卒與材官騎士》，《歷史研究》2015 年第 4 期，第 54—71 頁。
③ 龔留柱《關於秦漢騎兵的幾個問題》，《史學月刊》1990 年第 2 期，第 13—15 頁；鄧飛龍《兩漢騎兵問題研究》，碩士學位論文，湖南師範大學，2017 年，第 31—36 頁。

其居里均在居延。首先來看出土自甲渠候官遺址(A8)的騎士簡：

3.1. 中營左騎士鉼庭里蘇海　第廿八　　　　　　　　　　EPF22：653

3.2. 右前騎士安居里樊處第十☐　　　　　　　　　　　　EPF22：717

3.3. 中營右騎士三十井里閻賞　　☐　　　　　　　　　　EPT59：237

3.4. 右前騎士全稽里李□　　☐　　　　　　　　　　　　EPT14：13

3.5. 左前騎士鞮汗里楊政　　☐　　　　　　　　　　　　EPT27：19

3.6. 右前【騎】士鞮汗里兒買之　　☐　　　　　　　　　178.22／A8

3.7. 右前騎士平里張戎丿　第☐　　　　　　　　　　　　EPW：43①

3.8. 中營左騎士利上里馬奉親　馬一匹騮牡左剽齒四歲高五尺八寸　袁
中　丿　　　　　　　　　　　　　　　　　　　　　　　EPT51：12

上述冠以右前、左前等隊列的騎士簡,形制均爲單札。審視八枚簡所涉及的鉼庭里、三十井里、全稽里、鞮汗里、平里、利上里,除安居里外,居延縣均有同名里。② 不過,如同騎士通關册書所示居延仁里不見於其他簡牘一樣,安居里也可能屬於漏載。若此不誤,則前八枚簡的騎士均爲居延騎士。從簡文内容及書式判斷,前七枚應屬某種名籍性的簿册,3.8 記録騎馬信息,且注明"袁中",即可駕車,③應屬另一種簿籍。而且,3.7、3.8 均有勾校符號,可見涉及的事務經過了核對。換言之,居延騎士出現在了甲渠候官遺址。這又意味着什麽呢? 筆者以爲,居延騎士出現在甲渠候官時也冠以右前、左前等隊列,與始建國二年通關時相同,那就不能僅僅視爲臨時分組了。否則,在不同地方,很可能也是不同時間,居延騎士均臨時分組均爲右前、左前等隊列,那也未免太巧合了。

　　當然,理論上,如果前述八枚簡涉及的全部簿籍,均由居延縣製作,且其與始建國二年騎士奔赴西域同時,那麽也可能臨時分組均爲右前、左前、中營右/左。但是,這種可能性極低。因爲八枚簡涉及的簿籍不止一份,④若認

① "戎"下原有兩空格,闞釋,"第"字原釋"今爲",據圖版徑改。
② 三十井里、全稽里、安國里、肩水里等,可查文末表4-3。鉼庭里見於73EJT4：89"關嗇夫居延鉼庭里薛安世",鞮汗里見於EPT68：9"● 狀公乘居延鞮汗里年冊九歲姓夏侯氏爲甲渠"、平里見於EPT52：268"譚公乘居延平里年冊三歲姓氏"、利上里見於73EJT10：264"居延城倉令史居延利上里公乘吕安"。
③ 關於"袁中"解釋,可參張德芳主編《居延新簡集釋》,第三册,第402頁。
④ 3.1、3.2 均出自候官檔案室(F22),下端標記順序,且兩簡筆迹書風亦十分一致,當爲同一簿籍。

爲均與騎士奔赴西域同時，也不太可能。而且，另有數枚冠以相同隊列的居延騎士簡，還出土自其他遺址。如下：

　　3.9. 中營右騎士安國里馮詡　　　　　　　　　　　　　　ESC：75

　　3.10. 左前騎士肩水里　蓋寫　　　☑　　　　　　2000ES9SF4：31

　　3.11. 右前騎士嚴☑　　　　　　　　　　　　　　　　EPS4C：43

　　3.12. 右前騎士闐都里☑

　　　　右前騎士闐都里王☑

　　　　右前騎士白石里孟賀　　　　　　左前☑

　　　　中營右騎士千秋里龍昌　　　　左前騎士□☑

　　　　中營右騎士累山里亓襃　　　　左前☑　　　　　73EJT3：7

3.9 出自被認爲是卅井塞次東隧所在地的 T130 遺址，[①]3.10 據簡牘整理者所定體例，當出自甲渠塞第九隧，[②]3.11 出自甲渠塞第四隧（即 P1 遺址），3.12 出自 A32 遺址。前三簡爲單札，後簡爲寬木牘。四簡涉及的安國里、肩水里、闐都里、白石里、千秋里、累山里等，均見於居延縣（表 4－3），故應該也是居延騎士。這些騎士的隊列同樣是右前、左前等，如果認爲其與 3.1—3.8 相同，均在騎士奔赴西域前後製作，故臨時分爲右前、左前等隊列，那也未免太巧合了。當然，3.12 出自 A32 遺址的垃圾堆，且記在寬木牘上，分欄書寫，形制較爲特別，不排除是始建國二年騎士通關時，由金關另行登記上報的名籍。不過，即使排除掉 3.12，其他騎士簡牘也出土自卅井塞、甲渠塞以及金關等不同的地點，這些隊列編制相同的現象，總不能純粹視爲分組的巧合吧。[③]

　　綜上，冠以右前、左前等稱號的居延騎士，在不同地點、不同時間多次出現，可見不能將右前、左前視爲臨時分組，而是一種較爲穩定的日常性身份。

---

① 甘肅省文物考古研究所、甘肅省博物館等《居延新簡——甲渠候官》"前言"，第 1、3 頁；張德芳主編《居延新簡集釋》，第七册，第 735 頁。前者僅言出自次東隧，後者説明在 T130 遺址，當有所據。

② 2000 年前後，内蒙古文保部門發掘的額濟納漢簡，在整理編號時采用的是依據簡牘内容推定的隧名，而非遺址的考古編號，而且此後亦未公布相關信息。額濟納漢簡中的第九隧，學界一般認爲在 A7 或 T13（相關綜述，見邢義田《地不愛寶：漢代的簡牘》附録《漢代居延甲渠河北塞烽燧配置的再考察》，第 248 頁），南距甲渠候官遺址不遠。

③ 在此順便澄清一條材料，簡73EJT29：31 整理者釋爲"☑□□長樂里□□　左前騎士今居平樂隧"，細察圖版，"左前騎士"當是"□□爲工"，前兩字不識。此點請教張俊民先生，謹致謝忱！

換言之,這些居延騎士,平時就編爲右前、左前、中營右/左等隊列,外出執勤時與在縣内從事日常事務時,均維持這一編制。

理論上講,目前只能證明上述諸簡涉及的居延騎士,其日常編制就是右前、左前、中營右/左等隊列,還不能説居延縣的騎士均如此編制。尤其是下述兩枚直接稱爲"居延騎士"而未冠以右前、左前等隊列的簡牘:

3.13. 第廿三候長趙倗責居延騎士常池馬錢九千五百移居延收責重 ●
一事一封十一月壬申令史同奏封　　　　　　　　　　　　　　35.4/A8

3.14. 居延騎士廣都里李宗坐殺客子楊充元鳳四年正月丁酉亡☒

88.5/A10

前簡爲奏封記録,居延騎士欠甲渠塞第廿三部候長的馬錢,故甲渠候官移書居延收債;後簡顯示居延騎士殺人逃亡。兩簡徑稱居延騎士,而未冠以右前、左前等隊列,似乎説明居延騎士並不全是這一編制。但筆者以爲,騎士身份的表述,需要區分其具體場合。前簡出自甲渠候官,所涉居延騎士很可能在甲渠塞服役,故由甲渠候官移書居延縣。而在額濟納河流域,候官塞與居延縣是平級的,甲渠候官向居延縣移文,自然不需要特別提及騎士的具體單位,只需標明其爲居延騎士,居延縣負有收債之義務即可。後簡出自通澤第二亭,轄於珍北候官塞,據内容似爲某種傳布性較廣的爰書或通告,傳遞至珍北塞是爲了便於警戒緝捕,防止該騎士越塞亡入匈奴。因此,從兩簡的性質及出土地看,候官塞與居延縣之間往來移文,没有特別的必要詳細記載騎士的具體單位,徑稱居延騎士亦可。當然,後簡騎士不能排除在珍北塞服役的可能,即使如此,在文書運行中省略某些具體稱謂的現象是普遍存在的,同樣不能排除該簡騎士原本單位是右前、左前等的可能性。[①] 故此,筆者以爲,兩簡不足以成爲有力的反證。

需要指出的是,西北漢簡所見的騎士簡,還有一類,籍貫爲張掖郡其他屬縣,其書式與前述不同,未出現右前、左前、中營右/左等隊列,約七十枚,文繁不具引,暫舉數枚如下:

3.15. 鰈得騎士定安里楊霸　卒馬一匹　　　　　　　　　　560.8/A33

---

① 若要對 3.12 簡騎士信息進行正確解讀,端賴該文書的性質,惜目前尚無法判定。

3.16. 觻得騎士安定里楊山　十七𠂤	560.12/A33
3.17. 氐池騎士常樂里孟儀　八𠂤	560.23/A33
3.18. 氐池騎士富昌里司非子	564.2/A33
3.19. 昭武騎士市陽里儲壽　𠂤	560.27/A33
3.20. 番和騎士便里李都	511.3/A35
3.21. 日勒騎士萬歲里孫守	491.4/A35

3.15—3.19 出自肩水候官遺址（A33），後兩簡出自肩水都尉府遺址（A35）。七枚簡均未出現右前、左前等具體隊列，尤其是 3.16、3.17 兩簡下端也標注了順序，與前述甲渠候官遺址出土 3.1、3.2 兩簡相同，應該也屬於某種近似簿籍，却未出現相似隊列。這一現象反映了什麼呢？是否可以説明觻得、氐池等縣的騎士，其編制並非右前、左前等呢？筆者以爲，單憑這類騎士簡尚不足以做出具體判斷，畢竟這類騎士簡雖然迭經學者研究，但因爲信息有限，其性質與用途尚不明確，①且無其他輔助材料，無法進一步推測，邃爾斷言恐怕失之穿鑿。因此，目前也只能認爲居延騎士的編制是右前、左前、中營右/左，其他郡縣騎士編制如何，尚難以詳考。

　　行文至此，有必要回應一下學者從整體上復原的漢代騎士編制，尤其是上孫家寨漢簡所反映的情况。這批簡出自西漢晚期的墓葬，被不少學者用來研究漢代的騎士編制。如龔留柱結合上孫家寨漢簡及《六韜》，推測漢代騎兵編制爲騎將軍——騎校（都）尉 ——騎千人——騎五百——騎卒長——騎士吏——騎什長——騎長。②　又如，鄧飛龍推測邊郡騎兵編制爲騎司馬——騎千人——騎五百將——騎士吏——騎什長——騎伍長。③　畢竟所能利用的材料就那麼多，故兩位學者的看法六體一致。這一大框架，與本文所推測的居延騎士編制方枘圓鑿，根本没辦法糅合在一起。如何解釋呢？筆者推測，兩種情况可能並不一定非此即彼，而是在不同的階段處於不同的狀態。換言之，居延騎士，在縣内是右前、左前、中營右/左的身份，如果加入到其他隊伍，應該也會按照部曲組織統一整編。始建國二年居延騎士奔赴

① 這類騎士簡，除記載騎士名姓籍貫之外，幾無其他信息，因此學者通常僅關注騎士身份等，而較少考慮簿籍的性質及用處。目前僅見魯惟一推測這類騎士簡大概是爲了發放儲備物或裝備而製作的名籍（《漢代行政記録》，第 301 頁），實際上從簡文本身也完全看不出此點。
② 龔留柱《關於秦漢騎兵的幾個問題》，第 15 頁。
③ 鄧飛龍《兩漢騎兵問題研究》，第 34 頁。

西域,因爲尚未到達目的地,故依然保持原來的編制,若到達西域之後,與新莽調遣的其他軍隊匯合,勢必另行分組編入部伍。當然,這僅是推測,有待于進一步驗證。

四　始建國二年居延騎士奔赴西域始末

再次回到始建國二年騎士通關册書,筆者對居延騎士奔赴西域的始末略作推測。通關册書云"以詔書持兵馬之西或(域)",居延騎士是承新莽朝詔命而奔赴西域的。那麽,當時西域局勢如何呢?

據《漢書·西域傳》,始建國二年車師後王謀劃逃入匈奴,事覺被殺,車師後王之兄遂驅畜産人民亡降匈奴。[1]　而此時的匈奴,因接連受到王莽的打壓挑釁,[2]早已不勝其怒,遂欣然接納,並出兵攻擊西域。在内憂外患之下,新莽在西域的勢力變生肘腋,戊己校尉爲叛將所殺,後者驅吏民亡降匈奴,單于違反新舊約束,不僅受降,且加封降將。[3]　王莽聞此大怒,詔分匈奴爲十五單于,招誘匈奴右犁汗王咸及其二子來朝,脅拜爲單于。這一分化匈奴的行爲,徹底激怒了單于,遂正式發兵反叛,侵犯邊境殺略吏民。[4]　上述事件,據額濟納漢簡始建國二年詔書册(2000ES9SF4∶1—2000ES9SF4∶12),[5]均發生

① 《漢書》卷九六《西域傳》,第3925—3926頁。
② 王莽秉政之初,造設四條約束,替代宣帝舊約,擠壓匈奴在西域的勢力,且諷喻單于囊知牙斯更名爲知;篡位後,又於始建國元年更易單于故印,去"璽"曰"章",降低單于地位(《漢書》卷九四《匈奴傳》,第3818—3821頁)。其中,新設的四條約束是"中國人亡入匈奴者,烏孫亡降匈奴者,西域諸國佩中國印綬降匈奴者,烏桓降匈奴者,皆不得受",而宣帝舊約是"自長城以南天子有之,長城以北單于有之。有犯塞,輒以狀聞;有降者,不得受",兩相比對,匈奴在西域及東北烏桓的勢力明顯受限。
③ 《漢書》卷九六《西域傳》,第3926頁;《漢書》卷九四《匈奴傳》,第3823頁;《漢書》卷九九《王莽傳》,第4119頁。
④ 《漢書》卷九四《匈奴傳》,第3822—3823頁。
⑤ 該詔書册,刊於魏堅主編《額濟納漢簡》,桂林:廣西師範大學出版社,2005年。釋文、句讀及簡册排序,可參李均明《額濟納漢簡法制史料考》,見魏堅主編《額濟納漢簡》,第57—58頁;特日格樂《〈額濟納漢簡〉所見王莽簡略考》,《出土文獻研究》第七輯,2005年,第189—192頁;沈剛《額濟納漢簡王莽詔書令册排列新解》,2006年1月2日刊於簡帛網,http://www.bsm.org.cn/show_article.php?id=165;孫家洲主編《額濟納漢簡釋文校本》,北京:文物出版社,2007年;鄔文玲《始建國二年新莽與匈奴關係史事考辨》,《歷史研究》2006年第2期,第177—181頁;廣瀬薰雄《額濟納漢簡新莽詔書册詮釋》,2016年8月16日刊於簡帛網,http://www.bsm.org.cn/show_article.php?id=400;馬怡《"始建國二年詔書"册所見詔書之下行》,第166—171頁。筆者認同馬怡、鄔文玲關於簡册的排序。

在詔書下發日期——始建國二年十一月甲戌（十二日）——之前。[①] 而且，詔書册“今詔將軍典五將軍，五道並出，或潰虜智皆匈腹，或斷絶其兩肋，拔抽兩脅”（2000ES9SF4：8—2000ES9SF4：7），細味文意，雖然有“今詔”字樣，但五道出兵並非此次詔命所遣，而是在此前不久。該詔書要求“大惡及吏民諸有罪大逆無道不孝子絞，蒙壹切治其罪，因徒遷□，皆以此詔書到大尹府日，以……咸得自新，並力除滅胡寇逆虜爲故”（2000ES9SF4：7—2000ES9SF4：6），其目的在於募集罪徒從軍，做好後續支援。[②] 若此不誤，則王莽調集大軍出征匈奴，也在始建國二年十一月甲戌（十二日）之前。

從這個背景來看，居延騎士奔赴西域，毫無疑問與新莽朝廷對西域及匈奴的政策有關。再具體點説，匈奴接受車師降衆，就已違反新設的四條約束，出兵攻擊西域及接納漢軍叛將，在新莽來説更屬犯上作亂。因此，在西域都護上報此事後，王莽不可能不有所應對。居延騎士“以詔書持兵馬之西域”，或即奔赴前綫穩定局勢。當然，不可能僅僅派遣這一百二十名居延騎士前去，很可能河西郡縣均已抽調兵力共赴西域。至於詔書册“今詔將軍典五將軍，五道並出”的行動，可能包括了居延騎士奔赴西域的行動。畢竟所謂的“五道並出”這種大規模軍事行動，需要集結兵力、置辦糧草、奔赴前綫等一系列工作，且中間不乏多次調整，不是簡單一道詔書就能辦到的。王莽爲此事下發的詔令肯定也不止一次。騎士通關册書“以詔書持兵馬之西域”，應該緣自其中一道詔命。

另，從騎士通關册書結計簡（1.36）“馬百卅二匹　其十二匹萃馬”，册書呈文簡（1.37）“以詔書持兵馬之西或（域），卒馬十二匹”看，兩者反映的馬匹數量是一致的，都是一百三十二匹，其中十二匹萃馬，也就是副馬。[③] 換言

---

① 《匈奴傳》將詔分匈奴爲十五單于及藺苞招誘咸等來朝等事繫於始建國三年，而《王莽傳》將分裂匈奴及遣使招誘繫於始建國二年，咸等來朝繫於次年。鄔文玲已據額濟納漢簡始建國二年詔書册，指出其非（《始建國二年新莽與匈奴關係史事考辨》，第179—181頁）。

② 據“或潰虜智皆匈腹，或斷絶其兩肋，拔抽兩脅”，似已發生大規模戰爭，且戰果不俗。但從其用語含混籠統判斷，無疑屬誇大或虛構之辭，目的在於壯大聲勢，應該就没有發生戰鬥。另，類似的文句，還見於《王莽傳》載録的一份詔書，“命遣猛將，共行天罰，誅滅虜知，分爲十二部，或斷其右臂，或斬其左腋，或潰其胸腹，或紬其兩脅”（《漢書》卷九九，第4130頁）。不過，《王莽傳》將後者繫於始建國四年，但“誅滅虜知”之“知”，即囊知牙斯，也就是烏珠留單于，《匈奴傳》記其始建國五年死（《漢書》卷九四，第3826頁），與此不同。

③ 關於“萃馬”的理解，可參高榮《漢代“傳驛馬名籍”簡若干問題考述》，《魯東大學學報（哲學社會科學版）》2008年第6期，第37—38頁，亦可參邢義田《〈尉卒律〉臆解》，2016年3月23日刊於簡帛網，http://www.bsm.org.cn/show_article.php? id=2491。

之,這次出征十名騎士共用一匹副馬,僅達到宣帝時趙充國征羌配備"倅馬什二"的一半,[1]估計更難比武帝時的盛況。[2]

　　仔細審視第二類簡牘不難發現,部分騎士最後通過金關北返了。如下:

　　2.11. 右前騎士關都里李誼毋馬十二月壬戌北出　　☑　　　　73EJF3:47

　　2.12. ☑(左)前騎士三泉里張建　閏月晦北出　☑　　　73EJF3:387

兩簡皆標注出入信息,均爲"北出"。就金關而言,向南進入肩水塞是"南入",向北出肩水塞是"北出",因此,兩名騎士皆出關北行。可惜第二類騎士簡僅此兩枚標注出入信息,那麼其他二十八名騎士動向如何呢? 筆者以爲,要解決這個問題,應該先從整體上考慮第二類騎士簡製作的目的。如前所述,這類騎士簡書風不同,顯然出自多人之手,若此不誤,則至少可以説明第二類騎士簡不是第一類騎士簡的録副。若是録副的話,當由一人負責,似不必假手多人。而且,從通關册書這類證件的使用習慣上看,也不必另行録副,因爲原件已經留下了。[3] 結合2.11、2.12兩枚通關北返的簡牘,筆者推測其他二十八枚簡牘,也是騎士返回時通過金關,由關吏登記而留下的。從2.11、2.12兩簡標注的時間判斷,返回騎士並未結伴同行,因此過關登記很可能經由不同吏卒之手,其筆迹自然也會有所差别。若此不誤,至少這三十名騎士返回了。當然,2.11、2.12之外的第二類騎士簡缺乏相應的出行記録,該如何解釋呢? 筆者以爲,這並不足以構成十分有力的反證。金關留下的名籍簡,大部分均未標注出入信息,騎士簡未標注也不足爲奇。又或者,多人通關僅在其中一枚名籍簡上標注,而該簡恰巧未被發現。

　　進一步追問,這三十名騎士是何時北返的呢? 是否也與西域局勢或漢匈關係密切相關? 目前只有從標注出入信息的2.11、2.12入手。大部隊是始建國二年十一月三十日從居延出發南行的,2.12張建"閏月晦"過關北返,而始建國二年十一月至新莽滅亡期間,閏月者爲始建國二年閏十一月、始建國五年(13)閏八月、天鳳三年(16)閏五月、天鳳六年(19)閏正

---

① 《漢書》卷六九《趙充國傳》,第2986頁。

② 武帝頻繁用兵,戰馬大量消耗,史籍屢見馬少的記載。如《漢書》卷六《武帝紀》,元狩五年"天下馬少,平牡馬匹二十萬"(第179頁),太初二年"籍吏民馬,補車騎馬"(第201頁)。始建國二年居延騎士出征,副馬僅十一分之一,不知是否與武帝、宣帝兩朝對外戰爭頻繁消耗大量戰馬有關。

③ 參第三章第二節。

月、地皇二年(21)閏九月等。史載新莽朝這次大規模軍事行動，"先至者屯邊郡，須畢具乃同時出"，①"十二部兵久屯而不出，吏士罷弊"②，完全是出而不征，並未真正發生大規模戰役，直到天鳳元年漢匈重啓和親，王莽遂"罷諸將率屯兵，但置游擊都尉"。③ 據此，天鳳元年(14)漢匈和親，王莽罷兵，故天鳳三年以下雖然也有閏月，但距新莽罷兵超過兩年，可能性都比較低，因此只剩下始建國二年與始建國五年兩種可能。雖然無法絕對排除《漢書》繫年出錯，始建國五年時漢匈和親即已開啓，2.12 張建或是當年閏八月過關北返的可能性，但當年十二月干支無"壬戌"，2.11 李誼"十二月壬戌北出"就要落在次年，兩者北返相隔近一年半，恐怕並不可行。因此，經過權衡後，筆者推測，張建北返是始建國二年閏十一月二十九日(晦)，李誼則在十二月一日(壬戌)。兩者過關僅差一天，這樣比較符合常理。

若上述推測不誤，則十一月四日跟隨大部隊過關南行的張建、李誼，近一個月之後，又出現在金關，并過關北行。其他二十八名騎士，可能也是在此前後過關北返。不過，目前發現的第二類騎士簡僅三十枚，也就是僅三十名騎士返回，其他九十名的動向無從得知。又，2.11 李誼標注"毋馬"，其出征時的戰馬不知所蹤。但其他二十九枚騎士簡未標注"毋馬"(2.20—2.22、2.24、2.26 等下端殘斷，無法判斷)，看來這些騎士北返時是有馬的。李誼戰馬既可能因戰鬥而損失，又可能途中病亡。④

經過小心推求，關於居延騎士奔赴西域的始末，大致可以得出如下認識：隨着王莽上臺，漢匈關係逐漸惡化，始建國二年新莽派遣五路大軍出征匈奴，而居延騎士奔赴西域就是在這一大背景下成行的。當年閏十一月三日通過金關南行，約一個月后，至少有三十名騎士返回了。至於居延騎士有沒有到達西域，及爲何返回、多少人返回等等，尚無從得知。

---

① 《漢書》卷九九《王莽傳》，第 4121 頁。
② 《漢書》卷九四《匈奴傳》，第 3826 頁。
③ 《漢書》卷九四《匈奴傳》，第 3827 頁。
④ 懸泉簡多見馬匹病死的記録，如 I DXT0111－2：002"傳馬一匹騩騂乘左剽齒九歲高五尺六寸名曰蒙華建昭二年十二月丙申病死賣骨肉受錢二百一十"、I DXT0116－2：069"效穀移建昭二年十月傳馬薄出縣泉馬五匹病死賣骨肉直錢二千七百卌校錢薄不入解……"，見胡平生、張德芳編撰《敦煌懸泉漢簡釋粹》，第 84—85 頁。

五　結　語

本文在對肩水金關 F3 出土騎士簡分類的基礎上,參照漢簡簿籍的通行格式,復原了始建國二年騎士通關册書。始建國二年十一月根據新莽詔令,居延縣派遣一百二十名縣内騎士奔赴西域,這份册書就是由居延縣開具的通關證件。騎士到達金關後,關吏開封册書,逐一核對勾校騎士信息,無誤後放行通關,該册書則留在關吏的辦公房間 F3 東側的隔間内。聯繫傳統史籍及額濟納漢簡的相關記録,基本可以確定,這次軍事行動與當時的漢匈關係及西域局勢密切相關。居延騎士在始建國二年閏十一月三日通過金關南行之後,約一個月左右,至少有三十名騎士返回。

需要着重指出的是,本文綜合考察額濟納河流域出土的相關騎士簡後發現,右前、左前、中營右/左等隊列,很可能就是居延縣騎士的日常編制,而非臨時分組。這一點,與學界此前復原的漢代騎士編制的大框架相衝突,有没有可能只是居延甚至漢代北邊騎士的"地方特色"呢?① 在更多材料出土之前,還難以明確作答。

表 4-1　兩類騎士簡尺寸②

第　一　類				第　二　類			
簡 1.1	22.5 CM	簡 1.19 *	18.6 CM	簡 2.1	23.0 CM	簡 2.16 *	14.4 CM
簡 1.2	22.3 CM	簡 1.20 *	14.8 CM	簡 2.2	22.0 CM	簡 2.17 *	13.2 CM
簡 1.3	22.1 CM	簡 1.21 *	9.3 CM	簡 2.3	22.7 CM	簡 2.18 *	14.2 CM
簡 1.4	22.5 CM	簡 1.22 *	15.0 CM	簡 2.4	22.9 CM	簡 2.19 *	13.6 CM
簡 1.5	22.6 CM	簡 1.23 *	10.9 CM	簡 2.5	23.1 CM	簡 2.20 *	4.9 CM
簡 1.6 *	19.5 CM	簡 1.24 *	8.6 CM	簡 2.6	23.0 CM	簡 2.21 *	5.5 CM

① 武帝時,爲應付國家財政困難,公卿請求徵收算緡錢,言及"非吏比者三老、北邊騎士,軺車以一算"(《史記》卷三〇《平準書》,第 1717 頁)。所謂"北邊騎士",無疑包含居延騎士,但其具體内涵及特色,限於資料,尚難確指。
② 標注星號者,屬殘簡。

續　表

第　一　類				第　二　類			
簡 1.7 *	17.5 CM	簡 1.25 *	7.9 CM	簡 2.7	22.2 CM	簡 2.22 *	7.0 CM
簡 1.8 *	9.2 CM	簡 1.26 *	9.1 CM	簡 2.8	22.4 CM	簡 2.23 *	7.6 CM
簡 1.9 *	16.0 CM	簡 1.27 *	7.2 CM	簡 2.9	22.6 CM	簡 2.24 *	7.6 CM
簡 1.10 *	12.1 CM	簡 1.28 *	6.7 CM	簡 2.10 *	21.2 CM	簡 2.25 *	9.1 CM
簡 1.11	22.5 CM	簡 1.29 *	7.1 CM	簡 2.11 *	16.4 CM	簡 2.26 *	8.0 CM
簡 1.12	22.0 CM	簡 1.30 *	4.3 CM	簡 2.12 *	20.5 CM	簡 2.27 *	9.0 CM
簡 1.13	21.9 CM	簡 1.31 *	7.5 CM	簡 2.13	13.9 CM	簡 2.28 *	9.8 CM
簡 1.14	22.5 CM	簡 1.32 *	3.1 CM	簡 2.14 *	11.2 CM	簡 2.29 *	20.5 CM
簡 1.15	22.4 CM	簡 1.33 *	4.0 CM	簡 2.15 *	11.0 CM	簡 2.30 *	19.9 CM
簡 1.16	22.5 CM	簡 1.34 *	2.8 CM				
簡 1.17 *	19.2 CM	簡 1.35 *	3.6 CM				
簡 1.18 *	17.8 CM						

表 4 - 2　始建國二年通關騎士居里與隊列信息①

	右　前	左　前	中營右	中營左	不　詳
闔都里	任憲、趙嚴、李誼				
仁里	楊意、李恭				
全稽里	郭隆、成功恭				
富里	*周並*、周護、*鳳當*	韓慶	*任並*、李立、*趙騰*	宋多	鳳則、*韓宮*
陽里		*張嚴*、張崇、*張豐*、顏立、鄭馮、張放			

---

① 斜體表示的騎士,乃同時出現在兩類簡牘者。

續 表

	右 前	左 前	中營右	中營左	不 詳
中宿里	華賞、刑戎、孫賞、單崇、蘇永、徐嚴、鄭彭、韓襃、召永		鄭戎		鄭忠
通澤里		李嚴、張宗			
安樂里			范良、房陽	李豐	
廣都里		馮恭、任當			
遮虜里			戴林		
白石里		鄭立		焦博	
龍起里			孫房		
累山里		蕭霸、許良、樊戎、卞黨、祝隆、蘇慶			
長樂里	莊成				
孤山里		郭賀、張護			
安國里	史永	朱輔、孫敍	孫政		
三泉里		張建			
當遂里		蕭仁			
廣郡里				孫長	
誠勞里		馬護			
襃里	刑禁、孫長				
千秋里				孫章	
延年里	楊放				
金城里				左陽	
萬歲里	衣戎				
鳴沙里	尚詡			尚尊	
三十井里	趙詡				

續　表

	右　前	左　前	中營右	中營左	不　詳
平明里		張宗			
肩水里					刑並、馮陽
昌里				徐□	
不詳			朱嘉		宋章

表 4 - 3　騎士居里與居延同名里對照表①

騎士居里	居延同名里	騎士居里	居延同名里	騎士居里	居延同里
闒都里	73EJC：594	白石里	73EJT37：663	襐里	73EJT10：159
仁里	EPT68：47（臨仁里）	龍起里	73EJT23：775	千秋里	73EJT8：62
全稽里	136.2/A8	累山里	73EJT37：891	延年里	73EJF3：138
富里	EPT65：148	長樂里	73EJT37：814	金城里	73EJT37：1185
陽里	72EJC：236	孤山里	73EJT37：1430	萬歲里	73EJF3：101
中宿里	EPT2：40	安國里	EPT2：7	鳴沙里	73EJT9：119
通澤里	EPT17：27	三泉里	EPT65：339	三十井里	73EJT6：130
安樂里	73EJT5：27	當遂里	73EJT37：1108	平明里	EPT49：53
廣都里	73EJT22：120	廣郡里	EPT68：78	肩水里	EPT40：178
遮虜里	73EJT21：208	誠勢里	73EJT27：33	昌里	73EJT8：5

　　附記：該文得到李均明、侯旭東、凌文超、屈濤、祁萌、曹天江等師友指正，謹致謝意。原刊於《出土文獻研究》第十八輯（2019 年），收入本書時有所修訂。

---

① 關於居延縣鄉里的研究，吳昌廉、何雙全、周振鶴、晏昌貴、馬孟龍、紀向軍等均做過排比梳理工作，較近較全面者當推黃浩波（《肩水金關漢簡地名簡考（八則）》，第 150—153 頁）。爲便於讀者披覽，筆者略贅數語，列出里名涉及的簡號。

下　編
文書簡整理與研究的反思

第五章
關於西北文書簡編號的回顧與反思

在開始正文之前,首先界定一下"西北文書簡"的範圍。中國境内出土的簡牘,按照内容大致可分爲典籍簡與文書簡。具體點説,文書簡是指官府行政作業過程中産生的各種簿籍、符券、公文等簡册。就出土特點而言,文書簡可分兩類:一類如敦煌漢簡、居延漢簡、懸泉漢簡等,主要出自邊塞烽燧、傳置等面積開闊的官署遺址,一類如走馬樓吴簡、里耶秦簡、五一廣場東漢簡等,出自開口狹窄、層位分明的官署古井内。烽燧傳置出土的文書簡,因主要分布在甘肅、新疆境内,學界有時亦稱之爲西北簡。從這個意義上講,本文討論的西北文書簡,主要限定於敦煌漢簡、居延漢簡、懸泉漢簡、樓蘭簡等,不包括天水放馬灘秦簡、武威漢簡、上孫家寨漢簡等西北地區墓葬出土的典籍類簡牘。

那麽,爲何討論文書簡編號這一貌似瑣細微小的問題呢? 筆者以爲,簡牘編號屬於簡牘整理工作的一部分,反映了簡牘整理的標準化問題,而這一問題,恰恰是中國出土簡帛文獻整理方面存在的一個缺陷和積弊,給研究與利用簡帛帶來諸多不便。此前學界對簡帛整理的規範化與標準化已有不少呼聲,[①]但這一工作不僅體現在圖版、釋文、整理符號等方面,還應考

---

① 邢義田《對近代簡牘著録方式的回顧與展望》,原載《史學評論》第二卷,1980 年,此據作者《地不愛寶:漢代的簡牘》,第 579—600 頁;胡平生《論簡牘整理國家標準的制定》,原載《出土文獻研究》第八輯,2007 年,此據《胡平生簡牘文物論稿》,第 488—506 頁;胡平生《中國簡帛學理論的構建》,《中國史研究動態》2016 年第 2 期,第 35—37 頁;劉國忠《對於簡帛學建設的幾點思考》,《中國史研究動態》2016 年第 2 期,第 40 頁;蔡萬進《出土簡帛整理的若干理論問題》,《鄭州大學學報(哲學社會科學版)》2017 年第 5 期,第 86 頁。需要補充的是,2019 年 8 月在首都師範大學召開的"首届中日韓出土簡牘研究國際論壇暨第四届簡帛學的理論與實踐學術研討會"上,日本和韓國學者介紹兩國出土簡牘的編號也存在類似的混亂和不統一,而日本的馬場基先生,正致力於日本出土木簡的統一編號。

慮到簡牘編號的系統性與合理性。因此,一定程度上可以説,編號雖小,所
涉事大。

　　梳理相關情況可以發現,以 1949 年新中國成立爲契機,西北文書簡的
編號,大致存在兩個明顯有別的階段。因此,本文大致按照簡牘發掘與整理
的時間先後,系統梳理西北文書簡的編號,考察其編號方式與原則,爲今後
簡帛整理的規範化提供一點粗淺意見。

一　1949 年以前的簡牘編號

　　早期漢文簡牘的發現,與西方探險家有着密不可分的關係。1901 年
初,即將結束第一次中亞考察的英國籍匈牙利探險家斯坦因,在尼雅遺址發
掘出土數十枚魏晉簡。這基本上就是最早的一批西北文書簡了。簡牘采用
多級編號,具體如 N.V.NXV.188,N 表示尼雅,V 表示第五地點,NXV 表示第
五地點的某處,188 表示該位置出土的第 188 號文物。[①] 這一編號體系,涵
蓋遺址從大到小的多個組點,且所有遺物統一編製流水號。當然,受限於主
客觀因素,斯坦因的發掘遠不如今天規範科學,編號也存在不少問題,[②]但就
編號系統性而言,已經做得很不錯了。

　　較斯坦因稍晚幾個月,瑞典探險家斯文·赫定發現了樓蘭古城,並在該地
掘得簡牘一百多枚。[③] 這批資料最終由德國漢學家孔好古(August Conrady)
整理出版,直接編製 1、2、3、4 的流水號,[④]編號没有反映出簡牘的出土信息。

　　1906 至 1908 年斯坦因進行了第二次中亞考察,1913 至 1916 年斯坦因
進行了第三次中亞考察。兩次考察均到達樓蘭地區,並掘獲簡牘。更爲重

---

①　奧雷爾·斯坦因《古代和田——中國新疆考古發掘的詳細報告》,1907 年初刊,此據巫新華等中
　　譯本,濟南:山東人民出版社,2009 年,第一卷第 358—364、376—381、427—448 頁,第二卷第
　　112—114 頁。
②　如地層劃分不科學,文書編號與遺址不符等,參林梅村《樓蘭尼雅出土文書》,"前言",北京:文
　　物出版社,1985 年,第 7—8 頁。
③　斯文·赫定《羅布泊探秘》,原爲長篇巨製 Scientific results of a journey in Central Asia 1899 – 1902
　　的第二卷,1905 年初刊,此據王安洪、崔延虎中譯本,烏魯木齊:新疆人民出版社,2013 年,第
　　813—849 頁。
④　August Condary, Die Chinesischen Handschriften und Sonetiger Kleinfunde Sven Hedins in Lou-lan,
　　Stockholm, 1920, pp.76 – 140.

要的是,在今敦煌地區的漢代烽燧遺址,獲得了大量漢簡。① 這批資料,斯坦因同樣采用多級編號。樓蘭簡牘的編號,具體如 L.A.I.i.1,其中 L 表示樓蘭,A 表示樓蘭地區的某個遺址,I 表示遺址内的某個遺存,i 表示文書的具體出土地點,1 表示文書的順序號。② 敦煌漢簡的編號,具體如 T.VI.b.i.2,其中 T 表示敦煌,VI.b 表示烽燧,i 表示烽燧内某地,2 表示該地出土的第二枚簡牘。③ 需要指出的是,這兩次考察簡牘,未與其他遺物合在一起編號,而是單獨編號。

　　斯坦因按照遺址及遺址内不同地點給簡牘和其他遺物編號,在考古報告與遺址平面圖的參照下,可以準確而系統地瞭解各遺址及遺址内各地點之間的關係,爲單獨研究某個遺址地點出土的文書,以及綜合研究多遺址地點出土文書之間的關係提供了基礎資料,十分合理。以今天的眼光看,若要充分發揮文書簡的價值,準確清晰的出土地點是不可或缺的。比如文書簡研究形成的若干經典方法,如册書復原、簡牘集成等等,就離不開簡牘的出土地點。出土地點對於文書簡研究的重要性,學界基本上已經形成共識。④當然,嚴苛一點説,第一次考察將所有遺物統一編號,要比後兩次考察將遺物分類編號的做法更爲合理,更能反映遺址單元内所有留存物品的彼此關係。當然,這可能帶來著録上的不便。

　　斯坦因前兩次中亞考察所獲漢文資料,包括簡牘、紙文書,都交由沙畹(Edouard Chavannes)整理。沙畹整理斯坦因第一次考察在尼雅遺址所獲的簡牘和紙文書時,没有重新編號,而是沿用斯坦因的原編號,但未按照原編

---

① 奥雷爾·斯坦因《西域考古圖記》第十一、第十五至二十章,1921 年初刊,此據巫新華等中譯本,桂林:廣西師範大學出版社,1998 年,第 224—270、339—449 頁;奥雷爾·斯坦因《亞洲腹地考古圖記》第七、第九至第十二章,1928 年初刊,此據巫新華等中譯本,桂林:廣西師範大學出版社,2004 年,第 271—411、450—606 頁。

② 奥雷爾·斯坦因《西域考古圖記》,第 251—270 頁;奥雷爾·斯坦因《亞洲腹地考古圖記》,第 336—346 頁。

③ 奥雷爾·斯坦因《西域考古圖記》,第 429—449 頁;奥雷爾·斯坦因《亞洲腹地考古圖記》,第 577—606 頁。

④ 森鹿三《居延漢簡研究序説》,《東洋史研究》第 12 卷第 3 號,1953 年,第 9 頁;陳夢家《漢簡考述》,原載《考古學報》1963 年第 1 期,此據作者《漢簡綴述》,第 2 頁;陳公柔、徐蘋芳《大灣出土的西漢田卒簿籍》,原載《考古》1963 年第 3 期,此據徐蘋芳《中國歷史考古學論集》,上海:上海古籍出版社,2012 年,第 346、355 頁;謝桂華、沈頌金、鄔文玲《二十世紀簡帛的發現與研究》,原刊《歷史研究》2003 年第 6 期,此據謝桂華《漢晉簡牘論叢》,桂林:廣西師範大學出版社,2014 年,第 460—461 頁,等等。

號次序進行考釋研究。① 但在整理斯坦因第二次考察所獲資料時，沙畹即給每枚簡牘重新編製 1、2、3、4 的流水號，並在破折號後注明斯坦因原編號，書後附錄新編號與斯坦因編號的對照表。② 斯坦因第三次考察所獲資料，原本也交由沙畹整理，因彼去世，故由其弟子馬伯樂（Herni Maspero）接手整理，直到 1954 年馬伯樂去世後方出版。馬伯樂完全仿照沙畹的體例，簡牘注明長寬，重新編製 1、2、3、4 的流水號，破折號後注明斯坦因原編號，並附錄兩套編號的對照表。③ 需要指出，沙畹、馬伯樂的新編流水號，並未依照斯坦因的原有順序，而是做了前後調整。

沙畹、馬伯樂之所以重新編製流水號，可能因爲後兩次考察簡牘較多，如果完全按照斯坦因編號，則組點較多，顯得零碎，似乎不便著録。當然，也不能排除兩人對簡牘編號的考古學屬性認識不足的可能。不過，兩人在新編流水號之後附注了斯坦因原編號，相較斯文·赫定和孔好古完全無視簡牘出土地的編號方式，還是值得肯定的。但是，畢竟存在兩套編號，已然造成了混亂。

斯坦因發掘的簡紙資料，很快即傳到國内，國内學者在簡牘編號與刊布方面的嘗試也值得注意和反思。如羅振玉、王國維在接到沙畹撰著的斯坦因第二次考察資料書稿後，重新隸定簡文，並加以考釋，寫成著名的《流沙墜簡》一書。該書按照簡牘內容，分爲小學、術數、方技、簿書、戍役、稟給、器物、雜事等八類，每類下再編 1、2、3、4 的順序號。④ 而曾在法國留學的張鳳，因爲協助馬伯樂整理漢簡，回國時得其贈予簡牘照片，遂貿然於 1931 年提前公布相關資料。不過，張鳳沒有重新編製簡號，而是將若干枚相關簡牘排在一起，擬定名稱，書後之表注明簡牘出土地及斯坦因編號。⑤ 另外，1930、1934 年，黄文弼兩度前往羅布泊，在其北岸土垠遺址掘獲數十枚漢簡，按照

① 奧雷爾·斯坦因《古代和田——中國新疆考古發掘的詳細報告》附録 A《在丹丹烏里克、尼雅和安迪爾遺址中出土的中文文書》，第 585—590 頁。
② Edouard Chavannes, *Les documents chinois découverts par Aurel Stein dans les sables du Turkestan oriental*, Oxford: Imprimerie de L'Université, 1913.
③ Henri Maspero, *Les documents chinois de la troisième expédition de Sir Aurel Stein en Asie centrale*, The Trustees of The British Museum, 1953, pp. 1–51, 圖版第 1—8 頁。
④ 王國維、羅振玉《流沙墜簡》，1914 年初版，1934 年修訂，此據何立民點校本，杭州：浙江古籍出版社，2013 年。
⑤ 張鳳《漢晉西陲木簡彙編》，1931 年初刊，此據《漢簡研究文獻四種》影印本，北京：北京圖書館出版社，2007 年，下册第 543—661 頁。

釋官、釋地、釋曆、釋屯戍、釋廩給、釋器物、釋古籍、雜釋的大條目,編製總的流水號。①

　　《流沙墜簡》開創的著録體例,融資料刊布與個人研究爲一體,在簡牘整理與研究史上影響至深,一直延續到今天。張鳳、黃文弼的刊布方式與編號原則,就明顯仿照《流沙墜簡》。而張鳳給簡牘擬定名稱的做法,則較羅、王更進一步,倒是與敦煌文書十分相似。不過,敦煌文書的載體爲紙張,通常書寫内容較爲完整,擬定名稱也在情理之中,而西北文書簡除了“永元器物簿”“甘露二年御史書”“隧長黨病書”等少數明確可編聯者外,多數都呈現斷簡殘篇的狀態,似乎没有擬定名稱的必要。而且,秦漢文書簡和敦煌社會經濟文書,在當時行用的時代未必都有專名,有時甚至直接以月日干支命名,往往與今人擬稱迥异。因此,給單枚文書簡擬定名稱的必要性,尚值得懷疑。

　　斯坦因三次考察獲得簡牘的前後,還有三批零星資料。一是 1909 年日本大谷探險隊橘瑞超在樓蘭地區發現簡紙文書,但因成員缺乏考古學素養和歷史知識,包括著名的李柏文書在内,這批簡紙文獻的具體出土位置没有留下相應記録,編號也只能采取流水號。② 二是 1920 年周炳南在敦煌小方盤城附近沙灘中掘得 17 枚漢簡,但因其未説明采掘地點及方位,後來諸家刊布材料時只能編製流水號,無法反映出土信息。③ 三是 1944 年冬夏鼐、閻文儒在敦煌烽燧遺址發掘數十枚漢簡,④夏鼐仿照斯坦因的方式,將簡牘編號爲 T14N1—4、T17N1—38、T23E1—6,文中稱爲“敦十四新獲第一簡”“敦十七新獲第一簡”“敦二十三戊第一簡”等,簡後括注長寬厚尺寸。⑤ 其中的敦十四、敦十七等,用的是漢代烽燧的斯坦因編號。這批簡牘大部分藏在臺北,史語所重新整理刊布時沿用了黃文弼的編號。⑥

---

① 黃文弼《羅布淖爾考古記》,1948 年初刊,此據影印本,北京：綫裝書局,2009 年,第 179—220 頁。
② 香川默識編《西域考古圖譜》,1915 年初刊,此據影印本,杭州：浙江人民美術出版社,2018 年,第 205—227 頁。
③ 李均明、何雙全編《散見簡牘合集》,北京：文物出版社,1990 年,第 1—3 頁;甘肅省文物考古研究所編《敦煌漢簡》,北京：中華書局,1991 年,簡號 1431—1447。
④ 這批漢簡的發掘經過,詳閻文儒《河西考古雜記》,《社會科學戰綫》1986 年第 4 期,第 140—152 頁。
⑤ 夏鼐《新獲之敦煌漢簡》,原載《歷史語言研究所集刊》第十九本,1948 年,此據夏鼐《考古學論文集(外一種)》,石家莊：河北教育出版社,2000 年,第 169—205 頁。
⑥ 簡牘整理小組《居延漢簡補編》,臺北：“中央研究院”歷史語言研究所,1998 年;簡牘整理小組《居延漢簡(肆)》,臺北：“中央研究院”歷史語言研究所,2017 年,第 287—291 頁。黃文弼編號中 E 對應“敦二十三戊”之“戊”,蓋兩者次序皆第五也。

1949 年以前在西北地區出土刊布的文書簡，還有一大宗，就是著名的居延舊簡。居延舊簡是 1930 年代貝格曼（Folke Bergman）在今額濟納河流域漢代烽燧遺址發掘的，後來存放在十二隻木箱裏，運至北平進行整理。據協助整理的傅振倫回憶："打開每箱之後，按原編包數排好，再拿出木簡由我編號，一一用柔毛筆去塵，再交傅明德用紅硃筆在簡無字處一一寫上新號。編號從破城子開始，按出土地由北而南編寫。如 3.5 號即是破城子出土第三包的第五枚。一枚而顯然分爲數片者，各注號碼及 ABC 等字母，仍包在一起。"①據此可知，居延舊簡原本是裝在包裹裏，運到北京之後按照包裹進行編號。當然，每個包裹的出土地，此前是做有記録的。

比較而言，居延舊簡的編號不盡如人意，不如斯坦因編號完備。以包裹號作爲序列進行編號，是看不出簡牘的發掘地點與位置的。不過，從貝格曼去世後出版的發掘報告看，當初發掘時每個遺址內部都細分了不同的地點，並記録了各地點出土遺物的名目和數量。② 因此，居延舊簡編號的疏失，似乎不應歸責到發掘者身上。另外，前述引文雖説編號從破城子（A8）開始，自北而南編寫，但實際上這批簡牘的包裹號較具跳躍性，即同一遺址出土簡牘的包裹號並不連續。如破城子簡牘的包裹號，包括 3、4、6、8、17、18、21、23、24、26、27、28、30、33 等，而 A33 遺址包括 5、7、10、11、12、13、14、20、31 等包裹號，兩遺址包裹號相間。其他遺址亦如此。③ 何以如此，目前還未見到相關説明。

居延舊簡的原編號，雖然不盡如人意，但以包裹號係聯簡號的方式，多少還能反映出簡牘出土地的部分信息。不過，後來很長一段時間內，因爲各種主客觀因素的限制，這樣一套編號也沒有被整理者妥善吸收采納。如勞榦 1940 年代刊布釋文時，雖然沿用了這套編號，但未按照包裹號順序公布，而是借鑒羅振玉、王國維的做法，將簡文分爲文書、簿録、信札、經籍、雜類等

① 傅振倫《第一批居延漢簡的采集與整理始末記》，《文物春秋》1987 年第 1 期，第 27 頁。
② 弗克·貝格曼考察，博·索瑪斯特勒姆整理《内蒙古額濟納河流域考古報告》，1956、1958 年初版，此據張德芳等中譯本，北京：學苑出版社，2014 年。
③ 詳情可見中國社會科學院考古研究所編《居延漢簡甲乙編》下册附録一《額濟納河流域障隧述要》及表二《居延漢簡標號表》，北京：中華書局，1980 年，第 323—327 頁。兩表存在部分誤差，如前表著録 A42 遺址出土簡牘包裹號僅有 86 而無 354，後表兩者皆有。

若干類,簡牘重新編製 1、2、3、4 的流水號,括注原包裹編號。① 1957 年居延舊簡公布圖版,也未按照包裹順序。② 1960 年勞榦再次刊布釋文時,即配合圖版逐頁公布釋文,自然也未按照包裹順序。③ 這樣的處理方式,不僅没有體現簡牘的出土地信息,而且造成資料利用上的極大不便。

二　1949 年以後的簡牘編號

1949 年之前,東西方探險家在我國西北地區大肆盗掘偷運,文物流散世界各地,包括簡帛、紙文書在内的各種文物資料,先後由衆多學術背景迥異的漢學家獨立進行整理研究。這可能也是導致簡牘編號體例花樣倍出的重要原因。1949 年後,各地考古和文保事業進入具有統一章程和指導政策的新局面,西北文書簡的編號也走上大致有規則可循的道路。

1973—1974 年,甘肅考古工作者重新勘察今額濟納河流域——也就是居延舊簡出土的漢代烽燧遺址群所在地區,又陸續發掘了肩水金關漢簡和居延新簡兩大宗漢簡。這兩批簡牘的整理,始於 1975 年初,大約費時兩年,全部簡牘都做了相應檔案,其中就包括“按方位、層次、單元、次第等進行編號”。④ 編號的標注方式,與居延舊簡相同,都是在簡牘側面或背面用毛筆直接寫上,⑤而非現在通行的在固定附着物上記錄編號。⑥

居延新簡發掘在後,但出版在前,其編號具體如 EPT1：1、EPW：1、EPC：1、82EPC：1、EPS4T1：1、EPS4C：1、ESC：1 等。其中,EP 代表額濟納破城子,EPW 代表破城子塢壁内,EPC 代表破城子塢外灰堆,82EPC 代

---

① 勞榦所作的居延舊簡釋文,早期有兩個版本,一是 1944 年中央研究院歷史語言研究所石印本(此據《漢簡研究文獻四種》影印,上册第 1—644 頁),一是 1949 年上海商務印書館印製的,兩者都是分類公布釋文。
② 勞榦《居延漢簡 圖版之部》,臺北:“中央研究院”歷史語言研究所,1957 年。
③ 勞榦《居延漢簡　考釋之部》,臺北:“中央研究院”歷史語言研究所,1960 年。
④ 初世賓《居延考古之回顧與展望》,載甘肅省文物局、絲綢之路雜志社編《甘肅文物工作五十年》,蘭州:甘肅文化出版社,1999 年,第 142—143 頁。初世賓《居延考古之回顧》記述,與此基本相同(載《甘肅文史資料選輯》第 51 輯,2000 年,第 14—15 頁)。
⑤ 如 73EJD：317 簡的 C 面,尚可看到“73 金東一隧：317”字樣,應是當年編號原貌。
⑥ 居延新簡、金關簡也存在細小的殘片,未必能直接在上面書寫簡號,目前還不清楚這類簡是如何標注簡號的。

表 1982 年破城子采集簡，EPS4 代表甲渠塞第四隧遺址，EPS4C 代表第四隧采集簡，ESC 代表卅井塞次東隧遺址，T 代表探方，F 代表房屋，N 表示地點不明的簡牘。① 金關簡發掘尚在居延新簡之前，但遲至近年才出版，其編號原則與居延新簡相近。簡號有 73EJT1：1、73EJH1：1、73EJF1：1、73EJT4H：1、73EJD：1、72EJC：1、72EDAC：1、72ECC：1、72ECNC：1、72EDIC：1、72EBS7C：1、72EBS9C：1 等。其中，72、73 表示發掘年代，EJ 表示額濟納金關，EJD 表示金關東面的烽燧（即 T168 遺址），H 表示灰堆，EJC 表示金關采集簡，EDAC 表示大灣采集簡，ECC 表示查科爾帖（即 A27 遺址）采集簡，ECNC 表示查科爾帖南烽燧（即 T154 遺址）采集簡，EDIC 表示地灣采集簡，EBS7C 表示布肯托尼（即 A22 遺址）第七隧采集簡，72EBS9C：1 表示布肯托尼第九隧采集簡，T、F 用法與居延新簡相同。

居延新簡和金關簡的編號體系，較爲全面地反映了簡牘的出土信息，包括發掘時間、遺址、遺址内的地點（探方或房間）和簡牘流水號，系統合理，在西北漢簡整理的規範化與標準化方面堪稱重要節點。西北地區後來出土的多批簡牘，基本上都是仿照居延新簡和金關簡進行編號的。

比如，1979 年馬圈灣遺址發掘簡牘一千多枚，具體考古編號如 79DMT1：1，D、M 分别代表敦煌、馬圈灣，T 表示探方，T1 表示一號探方，後面的阿拉伯數字表示探方出土簡牘的流水號。可惜最終刊布時，没有采用這一套編號，而改爲了 1、2、3、4 的流水號，附錄兩套編號對照表。② 1986 年在地灣（A33 遺址）發掘的七百多枚地灣漢簡，“簡牘編號一律依發掘出土時的編號，不再另編新號。編號中包含四個要素，即發掘時間、出土地點、探方編號以及每簡在探方中的順序號”。③ 具體包括 86EDT1：1、86EDH：1、86EDHT：1、86EDT5H：1、86EJC：1 等。1998 年在敦煌玉門關遺址（小方盤城）發掘漢簡三百多枚，編號亦仿此，如 Ⅰ98DYT1：1、Ⅱ98DYT1：1、98DYC：1 等，Ⅰ、Ⅱ則表示發掘分區。④

值得特别稱道的，是 1990—1992 年間敦煌甜水井附近漢代懸泉置遺址

---

① 甘肅省文物考古研究所、甘肅省博物館等編《居延新簡——甲渠候官》，“凡例”。
② 甘肅省文物考古研究所編《敦煌漢簡》，北京：中華書局，1990 年。
③ 甘肅簡牘博物館、甘肅省文物考古研究所等編《地灣漢簡》，“凡例”。
④ 張德芳、石明秀主編，敦煌市博物館、甘肅簡牘博物館、陝西師範大學人文社會科學高等研究院編《玉門關漢簡》。

發掘出土的懸泉漢簡。這批簡牘三萬多枚,有字者兩萬多,也采取了多級編號。具體如Ⅰ90DXT0116②：3,Ⅰ表示懸泉置遺址的Ⅰ區,90表示1990年發掘,DX表示敦煌懸泉置,T0116則是探方編號,②表示第二層堆積,比號後面的數字則是簡牘揭取的流水號。[①] 這一編號後出轉精,不僅分區、分探方,還分了層位,爲未來開展簡牘的文書學研究奠定了基礎,是目前所見西北漢簡,甚至中國境内出土文書簡中編號最爲全面而合理的。當然,懸泉簡編號的合理完善與考古發掘工作的充分細緻是分不開的。[②] 期待以後的簡牘發掘與整理,都能像懸泉簡一樣充分而完備。

　　上面涉及的居延新簡、金關簡、馬圈灣簡、地灣簡、玉門關簡、懸泉簡等,都是在甘肅考古文保部門的主持下進行整理的,其編號原則較爲接近,也在情理之中。而内蒙古文保部門於2000年前後發掘的額濟納漢簡,也采用了類似的編號體系,具體有99ES16ST1：1、99ES16SD1：1、99ES16SF1：1、99ES17SH1：1、99ES18SH1：1、2000ES7SF1：1、2000ES7S：1、2000ES7SH1：1、2000ES9SF1：1、2000ES14SF1：1、2002ES12SH1：1、2002ES18SH1：1、2002ESCSF1：1等。其中,99、2000表示年份,E表示額濟納,S表示烽燧,7S表示第七隧、9S表示第九隧,CS表示額濟納旗查幹川吉烽燧,T表示烽燧内的臺階,D表示過道。[③] 稍後不久出版的釋文校正本,也沿用了這套編號。[④] 新疆考古部門1980年在樓蘭古城發掘了數百枚魏晉南北朝時期的簡牘,編號如80LBT：001,[⑤]體例與額濟納漢簡差相仿佛。三地文保部門使用同一套編號系統,很可能緣於國家文保部門的統一規定和考古學界的約定俗成,同時也凸顯出這套詳細著録考古信息的編號體系的合理性與科學性。

　　這一時期,西北地區還零星出土了不少簡牘,其編號則略顯隨意。其中又分三類,第一類存在考古編號,但最後公布時統一編製了1、2、3、4的流水號。如1977年在嘉峪關市玉門花海農場附近的漢代烽燧,采集漢簡91枚,編號如77JHS：1。1981年在敦煌酥油土漢代烽燧(D38)采集的七十多枚

① 甘肅簡牘博物館、甘肅省文物考古研究所、陝西師範大學人文社會科學高等研究院、清華大學出土文獻研究與保護中心編《懸泉漢簡(一)》,上海:中西書局,2019年;郝樹聲、張德芳《懸泉漢簡研究》,“凡例”,蘭州:甘肅文化出版社,2008年。
② 甘肅省文物考古研究所《甘肅敦煌漢代懸泉置遺址發掘簡報》,《文物》2000年第5期,第5—10頁。
③ 魏堅主編《額濟納漢簡》,“凡例”。
④ 孫家洲主編《額濟納漢簡釋文校本》。
⑤ 侯燦《樓蘭新發現木簡紙文書考釋》,《文物》1988年第8期,第40—55頁。

漢簡，編號如 81D38：1。[①] 敦煌市博物館在 1986 年至 1988 年間，分別於後坑墩（DHC：1—17）、馬圈灣（DMC：1—4）、小方盤城（DXFC：1—2）、臭墩子（DCC：1—2）、小方盤城南第一隧（DN1C：1—5）和第二隧（DN2C：1—12）、鹽池灣墩（DYC：1—11）、小月牙湖東墩（DXYC：1—19）、安敦公路沿綫的漢代懸泉遺址（DQC：1—64）、大坡墩（DDC：1）等地采集漢簡一百多枚。這些簡牘雖然初始均有詳備合理的考古編號，但後來與馬圈灣漢簡一同收錄於《敦煌漢簡》集中刊布時，統一改爲 1、2、3、4 的流水號，[②]丟失了考古信息，十分可惜。第二類則是敦煌博物館所藏敦煌市各地零星出土采集的簡牘，既沒有采用考古編號，也沒有使用 1、2、3 的流水號，而是采用了館藏編號。如 1988 年敦煌條湖坡出土漢簡四枚，編號爲 DB：139—142，表示敦煌博物館藏品的第 139—142 號。又如 1988 年人頭疙瘩出土十枚（DB：145—154）、1990 年小方盤城遺址采集一枚（DB：157）、1987 年和 2000 年在東鹼墩采集兩枚（DB：165、DB：294）、1991 年高望隧采集一枚（DB：237）、1992 年酥油土采集封檢一枚（DB：244）、2000 年鹽池墩采集一枚（DB：296）、2009 年賊莊子采集六枚（DB：676—681）等。[③] 第三類則因沒有館藏號或其他原因而不得不采用考古編號。如 2008 年敦煌一棵樹烽燧出土的十六枚漢晉簡牘，因只有兩枚有館藏號，故統一編號 DYK：1—16，DYK 表示敦煌一棵樹烽燧；灣窯南墩（斯坦因標 T6d，即廣昌隧）出土兩枚，無館藏號，編爲 DG：1—2，DG 表示敦煌廣昌隧。又如，1990 年清水溝遺址出土一份曆譜册書和十四枚簡牘，但只有曆譜册書有館藏號，故采用館藏號（DB：238），而另外十四枚簡牘，先後有流水號和考古編號，因清水溝遺址的考古編號不統一，[④]故刊布時重新編爲 DQ：1—14，DQ 表示敦煌清水溝。

---

① 嘉峪關市文物保管所《玉門花海漢代烽燧遺址出土的簡牘》，載甘肅省文物工作隊、甘肅省博物館編《漢簡研究文集》，蘭州：甘肅人民出版社，1984 年，第 9—14、28—33 頁。

② 甘肅省文物考古研究所編《敦煌漢簡》，北京：中華書局，1991 年。

③ 張德芳、石明秀主編，敦煌市博物館、甘肅簡牘博物館、陝西師範大學人文社會科學高等研究院編《玉門關漢簡》，“前言”。

④ 最初公布時，編爲 1、2、3、4 的流水號（敦煌市博物館《敦煌清水溝漢代烽燧遺址出土文物調查及漢簡考釋》，載《簡帛研究》第二輯，1996 年，第 368—370 頁），說明出自 D9 遺址。後來收錄進《中國簡牘集成》，則編爲 90D8：1—14（中國簡牘集成編輯委員會編《中國簡牘集成》第三卷，蘭州：敦煌文藝出版社，2001 年，第 196—198 頁），D8 表示遺址編號。從中可見，清水溝遺址的考古編號有 D8、D9 的不同。實際上，兩者都是指清水溝遺址，只是兩套編號有差別而已（張德芳、石明秀主編，敦煌市博物館、甘肅簡牘博物館、陝西師範大學人文社會科學高等研究院編《玉門關漢簡》“前言”，第 3 頁）。

而 1990 年在懸泉置遺址采集的五十枚散簡,則爲了與後來正式發掘刊布的大宗懸泉簡編號相一致,也采取了考古編號原則(90DXC:90—139)。

　　總括 1949 年之後,西北地區新發現的文書簡的編號,在合理化與標準化方面取得顯著進步,但同時也存在有待改進之處。大致存在四點:(1)出土地點標以漢代烽燧名稱而非遺址考古編號,(2)未注明簡牘出土地點,(3)編號的出土地點指向不明,(4)同一地點出土簡牘編號原則不一致。

　　第一點,就是編號中的簡牘出土地點,有時直接采用依據簡文推定的漢代烽燧名稱,而非慣常所用的遺址編號。比如,居延新簡中的 EPS4C:1、ESC:1 分別代表甲渠塞第四隧和卅井塞次東隧。額濟納漢簡更是幾乎全部采用此方式,如 99ES16ST1:1、99ES17SH1:1、99ES18SH1:1、2000ES7SF1:1、2000ES9SF1:1、2000ES14SF1:1、2002ES12SH1:1 編號中的 16S、17S、18S、7S、9S、14S、12S,分別代表漢代的第十六、第十七、第十八、第七、第九、第十四、第十二隧。不過,漢代烽燧名稱的推定往往衆説紛紜,難有定論,如考古編號爲 T9 遺址出土的漢簡,整理者以第十六隧進行編號(99ES16S),但該地很可能是第十七隧,而第十六隧還有位於 A5、A6 遺址的觀點。[①] 而且,即使學者意見一致,推定出來的也只是某個時間段內的烽燧名稱,隧名在此前此後可能發生改變。另外,部分亭隧往往是多個機構合駐,如 P1 遺址不僅駐有甲渠塞第四隧,第四部也駐在該地,T130 遺址也不可能僅僅駐扎次東隧,[②]居延新簡僅采用隧名進行編號(EPS4C、ESC)似有顧此失彼之嫌。因此,使用遺址的考古編號而非推定的古代官署機構名稱進行編號,應是較爲科學合理的。當然,有些出土地點在當地民衆的生活中有其約定俗成的名稱,如 A8 遺址爲破城子,A33 遺址爲地灣,A35 遺址爲大灣,D21 位於馬圈灣湖灘東側的戈壁走廊上,因此使用今名俗稱進行編號

① 邢義田《全球定位系統(GPS)、3D 衛星影像導覽系統(Google Earth)與古代邊塞遺址研究》附錄《漢代居延甲渠河北塞烽燧配置的再考察》,此據作者《地不愛寶:漢代的簡牘》,第 248—257 頁。

② T130 遺址出土簡牘,不僅有次東隧的封檢和楬(ESC:26、ESC:29),還有次東部的册書標題簡(ESC:10),以及供給伏胡隧(ESC:32)、常勝隧(ESC:34)、閒居隧(ESC:35)、累胡隧(ESC:36)、候之隧(ESC:37)、孤山隧(ESC:40)、乘胡隧(ESC:41)、珍胡隧(ESC:42)、第十五隧(ESC:43)、南界候長(ESC:45)、孤山候長(ESC:47)、累虜候長(ESC:38)、次東候長(ESC:68)、郵卒(ESC:55、ESC:66)等吏卒某月廩食的粟米記録簡。由此可見,該地絕不可能僅僅駐扎次東隧,或許還駐有次東部候長及某個倉儲機構。

倒也無可厚非。

關於第二點未注明簡牘出土地，這方面以額濟納漢簡最爲突出。該批簡牘編號中的出土遺址幾乎全部標以擬定的漢代烽燧名稱，共涉及第七、第九、第十二、第十四、第十六、第十七、第十八等七處遺址，但整理者僅交待第十六燧指 T9 遺址，[①]其他六處遺址的考古編號或具體位置均未提及。這麼做的結果，就是學界根本不知道這些簡到底出土在哪裏。[②] 另外，敦煌地區約 1990 年之後出土的零星簡牘，刊布時采用館藏號而非考古號，做法頗爲可議。館藏號在簡牘研究方面幾乎提供不了什麼有價值的信息，而且若干批簡牘的館藏號並不連續，使用起來反而不如流水號。實際上，館藏號常常用於博物館藏品圖錄之類的書籍上，而用在供學界深入研究的簡牘整理報告上則未見其宜。

關於第三點，簡牘編號中的出土地點指向不明，體現在金關簡中的72EBS7C、72EBS9C 系列簡牘。兩個編號分別表示布肯托尼第七隧、第九隧的采集簡，但布肯托尼就是 A22 遺址，並非一個較大的地區單元，[③]其下編制的第七、第九隧不知何在。另外，前引額濟納河流域 T154、T168 遺址采掘的簡牘，編號爲 ECNC、73EJD，CN、JD 分別表示查科爾帖南面的烽燧和金關東面的烽燧，遠不如直接采用 T154、T168 進行編號更爲明確。敦煌漢簡中的小方盤城南第一隧（DN1C：1—5）和第二隧（DN2C：1—12）采集簡，也存在類似問題。當然，如前所述，遺址本身也因考古工作主持者或機構的不同，而存在多套不同的考古編號，但總體趨勢是逐漸形成了一套學界約定俗成的遺址考古編號。因此，簡牘編號的出土地，還是應該盡力采用約定俗成的考古編號。

關於第四點，同一地點出土簡牘編號原則不一致，突出體現在 1990 年敦煌清水溝遺址出土的簡牘，其中的曆譜册書采用館藏號，而其他十四枚簡牘則按照遺址進行編號。又如 1987—1989 年在懸泉置采集散簡 71 枚，其

① 魏堅《額濟納旗漢代居延遺址調查與發掘述要》，載《額濟納漢簡》，第 7 頁。

② 當然，整理者提供了一幅"居延遺址漢代亭障分布地圖"（《額濟納漢簡》，第 6 頁），根據第十六隧位於 T9 遺址這一定點，上下數數，所謂的第七、第九、第十二、第十四、第十七、第十八等亭隧，可能是指 T15、A7、A6、T10、T8、T7 等遺址。但是這麼做，總歸是存在很大風險的，遠不如整理者明確指出具體地點。

③ 吳礽驤《河西漢塞調查與研究》，第 146 頁。

中 64 枚收録在《敦煌漢簡》中編爲 1290—1353（原始考古號爲 DQC：1—64），其他 7 枚收録在《玉門關漢簡》中編爲 89DXC：63—69。① 1990 年懸泉置采集的散簡，編號爲 90DXC：90—139。另外，1990 年小方盤城遺址采集簡牘三枚，兩枚采用流水號刊布於《敦煌漢簡》，遺漏的一枚則采用館藏號（DB：157）刊布在《玉門關漢簡》。

如果多説一句的話，"居延新簡"的命名也受到學者的質疑。如大庭脩就主張不稱新舊而以發掘年代命名，居延舊簡、新簡分别稱爲 1930—1931 年居延漢簡、1973—1974 年居延漢簡，將來再出土居延漢簡亦可比照命名。② 嚴格地説，這倒也不失爲一個值得重視與考慮的建議。

三　簡牘的再整理

1949 年以前的簡牘整理刊布，受到時代和環境的制約，往往將陋就簡，不很理想。不僅文字釋讀方面存在各種問題，在出版印製上也有很多不足，如簡牘圖版模糊不清，資料没有完全刊布，或者分散刊布於多種圖書，讀者不易尋獲等。因此，西北各批次文書簡都啓動過多次再整理。分析其編號體例的變遷，也饒有意義。

首先是敦煌漢簡。如前所述，斯坦因第二次中亞考察所獲的簡牘出版較早，在羅振玉、王國維的再整理之外，勞榦曾匯集沙畹、王國維、賀昌群諸家的釋文，於 1949 年刊布居延漢簡釋文時，作爲附録予以公布。簡牘依照沙畹的次序，重新編製 1、2、3、4 的流水號，部分流水號括注斯坦因原編號。③ 另外，勞榦還曾對張鳳《漢晋西陲木簡·二編》收録的斯坦因第三次考察所獲簡牘，做過釋文校訂和相關考證，簡牘編號自然一仍張氏之舊。④

斯坦因第三次中亞考察所獲簡牘出版較遲，而沙畹、張鳳關於斯坦因第

① 何雙全《敦煌新出簡牘輯録》，載《簡帛研究》第一輯，1993 年，第 228—232 頁；張德芳、石明秀主編《玉門關漢簡》，第 78 頁。這 70 多枚漢簡，前者即采用考古號，部分括注《敦煌漢簡》的流水號，而後者爲了與《敦煌漢簡》相對應，又將 64 枚漢簡改回了流水號。
② 大庭脩《漢簡研究》，第 4 頁。
③ 勞榦《居延漢簡考釋 釋文之部》附録《敦煌漢簡校文》，上海：商務印書館，1949 年。
④ 勞榦《漢晋西陲木簡新考》，臺北："中央研究院"歷史語言研究所，1985 年。

二次考察所獲簡牘出土地的説明又頗多錯誤,有鑒於此,林梅村、李均明編集《疏勒河流域出土漢簡》予以補充糾正。該書搜羅斯坦因兩次考察漢簡,按照遺址位置,自西向東,每一遺址依出土號從小到大,重新給簡牘編製 1、2、3、4 的流水號,書後附録流水號與斯坦因、沙畹、馬伯樂、王國維、張鳳等編號的詳細對照表。① 不過,該書僅有釋文,没有簡牘圖版。沙畹、馬伯樂兩書也没有全部公布簡牘照片。1990 年大庭脩將此前已經刊布的斯坦因兩次考察簡牘,全部重新拍照出版,這才了却學界一椿夙願。不過,該書也是重新編製 1、2、3、4 的流水號,書後附録了玉門花海、馬圈灣、酥油土、羅布淖爾等地零星出土的漢簡,每批也都單獨編製流水號。②

斯坦因第三次中亞考察所獲簡牘和紙文書,馬伯樂僅公布六百多枚。後來中國學者郭鋒前往大英圖書館工作,發現還有近千枚尚未公布的碎簡,其中就包括六十多枚已經編號的敦煌烽燧簡牘,於是擇取了其中四枚文字尚可辨識的簡牘予以刊布。包括簡牘在内,郭鋒公布的文書都是依照大英圖書館館藏號,並附以原出土地編號。爲查閲方便,另編了 1、2、3、4 的流水號。③ 不僅如此,斯坦因第二次、第三次中亞之行,還獲得數千枚簡牘削衣殘片,但因爲没有編號,不清楚出土地和批次,一直没有公布,直到 2007 年才整理出版。簡牘自然只能依據意義不大的館藏號而重新編製流水號。④

如前所述,敦煌地區 1980 年代零星采獲多批次簡牘,有些刊布、有些未刊布,⑤甘肅省文物考古研究所 1991 年將這些新獲簡牘,與斯坦因兩次發掘及夏鼐所獲漢簡,彙爲《敦煌漢簡》編輯出版。其中,1970—1980 年代發掘采集的簡牘,雖然都有詳備合理的考古編號,但爲統一體例,整理者將所有簡牘放在一起新編了 1、2、3、4 的流水號,書後附録對照表。⑥ 新舊世紀之交甘肅方面組織出版了只收録釋文的《中國簡牘集成》,敦煌地區簡牘沿用了

① 林梅村、李均明編《疏勒河流域出土漢簡》,北京:文物出版社,1984 年,第 2 頁。
② 大庭脩《大英圖書館藏敦煌漢簡》,京都:同朋舍,1990 年。
③ 郭鋒《斯坦因第三次中亞探險所獲甘肅新疆出土漢文文書》,蘭州:甘肅人民出版社,1993 年,第 113 頁。
④ 汪濤、胡平生、吴芳思編著《英國國家圖書館藏斯坦因所獲未刊漢文簡牘》,上海:上海辭書出版社,2007 年。
⑤ 僅酥油土、玉門花海兩地出土簡牘,刊布於甘肅省文物工作隊、甘肅省博物館編《漢簡研究文集》,第 1—33 頁。
⑥ 這個匯集本,出版了兩套書,一是前引甘肅省文物考古研究所《敦煌漢簡》,圖版和釋文均有,另一個是吴礽驤、李永良、馬建華等編校的《敦煌漢簡釋文》,僅有簡體釋文。

流水號。① 而新近出版的《玉門關漢簡》,不僅收録了 1990—2010 年間敦煌地區新發現的零星簡牘,還收録了前述 1970—1980 年代的散簡,拍製了高清的紅外和彩色照片,是目前所見使用最爲便利的整理本。這本來是糾正 1970 年代以來敦煌地區散簡編號凌亂的一次重要契機,可惜不僅沿用了流水號,且啓用了館藏號。而 1979 年發掘的馬圈灣漢簡,因爲數量較多,近年又利用紅外攝像技術單獨出版了集釋本。該書簡牘圖版分彩色和紅外兩種,每枚簡牘照片之後均録有釋文,使用起來十分便利。殊爲可惜的是,該書没有使用 79DMT1：1 這種原有考古編號,而依然照録了 1、2、3、4 的流水號,書後附對照表。②

由上可見,敦煌漢簡經過多次的再整理,且中間屢屢加入各地新發現的零星簡牘,但最終公布採用的簡號較爲複雜,以致於學者引用時不知所從,翻檢核對又極費工夫。這一情況,頗受非議。③ 實際上,敦煌漢簡的出土和編號情況,與樓蘭簡十分相似。樓蘭簡紙文書,先後出土五批,且中間又有兩次匯總整理,幾套編號十分複雜,侯燦經過比對分析,最終選用斯坦因的分級編號法,根據出土地點,將五批文獻按組點和文書出土時間先後進行統一編號。④ 這樣做,五批樓蘭文獻都有了一個固定的較爲合理詳備的編號。以後樓蘭再出土簡紙文獻,亦可納入此編號系統,而不必更改前五批文獻的編號。筆者以爲,敦煌簡牘也不妨採用這一方式,統一納入 1949 年後形成的編號系統,遵循考古原則編製一套固定的簡號。這將一勞永逸地解決編號複雜不便利用的難題。

再來看居延舊簡。居延舊簡原本存放在北京,因局勢動蕩,先後輾轉至香港、美國,最後落户臺灣,⑤但早期整理拍攝的照片留在了大陸,1959 年中

① 中國簡牘集成編輯委員會編《中國簡牘集成》第三、四卷。
② 張德芳《馬圈灣漢簡集釋》。
③ 蘇衛國、王文濤《簡牘整理研究的現實困境與簡牘數字化的發展方向》,《魯東大學學報(哲學社會科學版)》2011 年第 6 期,第 22 頁;張德芳《西北漢簡整理的歷史回顧及啓示》,《鄭州大學學報(哲學社會科學版)》2017 年第 5 期,第 96、98 頁。
④ 關於樓蘭簡紙文獻的出土及編號情況,參侯燦《樓蘭漢文簡紙文書集成》"前言""樓蘭發現遺存漢文簡紙文書研究綜述"及"凡例",成都:天地出版社,1999 年。
⑤ 關於居延舊簡播遷各地的歷史,參沈仲章口述、霍偉記録、胡綉楓整理:《搶救"居延漢簡"歷險記》,《文物天地》1986 年第 4 期,第 33—37 頁;邢義田《傅斯年、胡適與居延漢簡的運美及返臺》,原載《"中央研究院"歷史語言研究所集刊》第 66 本第 3 分,此據作者《地不愛寶:漢代的簡牘》,第 389—424 頁。

國科學院考古所根據搜集到的照片重新整理出版了《居延漢簡甲編》。不過,《甲編》未沿用原有簡號,而是重新編製 1、2、3、4 的流水號,書末附錄兩套編號對照表。① 當然,重新編製流水號而不使用原編號的做法,可能與當時尚不清楚全部居延舊簡的出土地有關。1962 年 3 月考古所清理西北科學考察團的檔案時,發現了居延舊簡早期的登記册——"采集品已/未釋文及已/未照相標記",記載了全部簡牘的出土地。② 於是,1980 年出版《居延漢簡甲乙編》時,《甲編》簡號因改版不易,繼續使用順序號,而《乙編》則采用了原有簡號。③ 在此稍後,臺灣簡牘學會出版了《居延漢簡新編》,雖然未及利用《甲乙編》,但也是按照簡牘原有編號,從小到大依次刊布的。④ 這一原則,在後來的幾次整理中都得到應用。如謝桂華、李均明等重新校釋簡文,即沿用簡牘原有編號,並製作前幾次整理本的相關索引表。⑤ 前述《中國簡牘集成》亦沿用原編號。⑥ 入藏臺灣的居延舊簡,後來又經過兩次整理,也是沿用原有編號,書後附錄簡牘出土地。⑦

　　因爲種種原因,居延舊簡有少量簡牘流散出來,分別收藏在中國國家博物館、國家圖書館、上海博物館、南京博物院及臺灣、華盛頓等地。這些簡牘並没有跟居延舊簡一起統一編號,因此《甲編》《乙編》整理部分藏品時,采取附錄的方式,以"附+流水號"進行編號。⑧《居延漢簡釋文合校》予以沿用。⑨ 史語所重新整理時,則根據收藏單位編製簡號,如中國國家博物館藏簡新編號爲 NMC1—5,中國國家圖書館藏簡新編號爲 NLC1—4。⑩ 這套編號標注了簡牘的收藏單位,相對來説更爲明確合理。⑪

　　今天看來,居延舊簡經過幾十年的刊布與研究,其編號是不太可能重新

① 中國科學院考古研究所《居延漢簡甲編》,北京:科學出版社,1959 年。
② 中國社會科學院考古研究所《居延漢簡甲編》下册,附錄一《居延漢簡的出土地點與編號》,第 291 頁。
③ 中國社會科學院考古研究所編《居延漢簡甲乙編》"編輯説明"及"凡例"。
④ 馬先醒等編《居延漢簡新編》,臺北:簡牘學會,1981 年。
⑤ 謝桂華、李均明、朱國炤《居延漢簡釋文合校》。
⑥ 中國簡牘集成編輯委員會編《中國簡牘集成》第五、六、七、八卷。
⑦ 簡牘整理小組《居延漢簡補編》;簡牘整理小組《居延漢簡(壹、貳、叁、肆)》。
⑧ 中國科學院考古研究所《居延漢簡甲編》,"附錄";中國社會科學院考古研究所編《居延漢簡甲乙編》,"附編"。
⑨ 謝桂華、李均明、朱國炤《居延漢簡釋文合校》,第 669—677 頁。
⑩ 簡牘整理小組《居延漢簡(肆)》,"前言"及"附錄"。
⑪ 史語所新編的簡號與《合校》的對照表,可參鷹取祐司〈《居延漢簡釋文合校》與〈居延漢簡〉簡號對照表〉,2018 年 10 月 19 日刊於簡帛網,http://www.bsm.org.cn/show_article.php?id=3236。

按照出土地進行編製了。不過,若能將簡牘出土地較爲方便地呈現在讀者面前,比如在每頁天頭或地腳注明該頁收錄簡牘的出土地信息,讀者閱讀時就不必頻繁翻檢書後附錄了,可省去不少麻煩。

捎帶提及,居延新簡的再整理沿用了原編號。① 這是理所當然的,這批簡牘的絕大部分,編號都比較合理。

四　餘　　論

筆者之所以不厭其煩梳理文書簡的編號情況,有一個背景考慮就是敦煌文獻編號的前車之鑒。斯坦因收集的敦煌寫本與其他文物,收藏在英國多家博物館,由多位學者參與整理,此後又啓動多次再整理,以致於同樣存在多套編號,造成使用上的不便。② 另外,中國國家圖書館所藏敦煌文獻,前後存在十套編號,複雜性可想而知,最後費力編製統一的新號。③ 敦煌文獻編號的錯綜複雜千頭萬緒,給文書簡的編號敲響警鐘,應汲取教訓,避免重蹈覆轍。

可以説,編號是反映簡牘之間彼此位置關係的最直觀信息,因此,最能反映考古現場簡牘出土位置信息的編號,就是最科學的編號方式。此前有學者提出編號就是簡牘的身份證,只能是唯一的,不能有多個,呼籲簡牘編號應涵蓋出土時間、發掘地點、探方、層位及層位序號等要素。④ 筆者高度認可這一主張,這種基於考古學的編號,最能體現簡與簡、簡與其他遺物之間的關係。不過,需要稍作補充,一是如前所述,遺址應標注考古編號而非推定的古代官署機構名稱,二是如果發掘涉及遺址分區——如懸泉簡,或者簡牘出現成坨存在的現象——如五一廣場東漢簡,又或者大坨簡牘提取後分裝在不同盆裏——如走馬樓吳簡,那麼在編號時就應該加入相應的分區、坨

---

① 中國簡牘集成編輯委員會編《中國簡牘集成》第九、十、十一、十二卷;馬怡、張榮强主編《居延新簡釋校》,天津:天津古籍出版社,2013年;張德芳主編《居延新簡集釋》。
② 具體情況可參榮新江《敦煌學十八講》,北京:北京大學出版社,2001年,第87—96頁。
③ 國圖所藏敦煌文獻及其編號情況,參方廣錩主編《中國國家圖書館藏敦煌遺書總目錄·新舊編號對照卷》,"序言",北京:中國人民大學出版社,2013年。
④ 張德芳《西北漢簡整理的歷史回顧及啓示》,第96頁。

號和盆號等信息。

這裏再次補充説明，筆者之所以一再强調按照考古學原則進行簡牘編號，是因爲這一編號能"比較系統、清楚、全面地反映各個遺址組點的情況，爲學界研究各遺址組點出土的簡紙文書的内涵與其外延關係，提供了最基本的信息"。① 這一原則，不僅理論上可行，具體實踐中亦産生了許多成功的例證，值得在簡牘整理方面大力推廣和普及。

如果多説一點的話，不僅僅是編號，在簡牘發掘、保存、整理過程中也存在不少問題。（1）簡牘發掘或采集之後，其原始考古狀態轉瞬即逝，因此考古現場的科學而詳盡的記録極爲重要，是未來開展簡牘整理與相關研究的基礎。如金關發掘期間，工作人員前往地灣、大灣采獲漢簡 96 枚，②這批簡尚未見公布，似已難覓蹤影，可能就是早期記録不及時所致。（2）簡牘存放、整理時，難免會有簡牘調取而發生的位置變動，進而産生混淆的風險，如嶽麓簡近 20 組簡原始編號重複，③因此每次操作一定要有詳細的記録。（3）簡牘的保護工作，如化學藥品的填充及隨之帶來的膨脹、收縮等情況，應該也有詳細的記録和文字説明。這些記録，對於相關研究非常重要，往往起到意料之外而點石成金的作用，應該在適當的時機，以合適的方式——包括發掘報告、整理報告或影印原件等，予以公布。這方面，走馬樓吳簡做得比較好。④

簡牘到今天，可算是井噴式發現期。不研究簡牘，幾有"不預流"之虞。對於簡帛學的建立，學界也呼籲倡導再三。⑤ 儘管建立簡帛學這一學科的必要性與合理性尚值得進一步考慮，但簡帛文獻對先秦秦漢史的巨大推動作

---

① 侯燦《樓蘭漢文簡紙文書集成》"凡例"，第 27 頁。
② 初世賓《居延考古的回顧》，第 6 頁。
③ 李洪財《嶽麓秦簡的簡號問題》，2017 年 2 月 11 日刊於簡帛網，http://www.bsm.org.cn/show_article.php?id=2726。
④ 荆州文物保護中心、長沙簡牘博物館著《走馬樓三國吳簡保護修復報告》，北京：文物出版社，2017 年。
⑤ 比如，首都師範大學召開多届"簡帛學的理論與實踐"學術研討會，《中國史研究動態》《河南師範大學學報（哲學社會科學版）》《鄭州大學學報（哲學社會科學版）》等刊物也組織了多場相關問題的筆談，胡平生、劉國忠、蔡萬進、楊振紅等紛紛對簡帛的整理與簡帛學的學科屬性發表意見。參胡平生《中國簡帛學理論的構建》，第 33—37 頁；劉國忠《對於簡帛學建設的幾點思考》，第 37—40 頁；蔡萬進《簡帛學的學科分支新論》，《中國史研究動態》2016 年第 2 期，第 41—44 頁；蔡萬進《中國簡帛學體系構建新論》，《河南師範大學學報（哲學社會科學版）》2016 年第 5 期，第 105—109 頁；楊振紅《簡帛學的知識系統與交叉學科屬性》，《河南師範大學學報（哲學社會科學版）》2016 年第 5 期，第 98—102 頁。

用,是有目共睹的。筆者期待業界對簡牘發掘、存放、保護、整理、刊布等形成基本共識,制定合理科學的作業流程。具體而言,如何發掘、發掘中需要注意什麼,如何保護存放、使用何種器皿、存放記録如何做,拍照、釋讀等整理的基本步驟有哪些,刊布時采取什麼形式比較合適,以及亭塞簡、古井簡、墓葬簡,甚至購藏簡等在發掘、存放、保護、整理、刊布時各有何特點,需要分別注意什麼等等,急需形成科學可行的基本操作規範。當然,這些實踐性較强的問題,需要在具體的作業流程中慢慢摸索,才能形成大致可循的規則,但同時也需要主事者有意識地加以推動。1931 年西方學術界針對寫本、紙草、碑銘等古典文獻整理的體例與規範,達成共識,形成了著名的萊頓公約(Leiden Conventions)。[1] 這不失爲對中國簡帛學界的一種啓示和催促。[2]

　　行文至此,需要説明的是,上述想法只是在日常閲讀及學習中産生的一點體會,純爲紙上談兵。愚者千慮,或有一得,刍荛之议,智者鑒焉。

　　附記:該文删節本以《西北文書簡的編號》爲題,發表在蔡萬進、鄔文玲主編的《簡帛學理論與實踐(第一輯)》(廣西師範大學出版社,2021 年)上,此録全文。

---

① David M. Schaps, *Handbook for Classical Research*, London and New York: Routledge, 2011, pp.221－222.
② 中國簡帛學界,張忠煒較早注意及此(作者《里耶秦簡博物館藏秦簡概説》,載里耶秦簡博物館、出土文獻與中國古代文明研究協同創新中心中國人民大學中心編著《里耶秦簡博物館藏秦簡》,上海:中西書局,2016 年,第5—6 頁)。

第六章
關於古井簡整理出版體例的若干問題

　　自 1996 年湖南長沙市走馬樓街古井出土大批吳簡以來，湖南地區的古井又出土了多批次簡牘，如長沙市五一廣場附近的少年宮秦簡、走馬樓西漢簡、五一廣場東漢簡、九如齋簡、東牌樓簡和尚德街簡，湘西龍山縣古井出土的里耶秦簡，益陽市兔子山遺址古井出土的秦漢簡和湘鄉市三眼井遺址出土的楚簡。古井簡牘集中出土自湖南，或許不是偶然，應與當地的氣候和地質條件有關。其中，走馬樓吳簡、里耶秦簡、五一廣場東漢簡等大宗正在陸續刊布，東牌樓簡和尚德街簡較少，已經全部刊布，走馬樓西漢簡、兔子山簡和湘鄉三眼井簡尚未出版。

　　這些古井簡牘儘管也屬於廣義上的文獻，但因爲性質和特點的迥異，在整理出版的體例方面，傳統古籍文獻並不能提供太多可資汲取的經驗，只有性質相近的西北烽燧簡差可借鑒。也許整理者有特殊考量或其他原因，這些已刊和在刊的古井簡，在整理出版的體例上，雖然也采擇了烽燧簡的優長，但亦頗多新創之舉。不得不說，在開創一些優良做法的同時，也留下一些遺憾。此前學者對簡帛文獻整理的符號使用和學科屬性做了分析討論，[1]且有出版界人士對簡牘的編輯作業做了考察，[2]本文則對古井簡在整理過程中產生的若干體例問題——簡牘排序、簡牘編號和簡牘命名等，加以辨析，以期對未來的古井簡整理與研究有所助益。

---

① 邢義田《對近代簡牘著錄方式的回顧與展望》，載作者《地不愛寶：漢代的簡牘》，第 579—600 頁；胡平生《論簡牘整理國家標準的制定》，載《胡平生簡牘文物論稿》，第 488—506 頁；蔡萬進《出土簡帛整理的若干理論問題》，第 83—88 頁。
② 蔡敏《出土文獻（以簡帛文書爲主）的編輯》，載全國古籍整理出版規劃領導小組辦公室編《古籍編輯工作漫談》，濟南：齊魯書社，2003 年，第 61—64 頁。

一　簡牘排序

　　簡牘整理和最後出版成書時，哪一枚簡在前、哪一枚簡在後，按照什麽順序排列簡牘，因爲關涉到後期的研究開展，頗值得慎重考量。西北烽燧簡經過幾十年的摸索，形成了較爲成熟和通行的方式，即一般依據簡牘的出土地和出土順序依次排列。這一非常自然、貌似毫無深意的方式，却爲後期開展研究提供了不小的便利。之所以如此説，是因爲文書簡的價值與其具體出土地點密切相關，出土次序在一定程度上反映了簡牘原本的相對位置關係，爲後期開展包括文書學在内的研究提供了基礎。然而，目前已刊和在刊的數種古井簡，並未嚴格依循烽燧簡的方式，按照出土號依次編排簡牘，而是按照形制或内容的異同分門别類放在一起。

　　按照形制特點進行分類排列的，首推長沙走馬樓吳簡。走馬樓吳簡棄置在井内，堆積共四層，絶大多數簡牘在第二層，且呈現較爲規整的狀態。不過，井内堆積受到施工機械的破壞，北半部堆放的簡牘被鏟絶殆盡，連同渣土運至五公里外的一處漁場，後來爲考古工作者采集回來。① 職此之故，走馬樓吳簡分爲采集簡和發掘簡進行整理刊布，這一做法是十分合理且必要的。不過，其中的大木簡則單獨匯集在一起出版，而且按照内容進行了編排。② 這一安排，無法區别出采集簡與發掘簡，導致簡牘的考古信息得不到有效利用。③ 另外，據悉其中的竹木牘亦將單獨匯集出版，④這明顯也是基於形制特點而做的安排。

　　實際上，按照形制分類整理和刊布，明顯是受到了考古類型學器物排隊的影響。考古學通常所處理的器物，一般都是獨自放置的，或者散亂殘碎無

---

① 長沙市文物工作隊、長沙市文物考古研究所《長沙走馬樓 J22 發掘簡報》，《文物》1999 年第 5 期，第 5 頁。
② 走馬樓簡牘整理組《長沙走馬樓三國吳簡·嘉禾吏民田家莂》"凡例"，北京：文物出版社，1999年，第 63 頁。
③ 凌文超《吳簡考古學與吳簡文書學》，原題《走馬樓吳簡簿書復原整理芻議》，刊於《歷史學評論》第一卷，2013 年，此據修訂本，收入長沙簡牘博物館編《走馬樓吳簡研究論文精選》，長沙：岳麓書社，2016 年，第 38 頁。
④ 據竹木牘的整理者介紹，走馬樓吳簡將把已刊和未刊竹木牘匯集起來，單獨出版一卷（徐暢《走馬樓吳簡竹木牘的刊布及相關研究述評》，《魏晋南北朝隋唐史資料》第三十一輯，2015 年，第26 頁）。

法恢復到原來成組成套的狀態,因此按照形制分類整理自屬理所當然。而簡牘作爲書寫載體,一般是成卷成編的,且不同形制混在一起配合使用,因此按照形制分門別類歸置,就會人爲打亂簡牘卷册的次序。這一點突出體現在走馬樓吳簡上。因爲這批簡牘總體上都是編聯成卷的册書,①是以成卷成册的狀態一次性集中棄置在井内的,②且完整簡册很可能存在竹簡與木牘等不同材質混編的現象,③因此,單獨將某一類形制的簡牘挑出來匯集出版,勢必打亂其原始簡册,不利於相關研究的開展。

除走馬樓吳簡外,里耶秦簡也有一部分是按照形制刊布的。里耶秦簡是秦代遷陵縣官署遺址古井所遺留的,井内堆積十八層,簡牘出自其中十二個層位。④ 這批簡牘的刊布,大原則是按照出土次序進行的,不過其中的封泥匣均集中在每册的最後。據編者介紹,這是因爲封泥匣的出土號自成序列,未與簡牘合在一起編號所致。⑤ 很顯然,里耶秦簡可能在進入正式整理出版的流程之前,也就是還處於考古作業階段,就已按照形制進行分類了。雖然里耶秦簡在井内遺存狀態極爲零散,不似走馬樓吳簡一樣成卷成册,⑥但不排除封泥匣恰與某些簡牘原本配合使用的可能性。而且,這批簡牘没有逐層刊布,第一册公布了第五、六、八層的簡牘,但第二册公布了第九層,反而擱置了第七層的資料。⑦ 如此處理,可能窒阻了對里耶秦簡相鄰層内簡牘之間的彼此聯繫所進行的探索。

按照簡牘内容進行歸類刊布的,則是東牌樓簡和尚德街簡。東牌樓簡牘數量不多,共 246 枚,整理者按照内容分爲公文、私信、雜文書和習字等四大類,各類下又細分若干小類。如公文又分爲封緘、封匣、封檢和文書等,雜文書分爲爲事目、户籍、名簿、名刺、券書、簽牌、雜帳和其他等。可以説,大類是按照内容進行區分,小類則結合了形制。尚德街簡出土自九口井,數量亦

---

① 宋少華《長沙三國吳簡的現場揭取與室内揭剥——兼談吳簡的盆號和揭剥圖》,《吳簡研究》第三輯,2011 年,第 7 頁。
② 參本書第七章。
③ 凌文超《吳簡考古學與吳簡文書學》,載長沙簡牘博物館編《走馬樓吳簡研究論文精選》,第 43 頁。
④ 湖南省文物考古研究所、湘西土家族苗族自治州文物處、龍山縣文物管理所《湖南龍山里耶戰國—秦代古城一號井發掘簡報》,《文物》2003 年第 1 期,第 5—6 頁。
⑤ 湖南省文物考古研究所《里耶秦簡(壹)》,"凡例",北京:文物出版社,2012 年,第 1 頁。
⑥ 見本書第七章。
⑦ 湖南省文物考古研究所《里耶秦簡(貳)》,北京:文物出版社,2017 年。

少，共 263 枚。整理大原則是逐井刊布，但 J482 簡牘較多（134 枚有字），按照内容分爲公文、雜文書、私信、習字和殘簡，每類下又進一步細分。如公文分爲詔書、函封、封檢和文書，雜文書分爲雜帳、名刺和藥方。不難看出，東牌樓簡和尚德街簡的體例是一致的，大體按照内容分類刊布。

　　兩批簡如此處理，想必與出版成書時加進了相關的注釋研究有關，故方便按照内容歸類。這樣處理，有其合理性。往前追溯，按照内容而非考古信息（出土地、層位和出土次序）整理刊布簡牘的方式，其實創自羅振玉和王國維。二人在整理刊布斯坦因第二次中亞考察所獲簡牘時，打亂沙畹原來按照出土地編排簡牘的方式，依據内容分爲小學術數方技、屯戍叢殘和簡牘遺文三大類，每類下又分若干小類，如屯戍叢殘分爲簿書、烽燧、戍役、稟給、器物和雜事等。① 整理居延舊簡的勞榦，亦踵武前賢，按照内容分類刊布。② 三位學者如此處理，當與不清楚簡牘的出土地有莫大干係。③

　　無論是按照形制還是按照内容分類整理刊布簡牘，如前所述，可能都會擾亂簡牘原有的位置關係。具體而言，如果某些文書簡在廢棄之前保持了編聯成册的狀態（如走馬樓吳簡），那麼按照出土順序依次刊布簡牘，成卷册的簡牘就可能保持完整性，不被人爲割裂開。即使某些文書簡屬於廢棄之前就已經喪失檔案地位的散簡（如里耶簡），其原始出土地點（探方或層位）與順序也有助於尋找殘存簡册及部分簡牘在文書學上的聯繫，甚至進而探尋其廢棄的方式與目的。

　　實際上，無論是簡牘整理還是研究，以出土地爲出發點幾已成爲學界共識。譬如早年的居延舊簡，勞榦按照内容分類刊布，森鹿三即認爲按照出土地重新整理居延舊簡乃當務之急。④ 言外之意，對勞榦的做法恐怕是不甚讚同的。此外，參與居延舊簡資料整理的陳公柔、徐蘋芳兩位考古學者也認爲：“在整理和分析這些簡的過程中，最重要的是簡的出土地點。必須對同一地點所出的簡做一全面的考察，然後再根據其形制、書寫的款式和内容來

---

① 王國維、羅振玉《流沙墜簡》。
② 勞榦《居延漢簡考釋 釋文之部》。
③ 羅王整理刊布簡牘時，並不清楚簡號之意義及出土地，參王國維、羅振玉《流沙墜簡》，第 170 頁。至於居延漢簡的出土地問題，直到 1959 年出版的《居延漢簡甲編》才公布部分簡牘的出土地點，而全部簡牘的出土地點，遲至 1980 年中華書局出版《居延漢簡甲乙編》，才算公諸於世。
④ 森鹿三《居延漢簡研究序説》，第 201 頁。

進行整理。"①可見,依據出土地(探方、層位、次序等)刊布簡牘,應成爲一條業界共同遵守的原則。

二 簡 牘 編 號

簡牘編號,是指簡牘最終成書公布時,呈現在讀者面前的編號。一般而言,簡牘從發掘、入藏到整理出版,可能有多套編號,如發掘號、館藏號和出版號等等。最能反映考古學信息的,無疑是簡牘出土時的流水編號,筆者以爲整理刊布時也應該直接使用這套編號。西北烽燧簡多數都是如此處理的。②

不過,走馬樓吳簡、里耶秦簡、東牌樓簡和尚德街簡,沒有直接采用發掘號,而是另行編製了出版號。其中,走馬樓吳簡、東牌樓簡和尚德街簡的出版號,只是單純的 1、2、3、4 流水號,沒有包含層位信息,僅於書後附錄了發掘號和出版號對照表。里耶秦簡的出版號是層位+流水號,但這套編號與發掘號並不相同,且書末未附錄兩套編號的對照表。新近整理出版的五一廣場東漢簡,則是每枚簡牘同時著錄新編流水號和發掘號。考慮到五一簡近七千枚之多,如此處理,確實給研究者帶來了不小便利。当然,這也对研究者提出了要求,即在引用簡牘時要標明兩套編號。若擇一使用,則往往因人而異,最後可能導致一枚簡牘流通兩個編號,産生不必要的混亂。

順帶提及,有些出版號還打破了出土號的順序。如里耶秦簡,整理者提到里耶秦簡 16-5、16-6、16-7 三枚木牘叠壓在一起,但其中的 16-7 日前已經刊布,出版號却爲 9-2283,③編在了第九層,編號上完全看不出與另兩枚簡牘的叠壓堆積關係。有鑒於此,出版成書時更不如直接使用原始的發掘出土號。發掘號的作用,雖然比不上走馬樓吳簡那樣記録簡牘彼此位置關係的揭剥圖,但至少在一定程度上反映了簡牘堆積時彼此之間的遠近關

---

① 陳公柔、徐蘋芳《大灣出土的西漢田卒簿籍》,此據徐蘋芳《中國歷史考古學論集》,第 346 頁。
② 參本書第五章。
③ 參馬增榮《秦代簡牘文書學的個案研究——里耶秦簡 9-2283、[16-5]和[16-6]三牘的物質形態、文書構成和傳遞方式》,《"中央研究院"歷史語言研究所集刊》,第九十一本第三分,2020 年,第 352 頁。

係,便於後續開展文書學研究。而從文書學的角度入手開展文書簡研究的合理性與重要性,已經日漸引起學界的注意與重視。① 作爲絕大多數均屬檔案文書的古井簡,自然也不能例外。

實際上,簡牘編號的複雜與隨意,已經引起了學者的注意和反思。如張德芳痛感西北簡編號的混亂和複雜,呼籲"一件出土文物或者一枚漢簡,編號就是一個身份證,只能是唯一的,不能有多個"。② 所言雖然不涉及古井簡,但道理是相通的。值得慶幸的是,古井簡的整理起步較晚,正好可以借鑒以往的經驗,揚長去短。

當然,也不宜過分苛求整理者。如何給某批簡牘進行最爲合理的編號,只有在深入研究之後才能弄清楚,而整理者在簡牘出土之後,最優先考慮的無疑是及時公布材料,並無太多機會和時間進行簡牘編號及其他體例方面的考量。再加上每宗古井簡均存在不小的差異,更增加了個性化編號的困難。

三　簡　牘　命　名

通常情況下,古井簡多是簿籍散亂後的孑遺,單枚簡牘記載的内容只是完整文書的一部分,往往是割裂的,並非首尾俱足,因此應是不適合命名的。不過東牌樓簡,則對每一枚簡牘都予以命名。向前追溯,張鳳刊布斯坦因第三次中亞考察所獲簡牘時也擬定了名稱,大概爲其源頭。③ 此後,再無簡牘命名的現象,僅有少數册書或重要簡牘,在研究中形成約定俗成的稱呼。

給簡牘命名的做法,與敦煌吐魯番文書十分相似。不過,敦煌吐魯番文

① 徐蘋芳《漢簡的發現與研究》,原載《傳統文化與現代化》1993 年第 6 期,此據作者《中國歷史考古學論集》,第 303—309 頁;謝桂華、汪桂海《秦漢簡帛與秦漢史研究》,原載《中國史學》第十卷,2000 年,此據謝桂華《漢晉簡牘論叢》,第 392—393、404 頁;謝桂華、沈頌金、鄔文玲《二十世紀簡帛的發現與研究》,載謝桂華《漢晉簡牘論叢》,第 460—461 頁;籾山明《日本居延漢簡研究的回顧與展望——以古文書學研究爲中心》,原刊籾山明、佐藤信編《文献と遺物の境界——中國出土簡牘史料の生態研究》,此據增補稿,刊《中國古代法律文獻研究》第九輯,2016 年,第 154—175 頁;凌文超《吳簡考古學與吳簡文書學》,見長沙簡牘博物館編《走馬樓吳簡研究論文精選》,第 39—49 頁;蘇俊林《走馬樓吳簡研究方法述評》,《簡帛研究》2017 年春夏卷,2017 年,第 318—321、324—325 頁。
② 張德芳《西北漢簡整理的歷史回顧及啓示》,第 96 頁。
③ 張鳳《漢晉西陲木簡彙編》,據《漢簡研究文獻四種》影印本,下册第 543—661 頁。

書通常書寫內容較多，擬定名稱也在情理之中，而文書簡（包括且不限於古井簡）除了"大男李建與精張諍田自相和從書""永元器物簿""隧長黨病書"等少數完整或明確可編聯者外，多數都呈現斷簡殘篇的狀態，單枚簡牘記載內容非常有限且無首尾。而且，文書簡在當時行用的時代未必都有專名，有時甚至直接以月日干支命名，往往與今人擬稱迥异。以西北漢簡爲例，大庭脩復原的"元康五年詔書册"，在當時就是一份附有各級政府下發之辭的詔書簡册，並無專名。至於那些包括各種明細的簿籍，雖然作爲整體的簿籍是有名稱的，但作爲明細的單枚簡毫無疑問在當時是没有專名的，因此更談不上命名的必要了。

　　實際上，簡牘文獻，與青銅器銘文、敦煌吐魯番文書、碑刻等其他材質作爲書寫載體的出土文獻不同，後幾種材質的文獻多數都是在一個載體上記録意義獨立的完整内容，因此即使殘碎也是可以命名的。簡牘文獻，受限於書寫載體的特殊性，首尾完整的内容往往需要多枚簡牘進行記録，因此給單枚簡牘命名的必要性是十分值得懷疑的。

　　需要説明的是，簡牘命名與簿籍定名兩者的性質不一樣，不可混淆。簿籍定名是給作爲完整意義上的簿籍判定名稱與性質，是開展相關研究的起點和基礎，是一件十分意義的工作，與簡牘命名是兩碼事。

四　結　語

　　文獻的整理出版，尤其是性質和特點不同的文獻，並無固定的標準與模式，一定要根據其特點做出必要調整，以適應各種不同性質的文獻，爲後續研究的開展提供便利。此前有學者注意到簡帛整理存在重考古、重文獻及兼而有之者三種思路，認爲這是對簡帛文獻整理屬於傳統文獻學的範疇及對文獻學的屬性認識不足所導致的混亂。[①]　筆者倒以爲，每一類或每一批簡帛文獻的性質和特點不同，其整理方法與體例理應有所調整，不宜强求整齊而削足適履。

---

① 蔡萬進《出土簡帛整理的若干理論問題》，第 85—86 頁。

　　未來古井簡的整理刊布,若能按照出土次序,將所有簡牘(包括空白簡),無論形制如何,均放在一起編號,並在最後出版刊布時也直接采用發掘出土號,不僅有利於從文書學的角度開展研究,且亦爲整理者和讀者省減了編製新號和翻檢對照之勞。當然,如此編號勢必給考古發掘和整理出版帶來新問題,但量長較短,這樣做雖然暫時辛苦些,對後續的研究來説,還是十分值得的。這一道理,同樣適用於西北漢簡。

　　從研究者的角度説,出土的空白簡也有其研究價值。尤其是走馬樓吳簡、里耶秦簡,空白簡占比三分之一還多,到底是什麼原因導致如此衆多的空白簡棄置井内,空白簡形態如何,與有字簡之間在編聯和文書制度上有無關係、有何關係等等問題,同樣值得關注。當然,要求全部空白簡都刊布出版,勢必加大整理和出版的難度,似乎也不現實。筆者期待,未來能以合適的方式,將空白簡的信息也提供給學界,而非像如今一樣"默默無聞"。

　　當然,對整理者面對的兩難局面,也應報以"理解之同情"。一批簡牘出土之後,當務之急自然是整理出版以供學界開展研究,而在深入研究之前是無法弄明白其性質與特徵的,因此整理者在出版體例方面自然也無法做出有針對性的安排。換言之,面對及時出版與體例完善之間的矛盾,整理者實際上也有其難言之隱。只是衷心希望,以後能及時總結借鑒此前簡牘整理和研究的經驗,預判當下簡牘的特性,盡可能量身定制整理體例,予以適當的調整和安排。

第七章
論古井簡的棄置與性質

　　自 1996 年走馬樓吳簡發現以來,得益於如火如荼的基礎建設,九如齋東漢簡、里耶秦簡、走馬樓西漢簡、郴州蘇仙橋簡、東牌樓東漢簡、五一廣場東漢簡、尚德街簡、益陽兔子山簡、湘鄉三眼井楚簡等古井簡又在近些年陸續出土。可以説,古井簡雖然出土較晚,但其絕對數量已然超過自 20 世紀前半葉就陸續出土的烽燧簡與墓葬簡之和了。① 而且,與烽燧簡多出自候官、部隧、傳置等邊塞或邊郡的官署機構不同,古井簡基本上都出自内地的縣級官署遺址,其重要性不言而喻,對相關研究的開展勢必起到巨大的推動作用。

　　古井簡與烽燧簡一樣,均是官方機構遺存的第一手檔案文書,在研究思路上不無相似之處,足資借鑒。因此,晚出的古井簡恰具有後發優勢,研究者不僅借鑒了烽燧簡較爲成熟的研究思路,且結合古井簡自身的特點,較快地摸索出一套行之有效的研究方法。這方面,以走馬樓吳簡爲代表,如侯旭東利用整理者繪製的揭剥圖,復原了古井簡研究史上第一份册書,② 隨後

---

① 居延舊簡、居延新簡、金關簡、地灣簡、敦煌漢簡、懸泉簡等可視爲烽燧簡,其中懸泉簡出自邊郡地區而非邊塞烽燧,爲表述方便,亦歸入烽燧簡;睡虎地秦簡、包山簡、郭店簡、張家山漢簡、海昏侯漢簡、睡虎地西漢簡、印臺簡等則出自墓葬。另外,上博簡、清華簡、嶽麓秦簡、北大秦簡等購藏簡,整理者認爲出自墓葬(馬承源《戰國楚竹書的發展整理與研究》,載《馬承源文博論集》,上海:上海古籍出版社,2007 年,第 322 頁;趙桂芳《戰國飽水竹簡的搶救性保護》,《出土文獻》第一輯,2010 年,第 237 頁;陳松長《嶽麓書院所藏秦簡綜述》,《文物》2009 年第 3 期,第 75 頁;朱鳳瀚《北京大學藏秦簡牘概述》,《文物》2012 年第 6 期,第 65 頁)。初步統計,古井簡數量最多,約十六萬枚,而烽燧簡大概五六萬枚,墓葬簡近之。

② 侯旭東《長沙走馬樓吳簡〈竹簡(貳)〉"吏民人名年紀口食簿"復原的初步研究》,原刊《中華文史論叢》2009 年第 1 期,此據作者《近觀中古史》,上海:中西書局,2015 年,第 81—107 頁;侯旭東《長沙走馬樓吳簡"嘉禾六年(廣成鄉)弦里吏民人名年紀口食簿"集成研究:三世紀初江南鄉里管理一瞥》,原刊邢義田、劉增貴主編《第四屆國際漢學會議論文集:古代庶民社會》,(轉下頁)

凌文超、鄧瑋光、陳榮杰等也做了相當多的復原工作。① 而且，凌文超在大量復原册書的基礎上，對利用揭剥圖推進走馬樓吳簡的文書學研究進行了深入思考和總結，②爲接下來的古井簡整理與文書學研究積累了寶貴經驗。

　　不過，整體而言，古井簡出自開口狹窄、層位相對分明的的古代水井，與烽燧簡出自開闊遺址的情況迥異，雖然同爲文書簡，但其涉及問題與處理方式肯定有所不同。比如古井簡是專門窖藏的檔案，還是檔案廢棄後作爲垃圾而棄置井中？ 棄置過程持續較長還是較短？ 又比如，走馬樓吳簡發掘者繪製的揭剥圖，是否有必要、是否有可能也推廣到其他古井簡上？

　　上述問題，屬於古井簡研究的基本問題，是開展相關研究的基礎，其妥善解決，有助於考古界和學術界開展下一步的工作。可惜受制於偏重簡文的研究傳統，關注者較少，問題至今没有解決。當然，僅僅依靠簡文，也無法合理解答這些問題，必須充分考慮古井簡的考古發掘情況，包括堆積層位、伴出物、簡牘狀態等。爲叙述方便，本文從考古發掘信息相對豐富且具有代表性的走馬樓吳簡和里耶秦簡入手，嘗試回答上述問題，並在此基礎上辨析揭剥圖的適用性。

一　走馬樓吳簡的棄置與性質

　　走馬樓吳簡自 1996 年出土以來，因其數量達到十餘萬枚之巨，持續受

（接上頁）臺北："中央研究院"，2013 年，此據作者《近觀中古史》，第 108—142 頁；侯旭東《湖南長沙走馬樓三國吳簡性質新探——從〈竹簡（肆）〉涉米簿書的復原説起》，長沙簡牘博物館編《長沙簡帛研究國際學術研討會論文集》，上海：中西書局，2017 年，第 59—97 頁等。

① 凌文超相關研究頗多，可參氏著《走馬樓吳簡采集簿書整理與研究》，桂林：廣西師範大學出版社，2015 年等。鄧瑋光《走馬樓吳簡"師佐籍"的復原嘗試——以劉陽縣師佐籍爲例》，《蘇州文博論叢》第 2 輯，2011 年，第 17—21 頁；鄧瑋光《走馬樓吳簡三州倉出米簡的復原與研究——兼論"横向比較復原法"的可行性》，《文史》2013 年第 1 輯，第 231—254 頁；鄧瑋光《對三州倉"月旦簿"的復原嘗試——兼論"縱向比較復原法"的可行性》，《文史》2014 年第 2 輯，第 5—35 頁；鄧瑋光《對中倉黄龍三年十一月旦簿的復原嘗試》，《簡帛研究》2015 年秋冬卷，2015 年，第 182—214 頁；鄧瑋光《對中倉十二月出米簡［肆］4012 組的復原嘗試》，《蘇州文博論叢》第 6 輯，2015 年，第 45—55 頁等。陳榮杰《走馬樓吳簡"朱表割米自首案"整理與研究》，《中華文史論叢》2017 年第 1 期，第 219—260 頁。

② 凌文超《吳簡考古學與吳簡文書學》，載長沙簡牘博物館編《走馬樓吳簡研究論文精選》，第 35—50 頁。

到學界的高度關注，但這批簡到底是窖藏的檔案，還是作爲垃圾棄置井内的，迄今未有定論。如整理者胡平生、宋少華認爲走馬樓吳簡放置井中，既屬到期失效，又有封存備查的用意。① 而發掘報告則同時列出兩種意見，一種認爲是窖藏檔案，以備日後之用，一種認爲是檔案廢棄後的處理。② 隨着整理工作的深入，王素正式反對窖藏備查的説法，認可檔案廢棄的觀點。③ 此後則未見專門論述。不過，近來有學者在描述走馬樓吳簡甚至長沙地區出土的古井簡牘時，仍然認爲屬於官方檔案過期後的有計劃封存，似傾向於支持窖藏的看法。④

　　上述研究和表述，多是從制度或政治層面進行考慮。如果嘗試考察一下走馬樓吳簡的考古發掘情況，就不難發現一些有趣的細節，足以澄清相關認識。據發掘報告，J22 的堆積共分四層，從上至下，第一層爲黄褐色覆土，第二層爲簡牘，第三層爲灰褐色土，第四層爲方形木壁豎井及四周的黄褐色填土。具體到每層的情況，發掘報告進一步描述爲：

　　　　第一層：殘存井口覆蓋一層 130—300 CM 厚的黄褐色泥土，叠壓在簡牘層之上。覆蓋的泥土質地純净無雜物，經仔細觀察推測恐係井壁年久自然塌垮覆蓋所致。此外，亦不排除人爲掩埋的因素。

　　　　第二層：簡牘層。呈坡狀堆積，厚薄不均，最薄處爲 10 CM，最厚處爲 56 CM。坡狀堆積頂端距現存井口 130 CM，坡脚最低處距現存井口 224 CM……

　　　　第三層：灰褐色填土，叠壓在簡牘之下，厚 205—350 CM，上部呈坡狀。夾雜竹木屑、草芥、樹葉等物，出土大量殘碎的建築磚瓦、麻石塊、陶瓷器及殘片、銅碗、鐵鈎、銅錢、網墜及零星簡牘等。

---

① 胡平生、宋少華《長沙走馬樓簡牘概述》，《傳統文化與現代化》1997 年第 3 期，第 85 頁。
② 長沙市文物工作隊、長沙市文物考古研究所《長沙走馬樓 J22 發掘簡報》，第 21 頁；走馬樓簡牘整理組編著《長沙走馬樓三國吳簡·嘉禾吏民田家莂》上册《長沙走馬樓二十二號井發掘報告》，第 36 頁。
③ 王素《長沙走馬樓三國吳簡研究的回顧與展望》，《中國歷史文物》2004 年第 1 期，第 25 頁。
④ 張忠煒《里耶秦簡博物館藏秦簡概説》，載里耶秦簡博物館、出土文獻與中國古代文明研究協同創新中心中國人民大學中心編著《里耶秦簡博物館藏秦簡》，第 16 頁；徐暢《走馬樓簡牘公文書中諸曹性質的判定——重論長沙吳簡所屬官府級别》，《中華文史論叢》2017 年第 1 期，第 181 頁；徐暢《長沙走馬樓三國吳簡基本性質研究平議》，《出土文獻》第十二輯，2018 年，第 296—297 頁；李學勤也認爲走馬樓吳簡棄置井内是故意安排，而非廢棄行爲，見長沙市文物考古研究所、清華大學出土文獻研究與保護中心、中國文化遺產研究院、湖南大學嶽麓書院等編《長沙五一廣場東漢簡牘（壹）》，"序"，上海：中西書局，2018 年，第 1 頁。

　　第四層：現存井口下深 502 CM 處發現一方形木壁井……井壁外充

填黃褐色泥土,土質純净,係用原生土回填,厚 60 CM,略高出木井口……①

從第三層充滿各種雜物看,該井在簡牘棄置之前,應該已經廢棄。不然的

話,不至於出現大量磚瓦碎塊。故此,可首先斷定 J22 是一口廢井。其次,

第二層全爲簡牘,沒有雜物,可見簡牘放置井中一定是在極短時間内完成

的。如果是斷斷續續棄置進去,或者將古井作爲垃圾坑,垃圾雜物隨時廢棄

隨時丢進去,則第二層一定會出現簡牘之外的雜物,且井内簡牘一定不會集

中出土自某一層,而應出自多個層位。至於第三層出現的 20 枚簡牘,②整理

者告知位於第三層中下部而非表面,③因此可能是平時作爲垃圾隨手扔進去

的,故與其他雜物伴出。復次,筆者調查已經刊布的近 5.5 萬枚走馬樓吳

簡,尚未發現燒灼痕迹,而據發掘者告知,古井出土的空白簡皆無燒灼痕迹,

絕大多數爲殘簡,尚待發表的有字簡牘似亦無燒灼痕迹。④ 若此不誤,則

J22 出土的全部簡牘一定不存在作爲燃餘垃圾而丢進井内的可能。這一點,

與里耶秦簡多見燒灼痕迹的情況相比更容易理解(詳下)。進一步推測,走

馬樓吳簡很可能是直接從檔案室拿出來棄置井内的。發掘者後來總結説,

吳簡總體上看都應該是編聯成卷的册書,⑤恰與筆者這一推測相印證。當

然,目前刊布的走馬樓吳簡也發現了少量非常殘碎的簡牘。⑥ 這有兩種可

能,一是棄置堆積或發掘過程中造成的殘斷,⑦二是文書檔案室本來就存在

---

① 長沙市文物工作隊、長沙市文物考古研究所《長沙走馬樓 J22 發掘簡報》,第 5—7 頁;走馬樓簡
　　牘整理組編著《長沙走馬樓三國吳簡·嘉禾吏民田家莂》上册《長沙走馬樓二十二號井發掘報
　　告》,第 7—9 頁。

② 走馬樓簡牘整理組編著《長沙走馬樓三國吳簡·嘉禾吏民田家莂》上册《長沙走馬樓二十二號井
　　發掘報告》,第 23—24 頁。

③ 2019 年 1 月 3 日,宋少華先生賜告,謹致謝忱!

④ 2018 年 12 月 20 日、2019 年 1 月 3 日、2019 年 1 月 18 日宋少華先生三次賜告:三萬多枚空白簡
　　確無灼痕,多數爲殘簡,極少數完簡;對於未發表的簡牘,我個人的印象基本未見灼痕,但不排除
　　個別情況。宋先生措辭謹嚴,没有斷然否認未發表簡牘存在燒灼痕迹的可能。但從目前已經刊
　　布的半數以上簡牘均未見燒灼痕迹的情況來看,剩餘簡牘有灼痕的可能性應該不是很大。

⑤ 宋少華《長沙三國吳簡的現場揭取與室内揭剥——兼談吳簡的盆號和揭剥圖》,第 7 頁。

⑥ 如第一册 522—756、818—931、3999—4092、5016—5104、7060—7135、8776—8890,第二册 1459—
　　1523、4846—4879、5053—5256、6057—6086、6121—6150、6284—6343、6349—6411、7718—7767、
　　8029—8187、8651—8851,第三册 996—1096、7830—7908,第五册 463—526、962—1064、5616—
　　5658,第六册 5878—5941,第八册 247—285、4972—5047 等。總數雖然也不算少,但比之走馬樓
　　吳簡的巨大體量,實在微不足道。

⑦ J22 曾遭機械施工的破壞,北半部堆積的簡牘連同泥土被鏟掘殆盡,作爲渣土運至五公里外的湘
　　湖漁場,後由考古人員搶救回來。這批采集簡,正式刊布在《長沙走馬樓三國吳簡》前三册及《嘉
　　禾吏民田家莂》中(田家莂含 228 枚發掘簡)。目前看來,前三册較多殘碎簡牘,或與此情況有關。

一些殘簡,類似於今天我們的辦公桌上不一定都是完整無損的書籍紙張,也會有紙頭碎片存在。筆者以爲,這種現象不構成有力的反證。

進一步考慮,走馬樓吳簡既然是檔案的集中清理,那麼,有無可能屬於檔案的有意封存或窖藏呢? 筆者傾向於否定的看法。據發掘報告,井內簡牘層(第二層)的具體堆積情況如下:

> 現存竹簡放置在井中部偏南的位置,竹簡裏夾雜着部分木牘。簡牘的擺放有一定的順序,層層相叠,似有意爲之。簡牘之上覆蓋一層竹箆席,已殘朽。從剖面上看,簡牘擺放時對其擺放的部位似未加修整,而是依原堆積的自然狀態擺放,再加上井壁塌壓的結果,故呈現出中間厚高兩邊走薄的狀態。①

發掘者已經指出,簡牘層上部呈現中間高、四周低的丘狀,屬於簡牘棄置井內的自然堆積狀態。尤爲關鍵的是,簡牘層底部亦參差不平,與其下的第三層上部犬牙交錯(圖7-1)。若是窖藏或有計劃封存,無論如何,不該如此草率放置。至少應該平整一下第三層的上部,或者再墊些其他物件隔開下面的垃圾和泥土,簡牘的擺放也應該人爲調整,使之更加平齊一些,最後呈現出的不應是自然堆積的丘狀。至於簡牘之上覆蓋的竹箆席,筆者懷疑原本就跟簡牘一起放在文書室,簡牘清理後也隨之扔進井內,不是爲了封存簡牘而有意覆蓋的。而且,單單一層箆席,恐怕也起不到有效保存簡牘的作用。或者説,若是窖藏簡牘,理應采取一定的防護措施,可是連目驗現場的發掘者都看不到此類行爲的迹象,②可見原本就沒有加以防護。而所謂簡牘層層相叠的現象,筆者推測,應該是編聯成卷的簡册棄置井內後,經過一千多年的自然腐蝕,編繩朽爛後自然呈現的狀態,並非有意爲之。實際上,發

---

① 走馬樓簡牘整理組編著《長沙走馬樓三國吳簡·嘉禾吏民田家莂》上册《長沙走馬樓二十二號井發掘報告》,第7頁。引文中的"簡牘擺放時對其擺放的部位似未加修整"一語,簡報表述爲"簡牘擺放時對其底部似未加大的修整"(長沙市文物工作隊、長沙市文物考古研究所《長沙走馬樓J22發掘簡報》,第6頁)。仔細觀察J22剖面圖,不僅簡牘層底部參差不平,頂部亦如此,可見均未加修整,表述上應以發掘報告爲準。整理方新近的表述,亦采用發掘報告的説法(長沙簡牘博物館編《嘉禾一井傳天下——走馬樓吳簡的發現保護整理研究與利用》,長沙: 岳麓書社,2016年,第11頁)。

② 發掘者已經指出,古人在埋藏簡牘時並未考慮到采取防護措施,而南方氣候潮濕,地下水位高,井內也會存在泥土擠壓和井底堆積污染的現象,簡牘保存狀況勢必遭受很大影響。參走馬樓簡牘整理組編著《長沙走馬樓三國吳簡·嘉禾吏民田家莂》上册《長沙走馬樓二十二號井發掘報告》,第30頁;長沙市文物工作隊、長沙市文物考古研究所《長沙走馬樓J22發掘簡報》,第13頁。

掘報告已經指出,簡牘堆積尚存在傾斜交叉的狀態,①並非完全層層相叠。

不過,簡牘之上覆蓋的填土(第一層)顯示,走馬樓吳簡可能屬於有意掩埋。如前面引文,第一層的填土純淨無雜物,若古井年久坍塌,則在簡牘丟進井內到井壁坍塌的較長時間內,除非封閉井口,否則人們應該會往井內繼續扔進其他垃圾雜物。換言之,簡牘層之上的堆積應該包含其他雜物而非只有泥土。② 因此,筆者傾向於認爲,走馬樓吳簡是有意掩埋,而非有計劃封存或窖藏。

綜上所述,J22 出土的走馬樓吳簡,應該是一次簡牘檔案的集中清理,直接從檔案室將編聯成册的簡牘拿來丟進井中,且這一過程持續時間極短。至於丟進井中的確切原因,目前還不得而知,從簡牘年代集中於嘉禾元年至嘉禾六年看,③很可能與過期檔案的處理有關。④ 簡牘棄置井內後,雖填土掩埋,但綜合各方面情況看,並非有計劃封存或窖藏。⑤

二　里耶秦簡的棄置與性質

2002 年在今湖南省龍山縣里耶鎮古井出土的里耶秦簡,數量達三萬六

---

① 發掘者將井內堆積分四區,除第一區被人爲破壞之外,其他三區簡牘皆可觀察到傾斜交叉和錯位下沉的現象(走馬樓簡牘整理組著《長沙走馬樓三國吳簡·嘉禾吏民田家莂》上册《長沙走馬樓二十二號井發掘報告》,第 7 頁;長沙市文物工作隊、長沙市文物考古研究所《長沙走馬樓J22 發掘簡報》,第6—7 頁)。這些現象,可能是將簡牘丟置井中而自然造成的,不一定是在其後一千多年的遺存和發掘時造成的。

② 理論上講,還存在簡牘棄置井內不久,井壁就坍塌的可能,但這一設想過於偶然,概率很低,故筆者不取。退一步說,如果屬於井壁坍塌,則第一層泥土的土質應該與井壁泥土相近,如果是人爲掩埋,可能需要另外取土,其泥土土質未必會與井壁相同,可惜發掘報告未指出其中異同,無法進一步判斷。

③ 走馬樓吳簡雖然多見建安、黃武、黃龍等年號,但這些年號均出現在類似專屬名詞裏,不可視爲吳簡使用的實際年代。

④ 汪桂海根據西北地區甲渠候官遺址 F22 出土的漢代簡牘,推測漢代普通文書檔案十年左右即予棄毀(《漢代官文書制度》,第 227—232 頁)。不過,該地可能僅是個例,不同時代不同地區可能均有所不同,走馬樓吳簡屬於過期檔案清理的可能性比較大。

⑤ 從目前已經刊布的簡牘看來,走馬樓吳簡的文書種類並不豐富。如凌文超將走馬樓吳簡的簿書,大致分爲户籍和户籍簿(黃簿)、名籍簿、庫賬簿、倉賬簿及特殊簿書等五大類,各類又細分若干小類(作者《吳簡考古學與吳簡文書學》,載長沙簡牘博物館編《走馬樓吳簡研究論文精選》,第 47 頁),數量遠遜於漢代邊塞候官(候官與内地的縣、侯國級別相當)留下的簿書(參永田英正《居延漢簡研究》,第 42—158 頁)。因此,走馬樓吳簡的文書種類,與侯國(縣級)官署遺址的屬性並不相符,很可能只是侯國官署某幾個機構而非全部機構遺留的檔案。關於這一點,可參拙作《肩水金關漢簡研究》附錄《杤山明、佐藤信編〈文獻と遺物の境界〉(第一、二册)評介》,第 232—234 頁。

千枚（包括空白簡），屬於秦代縣級官府遺留文書，引起學界極大關注。關於其棄置、性質等基本問題，目前尚未取得共識。

在展開具體討論之前，有必要先綜合發掘報告及相關研究，①梳理一下井內堆積的具體情況。簡牘從出的一號井（J1）現存木井壁深 14.3 米（殘深），原深約 16 米多。井內堆積共 30 層（17 大層），②其中第 1、2 層已擾亂，無法分析，其餘 28 層（15 大層）堆積情況如表。

表 7－1　J1 層位堆積詳表③

層位	堆　積　特　點		深度（米）
3A	多草本植物、樹葉，夾少量陶片		1.6
3B	青灰色淤泥，夾大量瓦礫		
4A	主要爲鬆散的黑灰色土	少量淤泥，夾少量植物莖秆	2.33
4B		草本植物、樹葉等夾大量瓦礫、陶片	
5A	黑色土，竹木屑夾大量草本植物莖秆樹葉		0.9—1.2
5B	淤泥含水多，有少量竹木屑和幾枚殘斷楚簡		
6A	多腐朽植物和生活垃圾		0.5—1.05
6B	淤泥較多，較多散亂簡和生活垃圾		

---

① 湖南省文物考古研究所、湘西土家族苗族自治州文物處、龍山縣文物管理所《湖南龍山里耶戰國—秦代古城一號井發掘簡報》，《文物》2003 年第 1 期，第 4—35 頁；湖南省文物考古研究所編著《里耶發掘報告》，長沙：岳麓書社，2006 年，第 38—50 頁；劉瑞《里耶古城 J1 埋藏過程試探》，見中國社會科學院考古研究所、中國社會科學院歷史研究所、湖南省文物考古研究所編《里耶古城·秦簡與秦文化研究——中國里耶古城·秦簡與秦文化國際學術研討會論文集》，北京：科學出版社，2009 年，第 84—97 頁。

② 發掘者將井內底部顆粒細小的細砂石單獨劃爲一層，即第 18 層，而細砂石實際上是開鑿水井時用來過濾地下水的，與井內堆積概念不符（劉瑞《里耶古城 J1 埋藏過程試探》，見中國社會科學院考古研究所、中國社會科學院歷史研究所、湖南省文物考古研究所《里耶古城·秦簡與秦文化研究——中國里耶古城·秦簡與秦文化國際學術研討會論文集》，第 90 頁），故排除。

③ 此表綜合前引發掘簡報、報告及劉瑞文章而製成。原來的小層，發掘者多合併爲大層，而從淤泥及土色土質判斷，小層完可以單獨成層（劉瑞《里耶古城 J1 埋藏過程試探》，見中國社會科學院考古研究所、中國社會科學院歷史研究所、湖南省文物考古研究所編《里耶古城·秦簡與秦文化研究——中國里耶古城·秦簡與秦文化國際學術研討會論文集》，第 89—90 頁），故采用此做法。另外，發掘者將第 4 層劃爲 4A 和 4B 兩小層，雖然主要堆積都是鬆散的黑灰色土，但 4A 有淤泥，4B 爲草本植物、樹葉夾雜大量瓦礫陶片，顯見均可獨立成層。

續　表

層位	堆　積　特　點	深度（米）
7A	淤泥板結,少量竹木屑、陶片、瓦礫和簡牘	
7B	多竹木屑,伴出簡牘	1.9
7C	出瓦礫、陶片	
8A	淤泥含水多,多竹木屑和簡牘	
8B	淤泥夾少量瓦礫,無簡牘	0.65
8C	淤泥夾少量竹木屑、陶片和簡牘	
9A	竹木屑	
9B	瓦礫,少量淤泥和竹木屑	0.8
9C	竹木屑夾較多簡牘	
10A	淤泥板結,少量竹木屑和簡牘	
10B	黑色淤泥,局部有竹木屑和少量簡牘	0.45—1
10C	少量淤泥,多竹木屑和簡牘	
11	青灰色淤泥板結,少量殘簡	0.3—0.66
12	淤泥泛黑,多竹木屑,較多簡牘及生活遺物、兵器	0.8—1.2
13	青灰色淤泥,多瓦礫,少量竹木屑,層面較多簡牘	0.86—0.9
14	淤泥含水多,層面上有一層薄竹木屑,少簡牘	0.2—0.3
15	淤泥含水多,有一層薄竹木屑,東北角簡牘相對集中,伴出瓦礫和少量生產工具	0.55—0.7
16A	木屑層,較多簡牘	
16B	淤泥層,出殘漆木器,簡牘少	0.55—0.56
17	黏稠的淤泥層,青灰色,局部泛黑,層面平整,有少量木屑,近底部多生產和生活遺物,如汲水罐碎片、箭鏃、鐵鍤、錢幣、繩索等(層面上出現的幾枚簡牘當是後來混入)	0.54—0.56

　　關於簡牘棄置井內的過程，發掘者認爲是在秦末夏秋草本植物生長旺盛的時節，被廢棄填埋進井中，且延續時間應在兩個月左右。① 劉瑞根據發掘簡報和早期披露的零星簡牘，認爲里耶秦簡都屬於官方檔案抄本，這些抄本集中管理，後又集中傾倒進井內。② 籾山明根據始皇帝二十六年的簡牘同時出自第八層、第十六層的現象，推測廢棄時間較短，贊同發掘者的觀點。③ 正式的發掘報告出版後，劉瑞通過對井內堆積、淤泥板結的分析，認爲里耶秦簡應該是在西漢時期多次填埋入井的，跨年度甚至跨越多年完成填埋的可能性不能排除，甚至更大。④ 近來，孔祥軍則綜合分析了第五、六、八層簡牘的年代分布，質疑西漢時期廢棄說，⑤而沈剛根據井內簡牘年代分布不規律及不同層位簡牘可綴合的現象，推測可能是同時廢棄至井中。⑥ 而梳理這些看法，可以簡化爲三個問題：一、里耶秦簡是不是在西漢時棄置井內的；二、是一次性集中清理，還是多次棄置；三、如果不是短時間內的集中清理，棄置時間有無可能長達數年。

　　首先檢討里耶秦簡在西漢時期棄置井內的可能性。這一說法直接且唯一的證據，是井內出土的第三期遺物 A 型筒瓦。這個筒瓦編號爲 J1⑰：1，⑦按照編號規則，當出自 J1 第十七層。據發掘者判定，第三期屬於西漢遺留物，⑧故此 J1⑰：1 筒瓦當爲西漢遺物，也就是說 J1 第十七層包含西漢時期遺物。因爲古井開口較小，上部堆積一定晚於下部堆積，故第十七層以上的堆積應該也屬於西漢時期，而 J1 井內堆積共十七大層，那麼 J1 的填埋當

① 湖南省文物考古研究所、湘西土家族苗族自治州文物處、龍山縣文物管理所《湖南龍山里耶戰國—秦代古城一號井發掘簡報》，第 6 頁；湖南省文物考古研究所編著《里耶發掘報告》，第 41—46 頁。
② 劉瑞《里耶秦代木牘零拾》，原載《中國文物報》2003 年 5 月 30 日，此據龍山縣里耶管理區管委會編《里耶古城》，西寧：青海人民出版社，2003 年，第 160 頁。
③ 籾山明《中國古代訴訟制度研究》附録一《湖南龍山里耶秦簡牘概述》，2006 年初刊，此據李力中譯本，上海：上海古籍出版社，2009 年，第 254 頁注釋②。該文原題爲《秦代公文書の海へ——湖南龍山里耶出土の簡牘を読む》，刊於《東方》268 號，2003 年，第 2—6 頁。然後者未見注釋，亦未提及里耶秦簡的廢棄時間問題。
④ 劉瑞《里耶古城 J1 埋藏過程試探》，見中國社會科學院考古研究所、中國社會科學院歷史研究所、湖南省文物考古研究所編《里耶古城·秦簡與秦文化研究——中國里耶古城·秦簡與秦文化國際學術研討會論文集》，第 84—97 頁。
⑤ 孔祥軍《試析里耶古城 1 號井第五、六、八層的年代分布——以〈里耶秦簡（壹）〉所見朔日簡爲中心》，《考古與文物》2018 年第 4 期，第 102—109、128 頁。
⑥ 沈剛《里耶秦簡文書歸檔問題蠡測》，《出土文獻》第十五輯，2019 年，第 218 頁。
⑦ 湖南省文物考古研究所編著《里耶發掘報告》，第 139 頁。
⑧ 湖南省文物考古研究所編著《里耶發掘報告》，第 228—230 頁。

在西漢時期。① 筆者以爲,這個説法恐怕還需要再考慮,畢竟該筒瓦編號極可能出錯,不足爲據。發掘報告介紹第三期陶瓦時,曾逐一羅列陶系瓦片的統計單位,J1 唯見第三層(J1③)、第四層(J1④),未見第十七層(J1⑰),②而且早期公布的信息也没有明確指出第十七層出現筒瓦,③故此不能排除筒瓦編號錯誤的可能性。而且,發掘報告列舉第二期陶器時提到的兩件高領罐殘片,編號分別爲 J1⑤—⑰:1 和 J1⑤—⑰:2,④這個編號表示 J1 第⑤—⑰層出土,同樣令人費解。核檢第二期陶片的統計單位,J1 的第五(J1⑤)、六(J1⑥)、七(J1⑦)、八(J1⑧)等層均包括在内,⑤未見第十七層(J1⑰),當然也不可能見到 J1⑤—⑰層,可見 J1⑤—⑰:1 和 J1⑤—⑰:2 的編號應該出錯了。故此,A 型筒瓦 J1⑰:1 的編號非常可能有誤。若此,據之論定 J1 在西漢時期填埋,也難以憑信。另外,如果是在西漢時期,因古城還在繼續使用,⑥勢必會産生帶有西漢文字風格的簡牘,也勢必會隨意丢棄或過期作廢,因此,在將秦簡棄置井内時,完全不混入漢簡的可能性,可以説微乎其微。换言之,果真是在西漢時期多次填埋,則井内簡牘無論是檔案還是垃圾,上層全是秦簡而絲毫不見漢簡的蹤影,⑦未免太不可思議。

其次檢討里耶秦簡同一時間棄置井内的可能性。從 J1 井内堆積看(J1 層位堆積詳表),3B、4A、5B、6B、7A、8A、8B、8C、9B、10A、10B、10C、11、12、13、14、15、16B、17 等十九個層位均有數量不等的淤泥,其中 7A、10A、11 等三層還出現了較爲嚴重的板結現象。而自然界的淤泥,是顆粒極細小的泥

---

① 劉瑞《里耶古城 J1 埋藏過程試探》,見中國社會科學院考古研究所、中國社會科學院歷史研究所、湖南省文物考古研究所編《里耶古城·秦簡與秦文化研究——中國里耶古城·秦簡與秦文化國際學術研討會論文集》,第 90—93 頁。

② 湖南省文物考古研究所編著《里耶發掘報告》,第 136—139 頁。

③ 湖南省文物考古研究所、湘西土家族苗族自治州文物處、龍山縣文物管理所《湖南龍山里耶戰國—秦代古城一號井發掘簡報》,第 6 頁。需要指出,簡報執筆者張春龍、龍京沙也是里耶秦簡的發掘者,這一事實更加證明所謂第十七層瓦很可能屬於編號錯誤。

④ 湖南省文物考古研究所編著《里耶發掘報告》,第 128 頁。

⑤ 湖南省文物考古研究所編著《里耶發掘報告》,第 124 頁。

⑥ 湖南省文物考古研究所編著《里耶發掘報告》,第 31、231—234 頁。

⑦ 孔祥軍根據學界對秦至漢初曆法的新研究,綜合分析了第五、六、八層簡牘的年代分布,認爲這三層簡牘的年代下限是秦二世元年,並未出現具有西漢年曆信息的簡牘(作者《試析里耶古城 1 號井第五、六、八層的年代分布——以〈里耶秦簡(壹)〉所見朔日簡爲中心》,第 103—109 頁)。實際上,這一論證略顯迂遠,秦代簡牘文字的構型、風格,跟西漢相比還是存在很大差異的(裘錫圭《文字學概要(修訂本)》,北京:商務印書館,2013 年,第 64—90 頁;孫鶴《秦簡牘書研究》,北京:北京大學出版社,2009 年,第 83—96 頁),似不必逐一核對每枚簡的年代信息。

土在静水或緩慢的流水環境下沉積,經物理和化學作用形成的未固結狀態,其最終固化板結,尚需一定的時間。① 因此,井内堆積應該是經過了少則三次、多則十九次甚至更多次的沉積才形成的。而簡牘出自多個層位,跨越5B 層至16B 層,也就意味着J1 出土的簡牘經過少則三次、多則十六次甚至更多次的棄置,②肯定不是同一時間内的集中處理。如果是一次性的集中丟棄,如同走馬樓吳簡一樣,則簡牘應集聚在某一層,且恐怕也不會伴隨那麽多生活垃圾和陶片、瓦礫等物。

　　復次,既然不是集中清理,那麽棄置過程持續多久? 是整理者主張的兩三個月,還是有可能跨越多年呢? 考慮到淤泥板結的形成需要不短的時間,而J1 三個層位均出現嚴重的板結現象,故其廢棄時間可能要長一點,不止兩三個月,但也不至於長達數年。畢竟古井開口不大,井内遺物從底部至上端肯定有一個逐漸堆積累加的過程,如果J1 作爲垃圾存放地,且廢棄時間持續很久,則井内簡牘很可能會存在從下層至上層年代越來越晚的大致分布規律。這一假設,與材料不符,井内上層(第8 層)和下層(第16 層)均出土了早期和晚期的文書,③而非上層僅有晚期文書、下層僅有早期文書。至於結合里耶盆地的氣候環境,根據J1 水源及井内水位變化推測J1 廢棄時間的研究思路,④筆者以爲亦有討論的空間。畢竟井内的淤泥板結與日常生活經驗所觀察到的地表上的淤泥板結,雖然作用機制相同,但具體的小環境

① 河海大學《水利大辭典》編輯修訂委員會編《水利大辭典》,上海:上海辭書出版社,2015 年,第127 頁;崔偉、邵宇陽、童朝鋒《淤泥自重固結過程研究綜述》,《泥沙研究》第44 卷第1 期,2019年,第67 頁。
② 之所以説是十六次,是因爲5B 和16B 之間,還存在6B、7A、8A、8B、8C、9B、10A、10B、10C、11、12、13、14、15 等十四個含有淤泥的層位。
③ 里耶秦簡的整體年代分布是從始皇帝二十五年至秦二世二年(湖南省文物考古研究所編著《里耶發掘報告》,第179、234 頁),而第16 層不僅出土了始皇帝二十六年(16 - 9)、二十七年(16 - 5)、二十八年(16 - 2032)等較早期的官文書,還出土了三十四年(16 - 2133)的官文書,第8 層不僅出土了三十五年(8 - 1573)、三十四年(8 - 1533)的晚期文書,還出土了二十六年(8 - 1524)、二十七年(8 - 1522)、二十八年(8 - 768)等較早期文書。尤其是明顯具有楚文字書寫特點的幾枚簡牘(5 - 4、5 - 5、5 - 7 等),理應出土自井内底部而非第五層。當然,這幾枚楚簡,理論上不能排除秦人有意書寫楚文字的可能,類似於今人書寫小篆、隸書等。不過,整理者已經指出三萬多枚簡牘中,唯有這幾枚楚簡爲竹質,其他秦簡牘均爲木質(湖南省文物考古研究所、湘西土家族苗族自治州文物處、龍山縣文物管理所《湖南龍山里耶戰國—秦代古城一號井發掘簡報》,第18頁),因此,這些楚簡很可能是楚國統治時期的官府機構遺留的,後來與秦簡一起棄置井中。
④ 劉瑞《里耶古城J1 埋藏過程試探》,見中國社會科學院考古研究所、中國社會科學院歷史研究所、湖南省文物考古研究所編《里耶古城·秦簡與秦文化研究——中國里耶古城·秦簡與秦文化國際學術研討會論文集》,第93—97 頁。

（温度、濕度等）存在很大差異，①形成時間可能存在較大不同，因此兩者恐不能相提並論。而井内淤泥板結到底需要多久時間，目前尚未見這方面的觀察與研究，一時難以深入討論。

另外，整理者根據井内部分層位出土蕨類植物和樹葉，且形狀清楚脈絡分明的現象，推測里耶秦簡在夏秋時節棄置井中。② 對此，劉瑞已經指出，因發掘者未對植物種屬進行鑒定、分析和統計，無法得知各層所含植物種屬的異同、比例及生長週期，因此無緣驗證此説法之對錯。③ 期待以後的考古工作，能夠做得更細緻一些。

關於里耶秦簡的性質，發掘者先後提出，"里耶秦簡極可能是秦末戰亂時，檔案文書來不及銷毀而隨意棄置井中"，④"簡牘的埋藏應是秦末動亂之時，政務不修，以致隨意棄置於水井之中"。⑤ 細忖其措辭，兩次表述均暗含里耶秦簡在棄置之前屬於官府檔案的意思。黃海烈則結合漢代封泥的出土特點，認爲簡牘丢進井中是當時秦地方官署對廢棄官檔文書的處置手段，是官方有意識有制度的行爲，類似於走馬樓吳簡。⑥ 葉山（Yates）認爲，里耶秦簡有可能是當地民衆從官府搶擄走棄置井内的，目的是銷毀欠債的證據。⑦ 兩者都傾向於認爲里耶秦簡在棄置井中之前屬於官府檔案。沈剛根據古井出土的削衣、習字簡、九九乘法表和簡牘二次利用的現象等，認爲里耶秦簡不能完全以檔案視之，應該是以官署檔案爲主的廢棄物品。⑧ 換言之，認爲大部分是官府檔案。目前看來，學界通常認爲，大部分甚至全部里耶秦簡，

---

① 如井内温度、濕度迥異於地表，物理化學作用的時間肯定與地表存在很大差異。而且，水井上部有無遮蓋、自然降雨的頻率及是否人爲向井中倒水等因素，都會影響到井内淤泥及板結的形成。
② 湖南省文物考古研究所編著《里耶發掘報告》，第 44 頁。
③ 劉瑞《里耶古城 J1 埋藏過程試探》，見中國社會科學院考古研究所、中國社會科學院歷史研究所、湖南省文物考古研究所編《里耶古城·秦簡與秦文化研究——中國里耶古城·秦簡與秦文化國際學術研討會論文集》，第 96—97 頁。
④ 張春龍、龍京沙《21 世紀重大考古發現——湘西里耶秦簡復活秦代歷史》，原載《中國國家地理雜志》2002 年第 9 期，此據龍山縣里耶管理區管委會編《里耶古城》，第 6 頁。
⑤ 湖南省文物考古研究所、湘西土家族苗族自治州文物處、龍山縣文物管理所《湖南龍山里耶戰國—秦代古城一號井發掘簡報》，第 18 頁。
⑥ 黃海烈《里耶秦簡與秦地方官制》，《北方論叢》2005 年第 6 期，第 6—7 頁；黃海烈《里耶秦簡與秦地方官署檔案管理》，《黑龍江史志》2006 年第 1 期，第 12—13 頁。
⑦ Robin D.S.Yates, *The Qin Slips and Boards From Well No.1, Liye, Hunan: a brief introduction to the Qin Qianling Country Archives*, early china, Volume35, 2013, p.329.
⑧ 沈剛《里耶秦簡文書歸檔問題蠡測》，第 216—218 頁。

在棄置井内之前屬於檔案。①

　　從發掘者披露的情況看,絶大多數里耶秦簡的年代集中在始皇帝二十五年(前 222)至秦二世二年(前 208)這十五年内,單從時間上看似乎吻合普通檔案過期清理的年限,②但綜合井内簡牘的出土情況,這一看法無疑是不能成立的。首先,簡牘在井内分布非常散亂,不僅出自多個層位,且均與其他雜物伴出。雖然發掘報告顯示第十五層簡牘相對較爲集中,但整理者表示:"可以肯定地説,里耶簡的埋藏極爲零亂和分散,叠放的僅第九層一至十二號簡和第十六層五、六、七號簡,黏連在一起的僅第八層一五四至一五九號簡。"③可見,包括第十五層在内,J1 出土的絶大部分簡牘(發掘者提到的三組除外),在井内的狀態都是極爲零散的。④ 仔細考慮,如果簡牘在井内極爲零散,那麼棄置之前應該就没有編聯成册或捆束起來,同樣處於零散的狀態。考慮到文書檔案通常分門別類存檔保存,⑤其狀態應該是編聯或捆束起來的,那麼里耶秦簡在棄置井内之前可能就已失去了檔案的地位。換言之,如果在棄置之前是檔案,應該編聯或捆束起來,⑥那麼棄置井内後一定會産生較多的集中堆積,甚至簡牘卷束現象,如同走馬樓吴簡一樣,而非目前所見極爲零散的狀態。從簡牘多與竹木屑、樹枝、草本植物等伴出看來,很可能在棄置之前,就已被視爲垃圾,與樹枝等雜物混在一起。其次,里耶

---

① 還有一些學者基於里耶秦簡屬於檔案的觀點,討論了秦代的檔案工作(王春芳、吴紅松《從里耶秦簡看秦代文書和文書工作》,《大學圖書館情報學刊》2005 年第 2 期,第 91—93 頁;吴榮政《里耶秦簡文書檔案初探》,《湘潭大學學報》2013 年第 6 期,第 141—145 頁)。甚至有學者認爲,里耶秦簡在棄置井内之前,是作爲官府行政檔案而保存在遷陵縣文書室的。參 Tsang Wing Ma, *Scribes, Assistants, and the Materiality of Administrative Documents in Qin-Early Han China: Excavated Evidence from Liye, Shuihudi, and Zhangjiashan*, T'oungPao103‐4‐5, 2017, p.300.
② 汪桂海《漢代官文書制度》,第 227—232 頁。
③ 2005 年 8 月 11 日張春龍致邢義田的信件,轉引自邢義田《湖南龍山里耶 J1(8)157 和 J1(9)1—12 號秦牘的文書構成、筆迹和原檔存放形式》,原載《簡帛》第一輯,2006 年,此據作者《治國安邦:法制、行政與軍事》,第 481 頁。
④ 至於學界目前復原的"訊敬"簡册,雖然出自第八層,但各簡編號分別爲 8‐314、8‐1107、8‐1132、8‐1133、8‐1418(這幾枚簡的編聯次序,尚有爭議,但都認爲屬於同一簡册,相關研究參宫宅潔《里耶秦簡"訊敬"簡册識小》,《簡帛》第十五輯,2017 年,第 31—39 頁),無疑説明其在井内時並未相鄰,呈散亂狀態。
⑤ 汪桂海《漢代官文書制度》,第 204—232 頁。
⑥ 不少里耶秦簡可見編痕及編聯留白,另有部分簡牘可能用"束"捆扎起來(籾山明《簡牘文書與法制史——以里耶秦簡爲例》,載柳立言主編《史料與法史學》,臺北:"中央研究院"歷史語言研究所,2016 年,第 40—49 頁),恰恰説明在某個階段,部分里耶秦簡應該是編聯或捆束起來的。進一步考慮,編聯和捆束的散開,肯定是在棄置井中之前,如果棄置時尚保持編聯和捆束狀態,則最後出土時不至於如此零散。

秦簡不乏燒灼痕迹,①這就説明,少量簡牘曾被作爲引火物或被視爲垃圾燃燒過。換言之,這部分簡牘既然被燃燒過,那就意味着已經失去了檔案的性質,被視爲無用之物。筆者推測,有燒灼痕迹的可能不止有字簡牘,未發表或未加以説明的空白簡、樹枝、竹木屑等或許也有燒灼痕迹。② 另外,出土簡牘的各層均不平齊(圖7-2),顯見没有人爲修整,無疑也不是窖藏檔案。

　　綜上,基本可以確定,里耶秦簡不會晚至西漢才棄置井内,不屬於一次性集中清理,但也不會持續多年,很可能比整理者推測的兩三個月要長一些,到底多久目前難以討論。里耶秦簡的性質與走馬樓吴簡絶不相同,棄置之前早已失去了官府檔案的地位,很可能與竹木屑、樹枝等混在一起,作爲垃圾放置在地面某處。③

三　其他古井簡的棄置與性質

　　通過前面的考察,基本可以確定如下事實:走馬樓吴簡在棄置井中之前屬於成卷成册的檔案,且棄置過程極短,屬於一次性集中清理。里耶秦簡則相反,棄置井内之前早已失去了檔案的地位,且没有編聯或捆束起來,很可能作爲垃圾放置在地面,廢棄時間也並不十分短暫。這裏之所以重申兩個簡牘群的特點,是因爲其他古井簡的情況,據目前公布的材料看,基本不

---

① 如6-6、6-10、8-11、8-34、8-114、8-133、8-137、8-144、8-210、8-329、8-420、8-473、8-527、8-611、8-693、8-697、8-710、8-780、8-867、8-934、8-973、8-985、8-1046、8-1056、8-1114、8-1143、8-1146、8-1156、8-1157、8-1159、8-1161、8-1177、8-1186、8-1191、8-1207、8-1208、8-1233、8-1259、8-1261、8-1279、8-1340、8-1378、8-1407、8-1408、8-1436、8-1472、8-1505、8-1521、8-1531、8-1537、8-1693、8-1742、8-1796、8-1799、8-1800、8-1807、8-1825、8-1909、8-1954、8-1968、8-1969、8-1973、8-1980、8-2008、8-2011、8-2034、8-2083、8-2118、8-2235、8-2274、8-2324、8-2326、8-2338、8-2339、8-2375、8-2386、8-2396、8-2485、8-2509、8-2510、8-2527、8-2548、9-81、9-104、9-179、9-188、9-268、9-269、9-293、9-294、9-348、9-467、9-496、9-499、9-640、9-687、9-692、9-1120、9-1186、9-1230、9-1250、9-1275、9-1276、9-1489、9-1527、9-1742、9-1860、9-1978、9-1984、9-2104、9-2208、9-2260、9-2319、9-2405、9-2509、9-2546、9-2568、9-2582、9-2610、9-2669、9-2676、9-2726、9-2729、9-2741、9-2749、9-2751、9-2846、9-2847、9-2861、9-3288、9-3304、9-3340、9-3355、9-3366、9-3375 等。

② 2019年1月16日,張春龍先生告知:其他竹木質物有火燒痕迹。

③ 明乎此,即可進一步澄清相關問題。如土口史記曾提示注意J1各層簡牘是否與特定機構遺留物有關(土口史記《里耶秦簡にみる秦代縣下の官制構造》,《東洋史研究》第73卷第4號,2015年,第539頁,注釋21),現在看來,該可能性較小。

超出上述兩種類型。這也是前面重點考察走馬樓吳簡和里耶秦簡的原因之一。概括來講,其他古井簡絕大多數的情況都跟里耶秦簡相似,只有益陽兔子山三號井簡牘可能與走馬樓吳簡相同。下面逐一審視檢驗筆者的看法。

首先來看長沙五一廣場附近出土的古井簡牘。2003 年發掘的走馬樓西漢簡,雖然目前尚未正式刊布,但其發掘情況,已經有所披露。據介紹,走馬樓西漢簡從出的古井爲圓形豎井,現存井口距地表 10.4 米,井口至井底現爲 2.4 米,井內堆積分三層。具體情況如下:

> 第 1 層深 0.47 米,爲黑褐色淤泥,夾雜少量陶片和大量竹木片及少量簡牘……第 2 層深 0.93 米,黑褐色淤泥,大量竹木屑、殘席斷箧與簡牘縱橫交錯,疊壓相累,絞纏在一起。由於長時間的累壓,簡牘多被擠壓扭曲變形。簡牘主要出自該層……第 3 層深 1 米,出土少部分竹簡、十餘件泥質灰陶汲水罐及少量建築構件殘片。①

據此,走馬樓西漢簡不僅出自多個層位,且與其他雜物相伴共存,情況與里耶簡相似,應該也不是檔案的集中清理,在棄置之前早已失去了檔案的地位,可能屬於垃圾。然而,發掘者認爲走馬樓西漢簡、九如齋東漢簡、東牌樓東漢簡等均是簡牘與殘磚碎瓦、竹木屑等相伴出土,推測係一次性棄置井內。② 若如此,似乎該集中出土自某一層,而非多個層位。另外,出土簡牘較多的第二層,雖然也有竹木屑、殘席等,但沒有其他兩層出現的陶片、汲水罐等,該層的堆積及簡牘棄置詳情值得進一步研究。惜這批簡牘的内容及其發掘信息,目前披露甚少,無法進一步考察。

2004 年發掘的東牌樓東漢簡,其從出的古井亦爲圓形豎井,發現時上部已遭破壞,井口距地表現存 3 米,井口至井底現存 7.6 米,井內堆積分五層。具體情況如下:

> 第 1 層厚 3.24 米,爲灰黑色土,沙性較重,出土碎青磚塊、板瓦及筒瓦片等。第 2 層厚 1.65 米,爲灰黑色土,交雜少量瓦片、青瓷片、硬陶罐、陶鉢、陶釜等殘片,另有較多竹木條殘片。出土少量簡牘及封檢。

---

① 長沙簡牘博物館、長沙市文物考古研究所聯合發掘組《2003 年長沙走馬樓西漢簡牘重大考古發現》,《出土文獻研究》第七輯,2005 年,第 58 頁。
② 宋少華《長沙出土簡牘の概觀》,中村威也譯,《長沙吳簡研究報告》第 3 集,2007 年,第 98 頁。

第 3 層厚 0.83 米,爲黑色土,陶片較少,發現陶罐、陶缸、陶碗、碎磚瓦等殘片,分布散亂。出土少量規整的簡牘和封檢。第 4 層厚 1.12 米,爲黑色土,夾雜少量青灰色泥土,陶片較少,有較多竹木條殘片,分布散亂。發現一完整的青瓷四系罐,出土少量木簡。第 5 層厚 0.76 米,爲灰色土,土質較純,陶片少,竹木條殘片多,分布散亂。發現一完整的拍印紋硬陶罐和一青瓷器,出土少量木簡。[①]

東牌樓簡散亂分布在第 2—5 層,與雜物相伴出土。而且,部分簡牘有燒灼痕迹,[②]内容上似亦未發現可編聯成卷者。整理者推測簡牘是隨意丟棄,[③]而宋少華根據簡牘年代分布與層位之間不吻合的現象,推測係一次性棄置井内。[④] 筆者以爲,從簡牘出自多個層位看,應該不是一次性集中棄置,而是零星扔進井内。但各層簡牘年代分布無規律,可見棄置時間應該也不會太長。從簡牘與其他雜物相伴出土,且不乏殘簡、習字簡等現象看,東牌樓簡在棄置井中之前也早已失去了檔案的地位,屬於垃圾,可能分散存在某些角落,後來被棄置井内。

2010 年發掘的五一廣場東漢簡,其從出的井窖開口距地表 3.81 米,直徑 3.6 米,深僅 1.5 米,[⑤]内部堆積分三層。具體情況如下:

第 1 層爲灰黑色土層,厚約 0.22—0.32 米。土質疏鬆,夾較多灰燼及紅燒土顆粒,出土大量陶瓦殘片及少量木構件和簡牘等,該層簡牘以木簡爲主。第 2 層爲灰黄色土層,厚 0.23—0.38 米。質地較黏、緻密,包含物較少,出土青磚碎塊、陶瓦片、銅錢以及簡牘等。第 3 層爲灰黑色土層,厚 0.8—0.95 米。質地疏鬆,夾雜大量灰燼,出土板瓦、筒瓦殘片、青磚以及竹木殘片等,該層出土簡牘較多。[⑥]

從簡牘與陶瓦、銅錢、磚塊、竹木殘片等相伴出土的情況看,在棄置之前應該處於極爲零散的狀態。發掘報告指出,"簡牘散亂分布於每層堆積中,未發

① 長沙市文物考古研究所《長沙東牌樓 7 號古井(J7)發掘簡報》,《文物》2005 年第 12 期,第 5 頁。
② 如整理號爲 81、82、107、124、166 等簡。
③ 長沙市文物考古研究所、中國文物研究所編《長沙東牌樓東漢簡牘》,第 21 頁。
④ 宋少華《長沙出土簡牘的概觀》,第 98 頁。
⑤ 該井未穿透滲水的砂卵石層,且底部未見汲水器殘片,故發掘報告稱之爲"窖",推測是官府建築内的儲物窖,廢棄後成爲堆放垃圾的垃圾坑。筆者原則上同意此説,爲行文方便,統稱爲井。
⑥ 長沙市文物考古研究所《湖南長沙五一廣場東漢簡牘發掘簡報》,第 5—6 頁。

現成捆成册分布現象"，①恰與這一推測相符。而且，從目前刊布的數量有限的簡牘看，每層都出現了有燒灼痕迹的簡牘，②這無疑也説明，至少部分簡牘在棄置井窖内之前，已經被焚燒過，窖内出現的大量灰燼或與此有關。③發掘者認爲五一廣場簡從出的井窖應該是堆放垃圾的垃圾坑，④若此不誤，則這批簡牘在棄置井窖之前，同樣早已不屬於檔案，應該是與其他垃圾雜物一起放置的，也屬於垃圾。不過，從目前公布的有限資料看來，五一簡多與訴訟有關，内容性質單一，其所屬機構不明，相關問題還需進一步考慮。此外，儘管絕大多數簡牘都出自第三層，⑤但第一、二層也有簡牘出土，可見簡牘不是短時間内集中棄置窖内的。不過，從目前刊布的有限簡牘看，第三層不僅出現了年代較早的簡牘（永元五年 2010CWJ1③：236），也出現了年代較晚的簡牘（永初四年 2010CWJ1③：201－21、永初五年 CWJ1③：325－18、永初六年 2010CWJ1③：261－100），⑥因此該井不是長期作爲垃圾坑，簡牘隨時廢棄隨時棄置進去的。換言之，五一簡的棄置過程也不會持續太久。

此外，尚德街東漢簡共 257 枚（有字者 171 枚），出自九口古井的近底部的灰黑色淤泥中，堆積無序，且部分簡牘存在燒痕。⑦ 湖南郴州蘇仙橋遺址 J4 出土的吳簡，多爲削衣碎片，亦不乏有燒灼痕迹者。⑧ 兩批簡的情形當與

① 長沙市文物考古研究所《湖南長沙五一廣場東漢簡牘發掘簡報》，第 25 頁。
② 如 2010CWJ①：11－2、2010CWJ①：12－3、2010CWJ②：31、2010CWJ②：60、2010CWJ③：71－22、2010CWJ③：126－5、2010CWJ③：130、2010CWJ③：148－2、2010CWJ③：158、2010CWJ③：209 等。
③ 燒灼簡牘，應該是在棄置井内之前就焚燒的。若在井内焚燒，則勢必有數量較多的相鄰簡牘出現燒灼痕迹，而發掘者未注意到此類現象，可見應該是焚燒後再棄置井内的。
④ 長沙市文物考古研究所《湖南長沙五一廣場東漢簡牘發掘簡報》，第 25 頁。
⑤ 五一廣場簡原始編號中的①、②、③表示層位，其中第 1 層僅 129 枚，第 2 層僅 103 枚，從整理號 232 之後都是第 3 層的簡牘（相關情況，見長沙市文物考古研究所、清華大學出土文獻研究與保護中心、中國文化遺產研究院、湖南大學嶽麓書院編《長沙五一廣場東漢簡牘（壹、貳、叁、肆）》，上海：中西書局，2018、2019 年）。如果五一廣場簡的出版是按照原始號逐枚進行，則第 1、2 層僅有 129、103 枚，第 3 層則有簡牘 6 500 多枚，占全部簡牘的 95%以上。
⑥ 目前五一廣場簡僅公布總數的三分之一，發掘簡報介紹，簡牘年號可見章和、永元、永興、延平、永初等（長沙市文物考古研究所《湖南長沙五一廣場東漢簡牘發掘簡報》，第 16 頁），年代較爲集中。
⑦ 九口井出土 257 枚簡牘，有字者 171 枚，其中 J482 出土 174 枚，有字者 134 枚，占比最重，其他井都是零星出土（長沙市文物考古研究所編《長沙尚德街東漢簡牘》，岳麓書社，2016 年，第 76 頁）。整體上，有字簡約半數殘損，且削衣碎片很多，不可能屬於檔案的有意封存。即使是 J482，所出簡牘也發現燒灼痕迹者（2011CSCJ482②：2－2、2011CSCJ482②：20－8、2011CSCJ482②：23－5、2011CSCJ482③：2－16），應該也是作爲垃圾棄置井内的。
⑧ 湖南省文物考古研究所、郴州市文物處《湖南郴州蘇仙橋 J4 三國吳簡》，《出土文獻研究》第八輯，2005 年，第 152 頁；湖南省文物考古研究所、郴州市文物處《湖南郴州蘇仙橋遺址發掘簡報》，《湖南考古輯刊》第 8 集，2009 年，第 95 頁。

里耶簡相類,並不屬於檔案的集中清理或有意封存。益陽兔子山七號井簡牘,發掘者介紹,井內堆積分十二層,簡牘出自上面十層,十層以下是淤沙和陶片,同時還出土陶器、瓷器、銅器和竹木器等三千多件。雖然簡牘數量近2 400枚,但完整者僅百枚左右,其他極爲殘碎。① 據此看來,這批簡牘在棄置井內之前可能也早已失去了檔案的地位,與垃圾雜物堆放在一起,呈現極爲零散殘碎的狀態。湘鄉三眼井遺址 J1 出土楚簡,目前僅披露簡牘數量約700 枚,井內堆積物爲淤泥夾雜筒瓦、板瓦、陶器殘片、竹木質物品等,② 似乎也近於里耶秦簡。可惜,蘇仙橋吳簡、兔子山七號井簡牘及三眼井楚簡相關情況刊布較少,難以進一步討論。

綜上,大部分古井簡的情況都與里耶簡類似,而尚未正式刊布的益陽兔子山三號井簡牘,則可能近於走馬樓吳簡。據發掘者介紹:"三號井出土簡牘 4 700 多枚,是成捆成束同一時間棄置於廢井中,出土位置距井口 5.3米。"③如果這個觀察不誤,鑒於簡牘數量近五千枚,三號井簡牘很可能也是從檔案室直接拿來棄置井內的。從目前公布的第五層第二組簡牘揭剥圖看來,卷束狀態較爲明顯,④三號井簡牘棄置之前可能也是編聯成册的,與走馬樓吳簡相近。不過,簡牘出自第五層,⑤顯見上面還有多層堆積。可惜簡牘及發掘情況,目前披露極少,難以進一步研究。

同樣值得注意的是兔子山遺址九號井簡牘。據發掘者介紹,井內堆積分九層,包含碎瓦片、陶罐、瓦當、木弩機、木質建築構件、竹條、鐵釜、鐵鋸、麻鞋、漆木器等雜物,簡牘出自第三、五、七、八層,與雜物共存。⑥ 據此,在棄置井內之前可能就已經作爲垃圾,與雜物一起放置在地面。不過,發掘者觀察到,"竹簡出土時有成組出現和零星分散兩種情況……第 7 層簡牘多係古

---

① 2018 年 12 月 8 日在長沙舉辦的五一廣場簡出版座談會上,張春龍先生報告益陽兔子山七號井發掘情況及部分簡牘內容,筆者有幸聆聽。2018 年 12 月 31 日,進一步向張春龍先生請教,並獲得允許引用上述信息,謹致謝忱!

② 張春龍《湘鄉市三眼井戰國遺址》,《中國考古學年鑒 2015》,2016 年,第 260 頁。

③ 張春龍《湖南益陽兔子山遺址三號井"爰書"簡牘一組》,何駑主編《李下蹊華——慶祝李伯謙先生八十華誕論文集》,北京:科學出版社,2017 年,第 859 頁。

④ 周西璧《古井中發現的益陽》,《大衆考古》2014 年第 6 期,第 33 頁。

⑤ 周西璧《古井中發現的益陽》,第 35 頁。

⑥ 湖南省文物考古研究所、益陽市文物處《湖南益陽兔子山遺址九號井發掘簡報》,《文物》2016 年第 5 期,第 32—33 頁;湖南省文物考古研究所、益陽市文物管理處《湖南益陽兔子山遺址九號井發掘報告》,《湖南考古輯刊》第 12 集,2016 年,第 131—133 頁。

人一次性投入井中,但漂散且混雜在淤泥和生活垃圾中,現場清理時分四組提取",①第三、五、八層簡牘分散出現在填土中。② 第七層簡牘果真如發掘者所言是一次性投入井中,則不能斷然否定直接從檔案室拿來棄置井内的可能性。不過,據相關研究,第七層簡牘雖可分爲卒名籍、吏名籍、與"佰"相關的名籍、里名籍等四種,③但其内容未見有機聯繫,是否可以復原成册還是大可疑問的。④ 因此,第七層簡牘是否直接從檔案室取走棄置井内,棄置之前是否編聯成册,還需要進一步考慮。

需要特別指出的是,發掘者認爲第七層簡牘多楚文字風格,屬於戰國楚時期的遺留物,⑤而第三層出土了秦二世元年的詔書文告(3·1)及一枚司法文書簡(3·2),從内容及書寫風格上看,毫無疑問是秦簡。若此不誤,則九號井下層簡牘時代早,上層簡牘時代晚,似乎該井簡牘棄置持續過程較久。而據井内不同層位的瓦片往往可以拼合的現象,發掘者推測其廢棄時間較爲短暫。⑥ 故此,關於簡牘的棄置過程存在前後矛盾和難以理解之處。實際上,第七層所謂楚文字風格的簡牘,根據目前的研究,應是秦楚之際反秦勢力占領益陽後,當地吏員有意模仿楚國文字而書寫的,故帶有楚秦文字風格雜糅的特點。⑦ 如此一來,令發掘者困惑的一面書作楚文字、一面書作秦文字的簡牘(7·151),即可理解爲刻意模仿戰國古文寫法的產物。因此,第七層簡牘的年代反較其上的第三層更晚。故此,基本上可以確定九號井簡牘棄置過程持續時間較短。

---

① 湖南省文物考古研究所、益陽市文物管理處《湖南益陽兔子山遺址九號井發掘報告》,第 146 頁。

② 湖南省文物考古研究所、益陽市文物處《湖南益陽兔子山遺址九號井發掘簡報》,第 42 頁;發掘報告稱第 3、8 層簡牘分散出現在填土中,未提第 5 層(湖南省文物考古研究所、益陽市文物管理處《湖南益陽兔子山遺址九號井發掘報告》,第 148 頁),不知何故。

③ 廣瀨薰雄《益陽兔子山遺址 J9⑦出土簡牘初探》,載徐少華、谷口滿、羅泰主編《楚文化與長江中游早期開發國際學術研討會論文集》,武漢:武漢大學出版社,2021 年,第 370—372 頁。

④ 第七層簡牘雖然公布了揭剥圖,但隨文刊載的簡牘的編號與揭剥圖號並不是一回事,且未交待兩者對應關係,無法判斷不同坨之間是否對應不同的内容,誠爲憾事。

⑤ 湖南省文物考古研究所、益陽市文物處《湖南益陽兔子山遺址九號井發掘簡報》,第 43、47 頁;湖南省文物考古研究所、益陽市文物管理處《湖南益陽兔子山遺址九號井發掘報告》,第 149 頁。從表述上看,前者較後者更加傾向於認爲,第七層簡牘是戰國楚時期的遺留物。

⑥ 湖南省文物考古研究所、益陽市文物處《湖南益陽兔子山遺址九號井發掘簡報》,第 47 頁;湖南省文物考古研究所、益陽市文物管理處《湖南益陽兔子山遺址九號井發掘報告》,第 133 頁。

⑦ 田煒《從秦"書同文字"的角度看秦印時代的劃分及秦楚之際古文官印的判定》,西冷印社編《第五屆"孤山證印"西冷印社國際印學峰會論文集》,杭州:西冷印社出版社,2017 年,第 36—38 頁;廣瀨薰雄《益陽兔子山遺址 J9⑦出土簡牘初探》,載徐少華、谷口滿、羅泰主編《楚文化與長江中游早期開發國際學術研討會論文集》,第 364—365 頁。

　　若上述不誤,則九號井簡牘的情況比較複雜,部分簡牘應是作爲垃圾零星投入井内的,部分簡牘(第七層)則不能排除集中清理的可能性。即使是集中清理,棄置之前也未必就編聯成册。可以説,九號井簡牘的情形,近於走馬樓吳簡與里耶秦簡兩種類型之間。發掘者雖然公布了該井全部有字簡牘及第七層揭剥圖,可惜簡牘過於殘碎,無法嘗試復原成册,尚難進一步證實上述推測。

　　另,郴州蘇仙橋遺址古井出土的西晉簡,發掘者分四組提取,且簡牘内容關聯密切。[①] 比對兔子山九號井簡牘成組出現的情況,蘇仙橋西晉簡也可能是一次性投入井中,惜發掘信息太少,層位及堆積信息不詳,無法進一步討論。

四　揭剥圖的適用性

　　文書簡自從在我國西北地區出土以來,一方面其價值日漸引起學界的重視,一方面作爲一種與傳世史籍特點迥異的資料,如何開展研究也受到學界的關注,不時湧現出研究思路與方法的討論。尤其是隨着以日本學者開展的簡牘册書復原和簿籍集成爲代表的古文書學研究思路取得重要成果,[②] 學界逐漸認識到從文書學的角度入手開展文書簡研究的重要性,並大力宣導。[③] 可惜文書學研究一直没有得到充分和深入展開,其中一個重要原因就是没有抓手,考古信息披露較少,簡牘層位、伴出物、彼此位置關係等信息不明,無從開展簡册復原或類似工作。而走馬樓吳簡的出土及發掘者繪製的揭剥圖,改變了這一趨勢。這批簡牘分區提取後,運進室内進行清理揭剥期

---

① 湖南省文物考古研究所、郴州市文物處《湖南郴州蘇仙橋遺址發掘簡報》,《湖南考古輯刊》第 8集,2009 年,第 95—102 頁;鄭署斌、張春龍、宋少華、黃樸華編著《湖南出土簡牘選編》,長沙:岳麓書社,2013 年,第 362—390 頁。

② 簡册復原方面,大庭脩做出開創性工作,復原元康五年詔書册,參《居延出土的詔書册與詔書斷簡》,原刊於《關西大學學術研究所論叢》52 卷,1961 年,此據中譯本,收入中國社會科學院歷史研究所戰國秦漢史研究室編《簡牘研究譯叢》第二輯,北京:中國社會科學出版社,1987 年,第1—34 頁。簿籍集成方面,永田英正做出奠基性工作,參作者《居延漢簡研究》第一、二章,第42—254 頁。

③ 徐蘋芳《漢簡的發現與研究》,原載《傳統文化與現代化》1993 年第 6 期,此據作者《中國歷史考古學論集》,第 303—309 頁;謝桂華、沈頌金、鄔文玲《二十世紀簡帛的發現與研究》,載謝桂華《漢晉簡牘論叢》,第 468、472 頁;籾山明《日本居延漢簡研究的回顧與展望——以古文書學研究爲中心》,載《中國古代法律文獻研究》第九輯,2015 年,第 154—175 頁。

間,整理者分坨、分層、分面進行了細心的揭剥,同時用圖紙、照片、文字等記錄了簡牘的堆積叠壓信息,在此基礎上形成了揭剥圖。[①] 換言之,揭剥圖是瞭解走馬樓吳簡堆積在井内時簡牘相對位置信息的最直接資料,爲恢復吳簡的原始編聯狀態提供了不可替代的關鍵信息。這一利器,不僅爲部分學者發現並據此做了相當多的簡册復原工作(詳前),其在簡牘文書學研究方面發揮的不可或缺的重要作用,也爲越來越多的學者所注意和重視。[②] 也正因爲揭剥圖對於走馬樓吳簡研究的關鍵作用,在里耶秦簡、五一廣場東漢簡、走馬樓西漢簡等古井簡發掘之後,期待也同樣繪製揭剥圖的學者,相信不在少數。[③]

然而,揭剥圖真正適用這麼多批次古井簡嗎? 弄清楚古井簡的棄置與性質,即可明瞭揭剥圖的適用性和有效性。前面的分析表明,以成卷成册的狀態棄置於井中者,實在少之又少,目前只能確信走馬樓吳簡屬於此種類型,兔子山三號井可能近似。而其他古井簡在棄置井中之前,早已散亂無章,不是首尾俱足的册書,可能與其他雜物混在一起,故棄置井内後呈現出與雜物相伴共存的狀態。這種狀態,最有代表性的是走馬樓西漢簡,發掘者多次强調,"簡牘夾裹在竹頭木屑之中",[④]"簡牘與竹木屑、篾席殘物交錯纏繞……淤泥滲注其間,粘連緊密",[⑤]可見其叠壓堆積之複雜。五一簡同樣如此,發掘者描述爲像麻花一般絞纏在一起。[⑥] 如此複雜的堆積,顯然在棄置之前絶對不可能是編聯成卷的册書。而揭剥圖的一大作用在於呈現簡牘的原始叠壓狀態,進而復原册書開展文書學方面的研究,如果其原始堆積本

---

① 關於走馬樓吳簡的揭剥原則及揭剥圖的繪製情況,可參宋少華《長沙三國吳簡的現場揭取與室内揭剥——兼談吳簡的盆號和揭剥圖》,《吳簡研究》第 3 輯,2011 年,第 1—8 頁;宋少華《關於長沙走馬樓吳簡前期整理方法的觀察與思考》,《鄭州大學學報(哲學社會科學版)》2017 年第 5 期,第 100—101 頁。

② 如楊振紅將揭剥圖視爲簡帛整理與研究的一個重要層面(作者《簡帛學的知識系統與交叉學科屬性》,第 100 頁);沈剛也對揭剥圖在吳簡研究方面的作用予以較高評價(作者《出土簡牘與秦漢魏晉史研究》,《社會科學戰綫》2018 年第 6 期,第 126 頁)。從文物市場購藏的北大秦簡,整理者進行了科學的室内考古並繪製了揭剥圖,不能排除也是受到了走馬樓吳簡整理的影響與啓發。

③ 如 Yates 就認爲里耶秦簡没有像張家山漢簡一樣提供簡牘相對位置的圖片,誠屬遺憾。Robin D.S. Yates, *The Qin Slips and Boards From Well No.1, Liye, Hunan: a brief introduction to the Qin Qianling Country Archives*, early china, Volume35, 2013, p.296.

④ 長沙簡牘博物館、長沙市文物考古研究所聯合發掘組《2003 年長沙走馬樓西漢簡牘重大考古發現》,第 58 頁。

⑤ 長沙簡牘博物館、長沙市文物考古研究所聯合發掘組《2003 年長沙走馬樓西漢簡牘重大考古發現》,第 59 頁。

⑥ 2018 年 12 月 8 日,筆者在長沙參加五一廣場簡出版座談會,蒙黃樸華、何佳諸先生告知,謹致謝忱!

來就不是成卷成册的,揭剝圖無論多麽精確詳細,恐怕也都無濟於事。另外,鑒於走馬樓西漢簡、五一廣場東漢簡極爲複雜的堆積狀態,顯然也不具備繪製揭剝圖的條件。因此,雖然揭剝圖對走馬樓吴簡的研究發揮了巨大的促進作用,但不宜盲目應用到所有古井簡牘上,全部都要求繪製揭剝圖。

不過,考慮到考古信息——尤其簡牘的物質信息,[1]對簡牘整理與研究往往起到意想不到的突出作用,筆者仍然期待發掘者以適當的方式盡可能多地提供簡牘出土的信息。

五 結 語

目前已經正式刊布或零星披露的古井簡中,只有走馬樓吴簡較爲特殊,在棄置井中之前屬於編聯成册的檔案,是直接從文書室拿來棄置井内的,且這一過程極爲短暫,應該屬於檔案的集中清理。情形與之近似的,唯有益陽兔子山三號井簡牘。至於里耶秦簡、走馬樓西漢簡、東牌樓東漢簡、五一廣場東漢簡、郴州蘇仙橋吴簡、益陽兔子山七號井簡牘等,性質皆與之迥異,不屬於檔案的集中清理,可能早已作爲垃圾與其他雜物一起放置在地面,後來才棄置井内,棄置過程也要久一些。而且,這些簡牘在棄置井中之前,大部分都没有編聯成册,呈零亂分散的狀態。當然,理論上,即使是同一口井出土的同一批簡牘,也不排除存在另一種可能:部分簡牘是以成卷成册的狀態棄置井内的。細察發掘報告,類似此種情形的,目前僅見益陽兔子山九號井簡牘。蘇仙橋西晋簡或許也是如此。當然,需要澄清的是,即使是在棄置井内之前就已失去檔案地位的簡牘群,也並不意味着就一定找不到兩枚或兩枚以上可以編聯在一起的簡牘,甚至完整的册書。畢竟,首尾完整的册書有可能在廢棄散亂之後,全部都棄置井中。[2]

---

[1] 考古信息對簡牘整理與研究的推動作用,不僅體現在揭剝圖對於走馬樓吴簡的復原上,還突出體現在簡背劃痕對典籍簡的整理編聯上。相關研究,可參孫沛陽《簡册背劃綫初探》,《出土文獻與古文字研究》第四輯,2011年,第449—462頁;何晋《淺議簡册制度中的"序連"——以出土戰國秦漢簡爲例》,《簡帛》第八輯,2013年,第451—470頁。

[2] 除前舉里耶秦簡的"訊敬"簡册外,五一廣場簡也見到可編聯者,參周海鋒《長沙五一廣場東漢簡牘文書復原舉隅(一)》,2018年12月26日刊於簡帛網,http://www.bsm.org.cn/show_article.php?id=3280。

此前學界對古井簡性質的認識往往存在模糊不清之處，多數認同檔案之説，①本文對古井簡性質的分析，相信有助於廓清學界在這一方面存在的認識誤區。同時，借助本文的分析，亦可明確判斷揭剥圖的適用性。此前在走馬樓研究方面發揮重要作用的揭剥圖，並不適用於所有批次古井簡，更準確地説，大多數批次古井簡都不適用。换言之，要求所有古井簡牘都繪製揭剥圖，無疑是非常盲目的，會給考古工作造成不必要的干擾。學界對揭剥圖的有效性和必要性，需要保持清醒的認識。

進一步而言，澄清揭剥圖的適用性與有效性，其實只是解決古井簡的棄置與性質等基本問題所帶來的益處之一，在其他諸多方面同樣有助於考古界和學術界以後工作的開展。發掘者可以提早準確判斷古井簡的性質，進而采取更爲科學詳密的工作方案，而研究者可以排除對古井簡的研究抱有的盲目期待及其造成的無謂干擾，少走一些彎路，把更多精力放在行之有效的研究上面來。

從前面的論述中不難看出，關於古井及古井簡的發掘信息，考古工作者所提供的遠遠談不上很豐富。之所以如此，想必是因爲種種主客觀條件的限制，導致了發掘工作無法做到慢工出細活，各方面的信息自然十分有限。考慮到古井開口較小，井内堆積一般是伴隨地面上遺址的人類活動而產生，且層次分明、不易被擾亂的特點，古井堪稱記録地面遺址人類活動的活化石。如果能利用現代科技手段對井内堆積物進行充分的測量與分析，並對周邊遺址進行詳盡的考古工作，同時結合出土簡牘與文獻記載，我們對遺址活動的研究，肯定會向前大大推進。② 尤其是湖南長沙五一廣場附近地區及益陽兔子山遺址，作爲歷代郡縣官署所在區域，③不僅古井成群，而且井内出土不同時代的大量簡牘，其意義與價值不比里耶古城小，相關考古工作如能更爲充分一些，我們對楚、秦、漢到三國時期的縣城及官署

---

① 如張忠煒就認爲湖南地區古井簡牘絕大多數均爲檔案，見《墓葬出土律令文獻的性質及其他》，《中國人民大學學報》2015 年第 5 期，第 42 頁。此外，徐暢也認爲長沙市中心出土的古井簡，都是有規劃封存的，見《長沙走馬樓三國吳簡整理研究二十年熱點選評》，《簡帛》第十五輯，2017年，第 225 頁。

② 比如里耶古城的研究，就可以結合出土器物、遺址布局與簡牘等三者。不過，因爲里耶秦簡尚未公布半數，對古城所駐機構與功能的研究，還難以深入。

③ 長沙五一廣場附近區域，歷代都有郡縣官署，參黃樸華主編《長沙古城址考古發現與研究》，長沙：岳麓書社，2016 年，第 66—75 頁。益陽兔子山遺址，通常認爲是益陽縣官署所在。

活動的研究,[①]也將會更上一個臺階。

　　附記：該文 2019 年 1 月草成,先後得到宋少華、張春龍、黄樸華、侯旭東、凌文超、方誠峰、盧亞輝、屈濤、陳韵青等師友的指點教示。删减本刊於《文史》2021 年第 2 輯,此録全文。

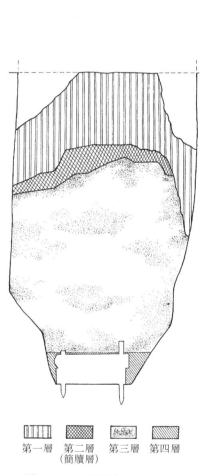

第一層　第二層　第三層　第四層
　　　　（簡牘層）

圖 7-1　走馬樓古井 J22 剖面

圖 7-2　里耶古井 J1 剖面

① 據目前的報導及披露,益陽兔子山遺址古井出土了楚、秦、西漢末、東漢晚期至三國的簡牘(湖南省文物考古研究所《二十年風雲激蕩 兩千年沉寂後顯真容》,《中國文物報》2013 年 12 月 6 日第 6 版,第 1—3 頁),跨越的時段堪比長沙五一廣場附近出土的簡牘。

第八章
文書簡研究取徑與方法的再思考
——以文書學和考古學爲中心

官府行政作業過程中產生的各種書檄符券、簿籍帳册、公文等文書簡牘,[①]絕大部分出自邊塞烽燧、傳置和古井,小部分出自墓葬。烽燧傳置簡——如居延漢簡、敦煌漢簡、懸泉簡等,[②]自然不用説,出自漢代邊塞的防禦機構,本來就屬於官方設施;古井簡——如走馬樓吴簡、里耶秦簡、五一廣場簡、益陽兔子山簡、湘鄉三眼井楚簡等,出自官署遺址中的古井。兩者絕大多數都是官府文書。墓葬較具個人化色彩,所出簡牘多是記録隨葬品清單的遣策和典籍文獻,偶爾也有文書,如包山楚簡司法文書、尹灣漢墓和黄島漢墓郡縣簿籍等。到今天爲止,已經公布和有待公布的文書簡,已近二三十萬枚,可算是井噴式發現。

1925 年王國維豔稱殷墟甲骨文字、敦煌塞上及西域各處之漢晋木簡、敦煌出土六朝唐人寫本書卷和内閣大庫收藏元明以來之書籍檔册等爲近代古文獻之四大發現,並認爲其中任何一項的價值,都足以比肩孔壁中書和汲冢古書。[③] 當時所見的漢晋簡牘,不過數千枚,而今天則是當時的數十百倍。

---

① 從王國維、勞榦以來,學界對"文書簡"的定義就不甚一致,但後來隨着典籍簡牘的大量出土,學界逐漸采取將文書簡、典籍簡對舉的二分法,以致於文書簡成爲囊括典籍簡之外所有簡牘的概念(可參李均明《秦漢簡牘文書分類輯解》,第3—8 頁)。實際上,典籍簡之外,還包括律令文書(如張家山漢簡《二年律令》、睡虎地秦簡《秦律十八種》等)、私人書信等,而這兩類資料與學界習稱的因行政作業而產生的"文書簡"特點迥異,不宜籠統放在一起。有鑒於此,同時也考慮到討論的集中性,本書使用的"文書簡"概念不包括律令簡與私人書信等。
② 懸泉置漢簡出自漢代官方機構——傳置遺址,與烽燧同樣具有面積開闊的特點,而與古井、墓葬的環境特點迥異,爲敘述方便,一併討論。
③ 王國維《最近二三十年中國新發見之學問》,載謝維揚、房鑫亮主編《王國維全集》,第十四卷,杭州:浙江教育出版社,2010 年,第 239 頁。

而且,文書簡絕大多數都是基層政府留下的即時性資料,未經史家的筆削增減,故可視爲真正意義上的第一手記録,①具有不可替代的重要價值。今天研究戰國秦漢歷史而不關注簡牘,幾有"不預流"之虞。針對這些與傳世文獻既有聯繫又性質迥異的寶貴資料,該如何開展研究、怎麽研究才更加有效,也需適時總結和反思。

一　文書簡研究與二重證據法的得失

提起出土文獻研究——包括文書簡在内,影響最爲廣泛的就是王國維1925 年提出的二重證據法:"吾輩生於今日,幸於紙上之材料外,更得地下之新材料。由此種材料,我輩固得據以補正紙上之材料,亦得證明古書之某部分全爲實録,即百家不雅馴之言亦無不表示一面之事實。此二重證據法,惟在今日始得爲之。"②這一提法有一個演變發展的過程,同時也有其特定的背景——即針對古史辨運動懷疑古史而發,③並不單純是着眼於如何研究出土文獻。其後陳寅恪將之提煉爲"取地下之實物與紙上之遺文互相釋證"。④ 這一概括簡單直接,棄去了王國維當時發言的背景考慮,對後來學者的影響更大。

儘管王國維這一提法並非專爲簡牘研究而發,但其研究路徑毫無疑問可以應用在文書簡研究方面。作爲中國簡牘研究的開山鼻祖,王國維、羅振玉身體力行,對斯坦因第二次中亞之行所獲敦煌漢簡開展了研究,取得驕人成績。⑤ 細察王國維在簡牘方面的成果,不僅研究簡牘文字,關注到簡牘形制、文書制度等多領域,還敏鋭注意到簡牘出土地的重要性,可以説研究面向相當豐富、研究視野相當廣闊了。隨後,勞榦繼踵先賢,依據居延舊簡的

---

① 學者一度有"史書出,史料亡"的感歎,認爲文書簡較前四史等傳世史籍更爲真切地反映了歷史事實。詳參侯旭東《"史書"出,"史料"亡》,《中華讀書報》2007 年 9 月 19 日。
② 王國維《古史新證》,載謝維揚、房鑫亮主編《王國維全集》,第十一卷,第 241—242 頁。
③ 關於二重證據法提出的背景和演變等,可參李鋭《"二重證據法"的界定及規則探析》,《歷史研究》2012 年第 4 期,第 116—133 頁。
④ 陳寅恪《王靜安先生遺書序》,載《陳寅恪集 金明館叢稿二編》,北京:生活·讀書·新知三聯書店,2001 年,第 247 頁。
⑤ 王國維、羅振玉《流沙墜簡》。

資料,結合傳世文獻,對漢代的軍事、政治、邊塞等各方面的制度作了綜合考證分析,取得不俗成績。[①] 後來者更是利用簡牘資料與傳世文獻對證,解決了不少疑難問題。可以説,"二重證據法"至今依然普遍運用於簡牘、甲骨、青銅器、碑刻等出土文獻研究中,成就不可謂不大。

　　當然,必須指出來,王國維在實踐"二重證據法"時並非簡單地用出土文獻去證明傳世文獻,陳寅恪應該也意識到了這一點,故表述爲兩者"互相釋證"。不幸的是,後來却發展出一種非常欠缺精細度的研究取徑,即用出土文獻去論證和證明傳世文獻。這一做法存在深刻的學理缺陷和邏輯矛盾,並不是運用出土文獻的科學方法,極易引致錯誤的推導和解讀。[②] 換言之,假使出土文獻出現了某個(些)與傳世文獻相同的記載,也並不能天然地證明傳世文獻的記載就是事實。進一步説,需要辨别兩種出土文獻:追述過去歷史的文獻和當時無意遺留的文獻;前者以典籍爲代表,後者以檔案文書爲代表。就時效性來説,檔案文書因爲是事件發生過程中的無意遺留,故可視爲未經剪裁的一手文獻;而典籍文獻則追述過去的歷史,反映的是典籍文獻作者及其時代的認識,並非即時性的和一手的。換言之,出土的漢代文書檔案,雖然肯定也有文書吏有意無意的"修飾",但關於漢代歷史的記載無疑是值得高度重視的,在與《漢書》的記載相矛盾時,相信較《漢書》更經得起檢驗;而出土的漢代典籍類文獻,關於早期歷史的記載(譬如三代或戰國),其有效性並非天然就比傳世漢代典籍(如《史記》)更高,出土漢代典籍類文獻也只是漢人及其時代的一種認識,只不過没有像傳世文獻一樣幸運地流傳下來而已。從這一點來説,典籍類出土文獻,即使與傳世文獻的某些説法相合,也只是爲傳世文獻增加一條證據而已,並不能證明後者的正確性。反之,典籍類出土文獻出現了與傳世文獻不同的記載,並不能證明傳世文獻就錯了。從這一點來説,今天認爲出土文獻證明或證實了傳世文獻的某些做法,是有失偏頗的。

　　無須諱言,在文書簡研究方面,也存在一種愈演愈烈的傾向,即僅僅直接比勘簡牘與傳世文獻的相關記載,將出土文書簡單純當作另一種文獻記載,而忽視其獨特的生成背景與特點。這一做法偏離了王國維的研究實踐,

---

① 勞榦《居延漢簡考釋——考證之部》,1944 年初版,此據作者《居延漢簡　考釋之部》。
② 可參拙文《"二重證據法"之再審視》,待刊。

考慮問題略欠周到。進一步説，文書簡多數較爲殘碎，且能與傳世文獻直接勾連者實在少之又少，因此這種簡、史互證的研究思路，效果有限。具體而言，首先是能被利用的簡牘較少，如勞榦的皇皇巨著《居延漢簡考證之部》引用居延舊簡才 700 多枚，僅占全部的 7% 左右，①絕大多數都未發揮應有的作用。其次，某地出土的文書簡，基本上反映了所駐機構作業簿籍的大致狀況，一定程度上可以視爲一個整體。如果拆開來進行孤立分析，等於是割裂了簡牘之間的内部聯繫，其效果自然遠不如整體性分析。再次，文書簡都是即時性遺留，未經後人的筆削潤色，反映的信息都是當時實際行用和發生的，這與後世史家綜合各方面材料撰寫的傳世史籍並不相同。換言之，文書簡記載的内容，傳世文獻未必有；文書簡記載的名物，即使傳世文獻同樣記載，但内涵和所指也未必相同。

　　實際上，藤枝晃早就批評過簡牘資料與傳世文獻簡單互勘的研究思路，認爲並不是正確利用漢簡的途徑。因爲在這種研究方式之下，"一萬枚斷片在任何時候也只是一萬枚斷片，不僅無法推進漢簡研究，且最終或將陷入語句的細微末節，或輕率比勘木簡與史籍，以致引起誤解"。② 這一批評，無疑是非常敏鋭的。③ 此後，徐蘋芳、永田英正、謝桂華等紛紛宣導從古文書學的角度開展漢簡研究。④ 近年來隨着簡帛學理論的深入思考和進一步建構，學界更加關注到簡帛的交叉屬性，呼籲重視與利用簡帛的考古信息。⑤ 可以説，學界已經深刻認識到文書簡研究不能僅僅關注文字，有必要從文書學和

① 永田英正《續簡牘研究事始の記》，載《日本秦漢史學會會報》第 11 號，2011 年，第 268 頁。
② 藤枝晃《長城のまもり—河西地方出土の漢代木簡の内容の概觀》，原載《ユーラシア学会研究報告》第 2 號，1955 年，轉引自籾山明《日本居延漢簡研究的回顧與展望——以古文書學研究爲中心》，此據增補稿，載《中國古代法律文獻研究》第九輯，第 158 頁。
③ 近期凌文超提出了"二重證據分合法"的思路，即先針對出土文獻展開獨立研究，得出獨立結論，條件成熟再與傳世文獻和依據傳世文獻得出的結論相比勘（作者《考信於簿——走馬樓吴簡采集簿書復原整理與研究》，博士學位論文，北京大學，2011 年，第 12—14 頁；後以《長沙走馬樓三國吴簡采集簡研究述評》爲題，發表於《中國中古史研究》第四卷，2014 年，第 242 頁；此據作者《走馬樓吴簡采集簿書整理與研究》，第 470—471 頁。新近的思考，參作者《吴簡與吴制》，北京：北京大學出版社，2019 年，第 8—12 頁）。這一提法，值得重視。
④ 徐蘋芳《漢簡的發現與研究》，載作者《中國歷史考古學論集》，第 303—309 頁；謝桂華、沈頌金、鄔文玲《二十世紀簡帛的發現與研究》，載謝桂華《漢晉簡牘論叢》，第 468、472 頁；籾山明《日本居延漢簡研究的回顧與展望——以古文書學研究爲中心》，載《中國古代法律文獻研究》第九輯，第 154—175 頁。
⑤ 楊振紅《簡帛學的知識系統與交叉學科屬性》，第 99—101 頁；蔡萬進《出土簡帛整理的理論與實踐》，《鄭州大學學報（哲學社會科學版）》第 50 卷第 5 期，2017 年，第 83—84 頁；沈剛《出土文書簡牘與秦漢魏晋史研究》，《社會科學戰綫》2018 年第 10 期，第 126—127、129 頁。

考古學的角度開展研究，並且在這方面做了不少工作。因此，適時總結與反思這方面的進展，對於簡帛學或歷史學的未來發展也不無裨益。

二　從文書學和考古學的角度重思文書簡研究的取徑與方法

　　文書簡牘不僅有着與傳世文獻不同的生成背景，且每批簡牘之間也存在特點迥異的埋藏環境，從發掘整理到出版面世的過程中更與考古學有着千絲萬縷的關係。有鑒於此，這裏結合文書簡自身的特點，從文書學與考古學的角度，品評學界之前工作的得失，全面反思文書簡研究的取徑與方法。需要説明的是，限於篇幅和立意，本章並非面面俱到的學術史梳理，而是選取重要的研究取徑與方法做深入評述。大致可概括爲八個層面，下面依次分析討論。

（一）注意簡牘的物質形態和文本形態

　　文字記録必須依存於一定的載體，呈現一定的方式，在簡牘作爲主要書寫載體的時代，則需要留意簡牘文獻的物質性與文本形態。簡牘的物質形態，包括材質、尺寸、刻齒、斷簡茬口及編聯、收卷方式等等；文本形態則指符號、版面、反印文、背劃綫、簡側墨綫、筆迹、用印，以及正本、副本、草稿等狀態的判定。這些信息貌似瑣細，但在具體研究中往往起到意料之外的關鍵作用。

　　簡牘所具有的的特殊形狀，往往透露重要信息。比如居延漢簡與里耶秦簡中的物資出入簡，簡側通常有契口刻齒，學者深入研讀，發現不同的刻齒代表不同的數字，且刻齒表示的數值與簡文數值相對應；[1]又如，里耶秦簡中削成階梯形狀的"束"簡，學者推測是用來捆扎那些叠壓存放而非編綴的簡牘的。[2]此外，還可以根據茬口、材質紋理和詞例，推進斷簡綴

---

[1]　籾山明《刻齒簡牘初探—漢簡形態論のために》，載中國社會科學院簡帛研究中心編《簡帛研究譯叢》第二輯，第 147—177 頁；張春龍、大川俊龍、籾山明《里耶秦簡刻齒簡研究——兼論嶽麓秦簡〈數〉中的未解讀簡》，《文物》2015 年第 3 期，第 53—69、96 頁。
[2]　籾山明《簡牘文書學與法制史——以里耶秦簡爲例》，載柳立言主編《史料與法史學》，第 40—49 頁。

合工作。① 至於形狀特殊的封檢、多面體觚、中間起脊的木牘等,其具體作用更值得進一步研究。② 即使是常見的簡牘形態,深入研究也能發現一些規律性的現象。比如西北漢簡中常見的單劄與兩行簡,角谷常子綜合分析後即認爲文書正本使用兩行,草稿多用劄。③ 最近有學者重點分析了兩行、札、牒等簡牘物質形態對於基層行政的影響,④還有學者探討了牘與短章文體形成的關係。⑤ 儘管所得結論值得商榷,但在在提示我們:作爲與現代社會常用的紙張不同的特殊書寫載體,簡牘的影響是廣泛的、多方面的,值得深入思考與研究。

從簡牘過渡到紙張,書寫載體的更替勢必引起諸多方面變化。此前清水茂即已討論過紙張的廣泛行用對於漢代經學學風與學術面貌的重大影響。⑥ 作爲管理技術工具,簡牘與紙張的更替,在國家統治方面肯定也有相應的影響。比如有學者指出,在東晉十六國之前,簡牘作爲户口名簿記的書寫載體,太過龐大笨重,故僅由地方縣鄉收藏存放,而將統計數字上報至州郡和中央,等到輕便的紙張代替簡牘之後,中央才有條件收藏全國各地的户籍文書。⑦ 新近又有學者進一步指出,這一書寫載體的更替引起了國家統治重心的轉移。⑧ 這些研究揭示出從物質形態層面觀察書寫載體所具有的重大意義。

至於文本形態,比如文書簡牘中廣泛存在着句讀、勾校、題示等各種符

① 謝桂華《居延漢簡的斷簡綴合和册書復原》,原載《簡帛研究》第二輯,1996 年,此據作者《漢晉簡牘論叢》,第 74—81 頁;鄔文玲《東牌樓東漢簡牘斷簡綴合與研究》,《簡帛研究 2005》,2008 年,第 187—204 頁;楊小亮《金關簡牘編聯綴合舉隅——以簡牘書體特徵考察爲中心》,《出土文獻研究》第十三輯,2014 年,第 300—309 頁。
② 冨谷至注意到典籍簡、詔書與檄的特殊形制,提出了視覺木簡這一頗具啓發的觀察視角。參作者《文書行政的漢帝國》第一編,第 9—88 頁。
③ 角谷常子《簡牘の形狀における意味》,收入冨谷至編《邊境出土木簡の研究》,京都:朋友書店,2003 年,第 90—98 頁。
④ 石昇烜《從簡牘物質形態論秦漢基層公文書制度與行政》,博士學位論文,臺灣大學,2021 年。
⑤ 徐建委《牘與章:早期短章文本形成的物質背景》,《文獻》2022 年第 1 期,第 123—138 頁。
⑥ 清水茂《紙的發明與後漢的學風》,原載《東方學》第 79 號,1990 年,此據《清水茂漢學論集》,蔡毅中譯本,北京:中華書局,2003 年,第 22—36 頁。
⑦ 韓樹峰《論漢魏時期户籍文書的典藏機構的變化》,《人文雜志》2014 年第 4 期,第 72—80 頁。作者的進一步申論,可參《從簡到紙:東晉户籍制度的變革》,《中國人民大學學報》2020 年第 5 期,第 163—172 頁。
⑧ 張榮強《中國古代書寫載體與户籍制度的演變》,《武漢大學學報(哲學社會科學版)》2019 年第 3 期,第 92—106 頁;張榮強《簡紙更替與中國古代基層統治重心的上移》,《中國社會科學》2019 年第 9 期,第 180—203 頁。

號,在版面上則有容字、留空、分欄、抬頭、提行等差異和講究,對這些問題點的分析研究,①有助於認識當時文書類文獻的形態、樣式和特點,豐富文獻學的内涵。又如居延舊簡中部分簿籍簡,簡側有整齊劃一的墨劃綫,起到指示書寫起始處與分欄的作用,很可能與特殊的書寫姿勢有關。② 里耶秦簡少數簡牘之間存在反印文,可據以推測彼此之間的叠壓關係和存放方式。③ 不限於文書簡的話,典籍簡常見的背劃綫,在文本整理方面發揮了至關重要的作用,這一點已引起學界的廣泛注意。④ 具體到完整的簿籍,呈文與細目的排列順序,也關係匪淺。⑤ 至於正本、副本、草稿等文書性質的判定,簽署筆迹和用印的謄録等,⑥不僅關係到文書制度和文書行政,也是利用具體文書開展進一步研究的起點。

　　這些對簡牘物質形態、文本形態與其功能之間關係的深入觀察,往往是單純解讀簡文所看不到的。可以説,對簡牘物質和文本形態全面而細緻的觀察,是簡牘研究的必備功課之一,同時也與簡牘本身屬於出土文物、具有考古屬性這一特點相吻合。當然,相信不難發現,若要充分開展這方面的研究,對簡牘整理與刊布的要求是遠比現在要高的,需要考古界和出版界予以特別注意和努力。

(二) 盡可能復原册書

　　所謂册書復原,是指依照一定的方法或方式將散亂無章的簡牘恢復

---

① 可參李均明、劉軍《簡牘文書學》,南寧:廣西教育出版社,1999 年,第 60—142 頁。
② 石升烜《再探簡牘編聯、書寫姿勢與習慣——以"中研院"史語所藏居延漢簡的簡側墨綫爲綫索》,《"中央研究院"歷史語言研究所集刊》第 88 本第 4 分,2017 年,第 644—715 頁。
③ 邢義田《湖南龍山里耶 J1(8) 和 J1(9) 1—12 號秦牘的文書構成、筆迹和原檔存放形式》,原載《簡帛》第一輯,2006 年,此據作者《治國安邦:法制、行政與軍事》,第 473—498 頁;張忠煒《里耶秦簡 9 - 2289 的反印文及相關問題》,原載《文匯報》第 390 期,2019 年 5 月 17 日,此據作者主編《里耶秦簡研究論文選集》,第 113—134 頁;馬增榮《秦代簡牘文書學的個案研究——里耶秦簡 9 - 2283、[16 - 5]和[16 - 6]三牘的物質形態、文書構成和傳遞方式》,第 349—416 頁。
④ 何晋《淺議簡册制度中的"序連"——以出土戰國秦漢簡爲例》,《簡帛》第八輯,2013 年,第 451—470 頁。
⑤ 侯旭東《西北所出漢代簿籍册書簡的排列與復原——從東漢永元兵物簿説起》,《史學集刊》2014 年第 1 期,第 58—73 頁;侯旭東《西北出土漢代文書簡册的排列與復原》,《簡帛》第十八輯,2019 年,第 109—132 頁。
⑥ 李均明、劉軍《簡牘文書學》,第 164—171 頁;汪桂海《漢代官文書制度》,第 119—128 頁;邢義田《漢代簡牘公文書的正本、副本、草稿和簽署問題》,《"中央研究院"歷史語言研究所集刊》第 82 本第 4 分,2011 年,第 601—676 頁;鷹取祐司《秦漢時代公文書の下達形態》,原載《立命館東洋史學》31 卷,2008 年,此據作者《秦漢官文書の基礎的研究》,第 243—270 頁;邢義田《漢至三國公文書中的簽署》,《文史》2012 年第 3 輯,第 163—198 頁。

到古代册書的狀態。大庭脩在這方面有開創性貢獻,1961 年即成功復原甲渠候官遺址(A8)出土的元康五年詔書册,[①]並總結了"出土地點相同、筆迹相同、形制相同、内容相關"的操作要點。[②] 在此基礎上,大庭脩考察了漢代詔書從中央下發到地方的運行流程,並更新了學界對御史大夫職掌的認識。考慮到當時學界尚不清楚全部居延舊簡的出土地,這一復原的難度極高。

在大庭脩復原元康五年詔書册後不久,參與居延舊簡檔案整理工作的陳公柔、徐蘋芳,也認識到册書復原工作在居延漢簡研究中的重要性,提出"在今後居延漢簡的整理和研究中,將同一地點出土的簡,經過對其形制、字迹、款式和内容的全面分析與整理之後,完全有可能把其中的某些已經散亂了的簿籍檔案復原成册,以便於逐宗逐件的加以研究。我們認爲,這在漢簡的研究工作中是一個值得注意的方面"。[③] 這一主張,宣導重視簡牘的出土地,通過仔細觀察簡牘的形制、書式、筆迹等以復原册書或繫聯成群,已經接近於後來日本學者宣導的古文書學研究的經典做法。兩位中國研究者有如此卓識,當與其深厚的考古學背景密切相關。不過,後來者很少能夠復原元康五年詔書册一樣逐級下發或上呈的文書,只能嘗試復原簿籍類文書殘册。[④] 之所以如此,一方面當然與簡牘遺存的偶然性密不可分,更重要的則是居延漢簡棄置之前已屬垃圾,成卷成册者本來就很少,大庭脩的復原工作具有非常大的偶然性。

與西北漢簡的殘碎零散相比,走馬樓吳簡是以卷册狀態棄置堆積在古井内的,且發掘者細心繪製了顯示簡牘彼此位置關係的揭剥圖,可以説爲復原簡册提供了得天獨厚的寶貴條件。最早開始這一工作的是侯旭東,他在細緻觀察揭剥圖的基礎上,復原了"嘉禾六年吏民人名年紀口食簿",並結合漢簡與傳世文獻考察了簿籍的製作與性質,進而探討了官府控制吏民人身

① 大庭脩《居延出土的詔書册與詔書斷簡》,原載《関西大学東西學術研究所論叢》第 52 輯,1961年,此據中譯本,載中國社會科學院歷史研究所戰國秦漢史研究室編《簡牘研究譯叢》第二輯,第2—12 頁。
② 大庭脩《漢簡研究》,第 10—20 頁。
③ 陳公柔、徐蘋芳《大灣出土的西漢田卒簿籍》,載徐蘋芳《中國歷史考古學論集》,第 355 頁。
④ 謝桂華《新、舊居延漢簡册書復原舉隅》,原載《秦漢史論叢》第五輯,1992 年,此據《漢晋簡牘論叢》,第 47—56 頁。

的方式這一重要歷史課題。① 此後,凌文超在册書復原方面做了較多工作——尤其是殘册,且在此基礎上對如何利用揭剥圖推進走馬樓吴簡的文書學研究進行了總結。② 此外,鄧瑋光還進行了所謂的"横向比較復原"和"縱向比較復原"的探索。③

　　古代文書行政過程中産生的簡牘,大都是編聯或捆束在一起的,而目前出土的簡牘,除極個別保持編聯册書的狀態外,絶大部分都零亂無章,甚至殘斷。因此,最理想的方式,當然是依照一定的方法將簡牘復原爲册書,呈現之前的狀態。只有如此,才能更充分地發揮簡牘材料的價值。當然,目前看來,僅有走馬樓吴簡具備大規模復原的條件,而其他大多數批次的簡牘僅能進行零星的編聯復原(詳下)。

(三) 確定簿籍的名稱與性質

　　目前發現的文書簡,大多數都是行政過程中産生的各種簿籍的孑遺,再加上發掘工作不夠充分、簡牘本身信息公布有限、復原工作難度較高等各方面因素的影響,真正能復原的册書十分有限。因此,就需要考慮按照一定的書式給這些殘篇斷簡分别門類,辨别出不同的簿籍,歸納其性質、作用與所涉事務的流程,甚至進而推測簿籍在當時的名稱。

　　早期,森鹿三、陳公柔、徐蘋芳、魯惟一等即嘗試分類匯總不同的簿籍,④做出突出成績的則是永田英正。永田從簡牘書式、形制入手,結合簡牘圖版、出土地等信息,辨識出多種簿籍,並總結歸納其特徵與性質。⑤ 對於散亂無章、較難尋找簡牘之間彼此關係的文書簡來説,這一工作十分必要。簿籍

① 侯旭東《長沙走馬樓吴簡〈竹簡(貳)〉"吏民人名年紀口食簿"復原的初步研究》、《長沙走馬樓吴簡"嘉禾六年(廣成鄉)弦里吏民人名年紀口食簿"集成研究:三世紀初江南鄉里管理一瞥》,據作者《近觀中古史》,第 81—107、108—142 頁。
② 凌文超相關復原研究頗多,可參作者《走馬樓吴簡采集簿書整理與研究》,桂林:廣西師範大學出版社,2015 年。其關於吴簡文書學研究的思考,可參《吴簡考古學與吴簡文書學》,載長沙簡牘博物館編《走馬樓吴簡研究論文精選》,第 35—50 頁。
③ 鄧瑋光《走馬樓吴簡三州倉出米簡的復原與研究——兼論"横向比較復原法"的可行性》,《文史》2013 年第 1 輯,第 231—254 頁;鄧瑋光《對三州倉"月旦簿"的復原嘗試——兼論"縱向比較復原法"的可行性》,《文史》2014 年第 2 輯,第 5—35 頁。
④ 森鹿三《居延漢簡の集成——とくに第二亭食簿について》,原刊《東方學報》第 29 卷,1959 年,此據作者《東洋史研究·居延漢簡篇》,同朋舍,1975 年,第 95—111 頁;陳公柔、徐蘋芳《大灣出土的西漢田卒簿籍》,《中國歷史考古學論集》,第 346—355 頁;魯惟一《漢代行政記録》,第 151—473 頁。
⑤ 永田英正《居延漢簡研究》第一、二章,1989 年初版,此據張學鋒中譯本,第 42—254 頁。

定名的工作完成之後,再去看其他或新出文書簡,心裏就可以對它們做一個初步的判定,大概知道屬於哪種簿籍,有什麼用途,不再生渺無頭緒之感。而且,根據完整簿籍的特點及書式,還可判斷殘碎簡牘屬於何種簿籍,這對殘碎簡牘占大多數的文書簡來説,具有特別重要的意義。此後,李天虹、李均明兩位學者賡續其事,進一步完善了居延漢簡的簿籍分類與定名工作。前者較多關注簿籍所涉事務的流程,①後者對文書的分類則更爲全面而準確,爲學界開展相關研究奠定了基礎。②

簿籍的定名和定性研究,早期主要集中在居延漢簡上。隨着走馬樓吳簡、里耶秦簡、懸泉簡和其他文書簡的刊布,這一工作開展的必要性和急迫性愈益凸顯。尤其是里耶秦簡,簿籍種類非常豐富,堪稱秦漢時期内地縣級官府文書的樣本,更有必要大力開展簿籍定名定性的研究。懸泉簡、益陽兔子山簡、走馬樓西漢簡等,文書種類的豐富性雖然比不上居延漢簡和里耶秦簡,但也值得充分重視和持續關注。可以説,文書簿籍的定名定性,是每一批簡牘群開展研究的基礎。

這一工作,最爲直接的意義是增進對各個簡牘群和各個時段的文書制度與運作的認識,尤其是在基層文書方面。過去學界往往依靠《獨斷》等傳世史籍勾勒中央層面的文書制度,③而對基層文書知之甚少,針對文書簡開展簿籍定名和定性的研究,恰恰能够彌補這方面的缺陷和不足。更進一步,對秦漢基層文書制度與運作的深入研究,還有助於從技術層面理解秦漢帝國的統治和運行。此前冨谷至提出兩漢之所以能够維持長達四百年的有效統治,端賴高度完備的文書行政制度,④這一針對秦漢帝國統治模式的重要論斷是否正確,有待在深入研究秦漢基層文書制度的基礎上,加以檢驗和分析。此外,文書簿籍的正確分類和定名也是從事相關研究的基礎。如最近凌文超發現秦漢"卒家屬廩名籍""家屬符"和户口簿記等不同簿籍登録的身份"大""小",實際上遵循了不同的原則,這就直接推翻了過去學界混同

---

① 李天虹《居延漢簡簿籍分類研究》。
② 李均明《秦漢簡牘文書分類輯解》。
③ Enno Giele, *Imperial Decision-Making and Communication in Early China: a Study of Cai Yong's Duduan*, Wiesbaden: Harrassowitz Verlag, 2006.
④ 冨谷至《文書行政的漢帝國》,第353—354頁。

使用這些材料而得出的認識。① 可以説,簿籍分類與定名定性,具有至關重要的意義。

目前中國境内發現多個朝代的古文書,除秦漢文書之外,還有敦煌吐魯番出土的六朝隋唐文書、黑水城出土西夏及元代文書,明清文書也在各地發現。在識别各種簿籍的基礎上,從分類與功能的角度,拉長時段考察各種簿籍的演變,也不失爲一個十分重要的課題。②

(四) 重視簡牘的出土地

重視簡牘的出土地,實質上是重視簡牘出土遺址所駐機構的名稱、級别與性質。每一枚(份)文書,都是在特定的行政網絡裏産生、運轉、保存和遺棄的,其出現有其特定的背景和合理性。通俗點説,甲類文書簡可能只在此地(機構)出土,乙類文書簡則只在彼地(機構)出土,而丙類文書簡則可能在多個地方(機構)出土。如果第一類文書出現在乙地、第二類文書簡出現在甲地,則需要考慮兩地機構的關係與文書制度和運作流程。這一點,對西北烽燧文書簡來説,具有特别重要的意義。因爲西北烽燧簡出土遺址較多、分布範圍廣,各個遺址的性質、地位與隸屬關係不同,即使是同一種簿籍,甚至完全相同的内容,在不同遺址出土,其意義與内涵也是不一樣的。

關於簡牘出土地的重要作用,不妨回顧一下早期簡牘學者的研究歷程。比如王國維綜合郵書刺、封檢等,將疏勒河流域部分烽燧排列了前後次序,但無法確定具體地點,③而在得知每一枚簡牘的出土地之後,即將諸烽燧落實到具體遺址上。④ 這一研究推進,不僅體現了王國維眼光的敏鋭,同時也凸顯了簡牘出土地的關鍵作用和重要價值。居延舊簡出土後,勞榦也從事

① 凌文超《秦漢注籍身份異同論——以簿籍分類爲前提》,《中國史研究》2022 年第 1 期,第 33—49 頁。
② 前些年,國内學者引進了日本的古文書學這一概念,並有計劃地開展了古文書學研究,企圖打通秦漢至明清的出土文書研究(參黃正建《中國古文書學的歷史與現狀》,《史學理論研究》2015 年第 3 期,第 135—139 頁;黃正建主編《中國古文書學研究初編》,上海:上海古籍出版社,2019年)。另有學者在討論唐代解文時,就注意溯及秦漢史學者的相關研究(參劉安志《唐代解文初探——以敦煌吐魯番文書爲中心》,《西域研究》2018 年第 4 輯,第 53 頁),惜未能進一步展開。就現有研究狀況而言,中國古代文書研究還處於試探階段,各説各話,距離貫通的目標還有很長的距離。
③ 王國維、羅振玉《流沙墜簡》,第 3—11、50—56 頁。
④ 王國維、羅振玉《流沙墜簡》,第 170—171、197—206 頁。

過類似工作,試圖將甲渠候官、殄北候官、卅井候官、肩水金關、肩水候官、肩水都尉府等機構落實在具體遺址上,可惜當時簡牘出土地信息並未公布,故這一機構定位的工作極不理想。① 而陳夢家利用手頭掌握的居延舊簡出土地信息,②綜合分析郵書刺、封檢等資料,基本完成了機構定位的工作。③ 當然,後續隨着新資料的刊布,關於驛北亭、東部候長和肩水候等機構或長官的駐地,侯旭東、青木俊介及筆者又有了新的認識,④但這些成果也是在充分重視簡牘出土地的基礎上才能取得的。

把簡牘放在遺址群和行政網絡裏進行考慮,是正確解讀簡文的基礎,也是充分發掘簡牘價值的前提。陳公柔、徐蘋芳兩位考古學者即曾指出:"在整理和分析這些簡的過程中,最重要的是簡的出土地點。必須對同一地點所出的簡做一全面的考察,然後再根據其形制、書寫的款式和内容來進行整理。"⑤可以説,簡牘出土地的重要性,是怎麼强調都不爲過的。包括前面提到的册書復原、下文將要論述的簡牘集成與遺址功能區劃研究等,無一不是以簡牘出土地爲基點進行的研究。從這個意義上看,重視西北烽燧簡的出土地,不能説是一種方法或取徑,而是貫穿在幾乎所有研究面向中的一條基本原則。

(五) 以遺址單位爲基點進行簡牘集成研究

簡單點説,就是首先確定某個遺址駐扎的機構,然後通過對該機構出土簡牘的分類集成,厘清其所遺留簿籍的種類、製作流程、涉及事務等,進而討

① 勞榦《居延漢簡考釋——考證之部》,1944 年初版,此據作者《居延漢簡　考釋之部》,第 30—33 頁。
② 記有全部居延舊簡及遺物出土地點的登記册,存放在原科學院考古所,早在 1962 年 3 月就已清理出來(陳夢家提到甲編、乙編已釋未釋的編號及標記册,參《漢簡考述》,載《漢簡綴述》,第 9、29 頁),故陳得以利用。
③ 陳夢家《漢簡考述》,載《漢簡綴述》,第 1—36 頁。值得稱道的是,陳夢家不僅正確比勘出各遺址的機構駐地,還提出要考慮遺址布局、建築構造、編綴簡册等較有前瞻性的意見(第 2 頁)。
④ 可參侯旭東《西漢張掖郡肩水候官驛北亭位置考》,第 32—37 頁。拙文《漢代張掖郡肩水塞東部候長駐地在 A32 遺址考》,《簡帛研究》2017 年春夏卷,第 270—286 頁;《漢代肩水候駐地移動初探》,《簡帛》第十四輯,2017 年,第 129—173 頁。約略與筆者同時,青木俊介也指出肩水塞東部候長駐地在 A32 遺址,參氏著《漢代肩水地区 A32 所在機関とその業務関係》,載高村武幸編《周縁領域からみた秦漢帝国》,第 66—68 頁。
⑤ 陳公柔、徐蘋芳《大灣出土的西漢田卒簿籍》,此據徐蘋芳《中國歷史考古學論集》,第 346 頁。早在陳公柔、徐蘋芳之前,日本學者森鹿三也曾嘗試按照出土地,重新整理居延舊簡(可參森鹿三《居延漢簡研究序説》,第 201 頁)。不過,森鹿三的想法不及陳公柔、徐蘋芳明確可行。

論該機構的具體職掌及行政運作實態。

永田英正以 A8(甲渠候官)、A33(肩水候官)、P9(卅井候官)、A10(通澤第二亭)、A35(肩水都尉府)等遺址爲中心,分門別類集成了各種簿籍文書,在此基礎上聯繫西北邊塞"隧—部—候官—都尉府"的組織體系,考察了漢代邊塞的上計制度,認爲候官是文書簿籍作成的最末端機構,並進一步推導出内地郡縣體制下縣在上計過程中的基礎作用。①

這種以某個考古單位而非某種書式爲基點進行分類集成的處理方式,將那些貌似彼此無關、令人一籌莫展的殘篇斷簡視爲整體,從中建立起有機聯繫,進而深入考察遺址所駐機構的職掌及業務處理實態,成果令人耳目一新。這一研究方式,可以説真正克服了前文提及的孤立分析單枚簡牘産生的弊端。而且可操作性强,適用範圍廣,不僅可用於甲渠候官,也可如法炮製考察懸泉置、遷陵縣衙、臨湘侯國官署等等。可惜,這一研究需要將遺址出土的所有簡牘納入分析,前期工作量太大,略顯笨拙,因此雖然成效極大,但效仿者寥寥。

另外,永田英正這一研究也存在可改進之處。即以某個遺址爲中心進行簡牘集成,其默認前提就是該遺址僅駐扎一個機構。如 A8 僅有甲渠候官,A33 僅有肩水候官、P9 僅有卅井候官、A35 僅有肩水都尉府。實際上,A33 不僅駐扎肩水候官,還有候官置,②A35 不僅駐扎肩水都尉府,還有肩水城尉,兩地均不止一個機構。因此,永田以遺址爲單位進行集成,還是有很大風險的,極可能混淆了不同機構遺留的簡牘。換言之,通過集成方法研究候官或其他機構的職掌與作用,首先需要明確哪些材料屬於哪些機構的遺留物,必須界定清晰才可進行下一步。

(六) 深入遺址内部分析其功能區劃與事務運行

西北烽燧簡出土自面積開闊的機構遺址,每個遺址所駐的機構並非鐵板一塊,不僅可以在機構(遺址)内部分區,發掘足夠系統細緻的話,還可進一步細分機構下轄的部門,厘清遺址(機構)某個/些房間的功能與作用,進一步深入考察機構内部的行政運作實態。

---

① 永田英正《居延漢簡研究》第三章,第 255—323 頁。
② 拙文《漢代額濟納河流域邊防系統中的"置"》,載《肩水金關漢簡研究》,第 163—186 頁。

青木俊介對甲渠候官遺址(A8)的研究,堪稱這方面的典範。他綜合遺址內的建築設置及簡牘出土情況,將遺址東部的 F22 視爲甲渠候官的文書庫,負責存儲文書,而將 T40、T43、T65 爲代表的遺址西部視爲甲渠候官的事務區,處理具體事務。他還通過對數組簿籍文書筆迹的細緻觀察,發現文書庫出土的簿籍,原則上是在甲渠候官作成的,而部隧呈報的文書簿籍則彙集在事務區,但不會長久保存,很快即遺棄在事務區內。候官通常會核查部隧提交的簿籍,並據以製作更爲準確的文書,然後再呈給都尉府。①

這一工作,突破了學界將甲渠候官遺址作爲一個整體進行研究的傳統,深入到候官遺址內部,探討其功能區劃與行政運作實態,無論對制度史還是對簡牘研究來説,都可謂推陳出新、別開生面。其思路,類似於考古學所常見的對遺址布局和功能的分析研究,只不過考古學用的是實物資料而青木俊介用的是文字材料。籾山明予以積極評價,並結合考古學理論,倡導分析包括簡牘在内的考古遺物背後的人的活動及工作場景。② 這一研究取徑同樣可以應用在懸泉置、馬圈灣及 A32、A33、A35 等面積開闊的遺址。放開一點説,出土背景極爲獨特的古井簡,未必不可開展類似的研究。

不過,青木的研究受到先天性條件的制約,尚待進一步細化。即甲渠候官(A8)遺址的考古發掘狀況,目前只有簡報,③詳細的考古報告並未出版,所能利用的信息十分有限。尤其是簡牘資料,並未區分地層,因此在開展事務區的功能區劃分析時,把早期遺棄的簡牘也當作晚期簡牘來利用,混淆了時代先後。這一點也在在提示,考古發掘工作的充分開展,對於後續研究來説,是多麽地重要!

(七) 確定簡牘群的主人與歸屬

所謂主人問題,就是確認某個簡牘群到底是哪個機構遺留的。這個問題不解決,則簡牘群涉及的文書層級、文書制度,甚至法律訴訟、政治制度等

---

① 青木俊介《候官における簿籍の保存と廃棄——A8 遺址文書庫・事務區画出土簡牘の狀況を手がかりに》,原刊籾山明、佐藤信編《文献と遺物の境界——中國出土簡牘史料の生態研究》,此據蘇俊林中譯本,載《簡帛研究》2018 年春夏卷,2018 年,第 298—322 頁。

② 籾山明《日本居延漢簡研究的回顧與展望——以古文書學研究爲中心》,載《中國古代法律文獻研究》第九輯,第 169—172 頁。

③ 甘肅居延考古隊《居延漢代遺址的發掘與新出土的簡册文物》,第 1—3 頁。

方面的研究,均難以有效開展。因此,確定簡牘群的主人,堪稱開展相關研究的基礎。

這一課題,也要區分烽燧簡與古井簡。對西北烽燧簡來説,明確簡牘群的主人歸屬,最重要的是確定遺址駐扎的機構。因爲絕大多數烽燧簡都是行政過程中無意丢棄或留下的文書,只要確定了遺址的某個/些駐扎機構,基本上也就可以説該遺址出土了這個/些機構遺留的簡牘。比如 A32 遺址,不僅駐扎了金關、驛北亭和肩水塞東部候長治所,肩水塞候也一度駐在該地,早期通道廐也可能駐在此處,①因此該地出土的簡牘——現在通稱爲肩水金關漢簡——毫無疑問就包含了上述機構或長吏留下的文書。

古井簡的情況則更爲複雜一些。一者,古井簡面臨與烽燧簡相似的情況,即古井遺址所在地區可能並非僅駐一個機構。比如,出土多批次簡牘群的長沙五一廣場附近,該地很可能同時駐有臨湘縣(侯國)衙與長沙郡府,中部督郵甚至也有可能駐在該地。② 二者,内地官府的行政組織較爲發達,可細分爲多個機構部門,因此古井簡出自哪個/些部門也要進一步分析。比如,里耶秦簡通常認爲屬於遷陵縣廷的遺留物,但其中是否包含了司空、少内、庫等機構的遺留物,也值得再推敲。③ 此前,學者曾通過分析走馬樓吳簡所涉官曹的地位和性質,及文書運行和事務處理流程,推測吳簡的歸屬。④ 筆者以爲,解決古井簡的主人歸屬問題,最關鍵、最直接的是要找到能反映簡牘留置地的文書,也就是説文書本身已經寫明或透露出其最終所在。此類材料其實並不少,比如題署收件機構的封檢,記録了文書收件者、發件者、發送、接收及開封記録的文書等等。結合文書制度和機構層級進行綜合分析,這些材料均足以顯示文書的最終留置地。⑤

---

① 侯旭東《西漢張掖郡肩水候官驛北亭位置考》,第 32—37 頁,插頁及封三;拙作《肩水金關漢簡研究》第四、五章,第 99—162 頁。
② 拙文《籾山明、佐藤信編〈文獻と遺物の境界〉(第一二册)評介》,載《肩水金關漢簡研究》,第 234—236 頁。
③ 拙文《籾山明、佐藤信編〈文獻と遺物の境界〉(第一二册)評介》,載《肩水金關漢簡研究》,第 230—232 頁。
④ 徐暢《走馬樓簡牘公文書中諸曹性質的判定》,《中華文史論叢》2017 年第 1 期,第 179—218 頁;侯旭東《湖南長沙走馬樓三國吳簡性質新探——從〈竹簡(肆)〉涉米簿書的復原説起》,載長沙簡牘博物館編《長沙簡帛研究國際學術研討會論文集》,第 59—97 頁。
⑤ 相關研究,可參拙著《肩水金關漢簡研究》附録《籾山明、佐藤信編〈文獻と遺物の境界〉(第一、二册)評介》,第 232—236 頁。

（八）注意分析簡牘的棄置過程與性質

所謂棄置與性質問題，是指簡牘是一次性棄置還是多次長時期棄置，是簡牘單獨棄置還是與其他雜物相伴，進而判斷簡牘棄置之前的狀態，是編聯成册保存在檔案室，還是作爲垃圾與雜物堆放在地面某處。

西北地區出土的烽燧簡，大多數都是從機構遺址外的垃圾坑或灰坑内發現的，且部分有燒灼痕迹，少量加工成勺子、捕獵裝置等，可見絶大部分在在棄置垃圾坑之前就已經呈現散亂狀態，且是在較長時間内偶然丢棄的。只有少部分，如甲渠候官遺址的 F22、金關遺址的 F3 等少數房間，原本就是作爲文書室使用的，因而房間内出土的簡牘極可能是作爲檔案存放的。兩房間出土的簡牘，不僅能找到卷册的痕迹，其年代也較爲集中，可見應是文書室晚期檔案的自然遺存。西北文書簡的性質問題，可以説，並不存在太多疑問。

古井簡的情況與之相反，較爲複雜，需要特別澄清。目前學界通常傾向於認爲所有的古井簡都是有計劃封存的檔案，這一看法顯然是有失偏頗的。走馬樓吴簡從出的 J22 井内堆積共分四層，絶大部分簡牘出自第二層，且該層純爲簡牘無雜物，其他三層均爲純淨填土，[1]可見走馬樓吴簡屬於一次性集中清理。從該批簡牘多數皆可復原成册及尚未發現燒灼痕迹看來，在棄置之前應屬檔案，且呈現編聯成册的狀態，有可能是從文書室直接拿來棄置井内的。不過，簡牘層呈現圓丘形的自然堆積狀態，且未見防水和其他防護措施，[2]因此不可能是有計劃封存的檔案。情形近似的，還有益陽兔子山三號井簡牘。其他古井簡牘群，則與之相反。比如里耶秦簡，古井井内堆積達30 層（17 大層），簡牘出自十多個層位，且多層出現淤泥甚至板結的現象，[3]可見不是一次性集中清理。從簡牘多與殘磚碎瓦、竹木屑和生活垃圾伴出，

---

① 長沙市文物工作隊、長沙市文物考古研究所《長沙走馬樓 J22 發掘簡報》，第 5—7 頁。
② 走馬樓簡牘整理組編著《長沙走馬樓三國吴簡·嘉禾吏民田家莂》上册《長沙走馬樓二十二號井發掘報告》，第 7—9 頁。
③ 湖南省文物考古研究所、湘西土家族苗族自治州文物處、龍山縣文物管理所《湖南龍山里耶戰國—秦代古城一號井發掘簡報》，第 4—35 頁；劉瑞《里耶古城 J1 埋藏過程試探》，見中國社會科學院考古研究所等編《里耶古城·秦簡與秦文化研究——中國里耶古城·秦簡與秦文化國際學術研討會論文集》，第 84—97 頁。

極少集中出土,且部分有燒灼痕迹等情况看來,①里耶秦簡在棄置井内之前絕對不是編聯成册的狀態,很可能與雜物垃圾堆放在一起。當然,里耶秦簡也没有出現下層簡牘年代較早、上層簡牘年代較晚的分布現象,故其棄置過程應該也不會太久。走馬樓西漢簡、東牌樓東漢簡、五一廣場東漢簡、郴州蘇仙橋吴簡、益陽兔子山七號井簡牘等,情形皆與里耶秦簡相近。②

簡牘群性質的厘清,有助於下一步工作的開展。比如成卷成束棄置的走馬樓吴簡,就需要繪製揭剥圖,進而可利用揭剥圖復原簡册;而棄置之前就已處於散亂狀態的里耶秦簡、五一廣場東漢簡等,則不太可能復原簡册,也大可不必繪製揭剥圖。③ 簡帛整理標準的建立與統一,正日漸引起業界的注意,是否繪製揭剥圖堪稱古井簡整理首當其衝的基本問題,而厘清簡牘群的性質,則可以减少不必要的工作,並促進相關研究的開展。

三　結語：作爲出土文物的簡牘

自二十世紀初以來,各地陸續出土大量文書簡牘,而與傳世文獻不同,文書簡牘的生成十分特别,屬於貨真價實的出土文物,具有鮮明的物質屬性和考古屬性。毫無疑問,文書簡最有價值的信息當然是簡牘文字,但文字之外的信息同樣也具有重要意義,有時會發揮不可替代的關鍵作用。因爲各種主客觀條件的限制,以往的研究出現過於强調簡文而忽略簡牘本身特點的傾向,故文書簡價值未被充分發掘,部分研究的基礎不够牢靠。有鑒於此,筆者以爲,應充分重視文書簡的考古屬性與物質屬性,從文書學和考古學的角度開展研究,關注或結合文字之外的信息。具體而言,應充分注意文書簡的物質形態和出土地,考察簿籍性質和主人歸屬,細心留意能否編聯成册,判斷簡牘群是由什麽機構所遺留、如何棄置的。如果是西北地區較爲開闊的遺址出土的文書簡,還需要密切留意簡牘出土的具體地點及整個遺址

---

① 目前刊布的里耶秦簡,有不少出現了燒灼的痕迹(詳見本書第七章第二節)。如果在棄置之前屬於檔案,是不應該被燒灼的。
② 詳細研究,請參本書第七章。
③ 有學者因爲里耶秦簡没有提供揭剥信息,而頗感遺憾,詳見本書第七章第四節。

的功能區劃,考察簡文記載與遺址分區的對應關係,甚至進一步考察遺址機構的行政運作。① 這些角度的觀察與研究,能够擴大研究者的視野,增進對簡牘文字的正確理解與進一步利用。

同時,從前面的討論中,也不難感受到簡牘的考古信息對具體研究的開展所具有的關鍵作用。因此,這也對簡牘發掘者和整理者提出了更高的要求,考古工作盡可能細緻和充分,信息公布盡可能及時和豐富。具體而言,一方面在簡牘發掘工作中,除了關注簡牘上的文字外,還要密切留意其文物屬性,詳細記録考古信息,包括出土遺址、層位、堆積、伴出物等等;另一方面,在簡牘整理刊布時,提供盡可能充分的信息,包括簡牘的尺寸、重量、空白簡和簡牘無字面等情況。當然,最爲重要的是,這些信息一定要及時公布,儘早出版詳細的考古報告。此外,在簡牘整理和刊布時希望充分貫徹考古學原則,譬如簡牘的編號一定要反映遺址、層位、序號等等,以利於開展相關研究。

今天簡牘發掘和整理刊布的現狀,還遠遠滿足不了上述要求。不過,可喜的是,一些先進經驗已被采用,如對册書復原至關重要的揭剥圖,已經在文書簡的發掘工作中陸續得到應用。② 作爲研究者,筆者希望能更進一步,真正將簡牘視爲考古文物,在整理和刊布時,注意提取和公布更多更豐富的信息,畢竟有些信息都是即時性的,一旦失去,事後再難補救。

附記:文章承楊振紅、黄正建、侯旭東、汪桂海、曾磊、石洋、曹天江等師友指正,謹致謝忱。删減本刊於《出土文獻》2022 年第 1 期,此録全文。

---

① 此前,籾山明借鑒 Michael Schiffer 的行爲考古學(behavioral archaeology)理論,呼籲關注簡牘從生産到消亡的整個過程,將簡牘製作、使用、移動、保管、再利用、廢棄、出土等環節都放在整體中進行考量和研究(參籾山明《序論——出土簡牘史料の生態の研究に向けて》,載籾山明、佐藤信編《文献と遺物の境界——中國出土簡牘史料の生態研究》,第 63—65 頁)。這一思路極具啓發意義,值得學界充分重視。

② 比如益陽兔子山遺址九號井第七層簡牘就繪製了揭剥圖,參湖南省文物考古研究所、益陽市文物處《湖南益陽兔子山遺址九號井發掘簡報》,第 39 頁。

參 考 文 獻

一 出土文獻與古籍

[1] 甘肅簡牘保護研究中心（甘肅簡牘博物館）、甘肅省文物考古研究所、甘肅省博物館、中國文化遺産研究院古文獻研究室、中國社會科學院簡帛研究中心編：《肩水金關漢簡（壹、貳、叁、肆、伍）》，上海：中西書局，2011、2012、2013、2015、2016 年。

[2] 甘肅簡牘博物館、甘肅省文物考古研究所、出土文獻與中國古代文明研究協同創新中心中國人民大學分中心編：《地灣漢簡》，上海：中西書局，2017 年。

[3] 簡牘整理小組：《居延漢簡（壹、貳、叁、肆）》，臺北："中央研究院"歷史語言研究所，2014、2015、2016、2017 年。

[4] 謝桂華、李均明、朱國炤：《居延漢簡釋文合校》，北京：文物出版社，1987 年。

[5] 勞榦：《居延漢簡　圖版之部》，臺北："中央研究院"歷史語言研究所，1957 年。

[6] 勞榦：《居延漢簡　考釋之部》，臺北："中央研究院"歷史語言研究所，1960 年。

[7] 簡牘整理小組：《居延漢簡補編》，臺北："中央研究院"歷史語言研究所，1998 年。

[8] 馬先醒等編：《居延漢簡新編》，臺北：簡牘學會，1981 年。

[9] 中國科學院考古研究所：《居延漢簡甲編》，北京：科學出版社，1959 年。

[10] 中國社會科學院考古研究所編：《居延漢簡甲乙編》，北京：中華書局，1980 年。

[11] 甘肅省文物考古研究所、甘肅省博物館、中國文物研究所、中國社會科學院歷史研究所編：《居延新簡——甲渠候官》，北京：中華書局，1994 年。

[12] 張德芳主編：《居延新簡集釋》，蘭州：甘肅文化出版社，2016 年。

[13] 馬怡、張榮强主編：《居延新簡釋校》，天津：天津古籍出版社，2013 年。

[14] 魏堅主編：《額濟納漢簡》，桂林：廣西師範大學出版社，2005 年。

[15] 孫家洲主編：《額濟納漢簡釋文校本》，北京：文物出版社，2007 年。

[16] 甘肅省文物考古研究所：《敦煌漢簡》，北京：中華書局，1991 年。

[17] 吳礽驤、李永良、馬建華釋校：《敦煌漢簡釋文》，蘭州：甘肅人民出版社，1991 年。

[18] 白軍鵬：《敦煌漢簡校釋》，上海：上海古籍出版社，2018 年。

[19] 張德芳、石明秀主編，敦煌市博物館、甘肅簡牘博物館、陝西師範大學人文社會科學高等研究院編：《玉門關漢簡》，上海：中西書局，2019 年。

[20] 張德芳：《敦煌馬圈灣漢簡集釋》，蘭州：甘肅文化出版社，2013 年。

［21］林梅村、李均明編：《疏勒河流域出土漢簡》，北京：文物出版社，1984 年。

［22］大庭脩：《大英図書館蔵敦煌漢簡》，京都：同朋舍，1990 年。

［23］林梅村：《樓蘭尼雅出土文書》，北京：文物出版社，1985 年。

［24］張鳳：《漢晋西陲木簡彙編》，1931 年初刊，此據《漢簡研究文獻四種》影印本，北京：北京圖書館出版社，2007 年。

［25］勞榦：《漢晋西陲木簡新考》，臺北：“中央研究院”歷史語言研究所，1985 年。

［26］郭鋒：《斯坦因第三次中亞探險所獲甘肅新疆出土漢文文書》，蘭州：甘肅人民出版社，1993 年。

［27］汪濤、胡平生、吳芳思編著：《英國國家圖書館藏斯坦因所獲未刊漢文簡牘》，上海：上海辭書出版社，2007 年。

［28］李均明、何雙全編：《散見簡牘合集》，北京：文物出版社，1990 年。

［29］胡平生、張德芳編撰：《敦煌懸泉漢簡釋粹》，上海：上海古籍出版社，2001 年。

［30］甘肅簡牘博物館、甘肅省文物考古研究所、陝西師範大學人文社會科學高等研究院、清華大學出土文獻研究與保護中心編：《懸泉漢簡（一）》，上海：中西書局，2019 年。

［31］張家山二四七號漢墓竹簡整理小組編：《張家山漢墓竹簡〔二四七號墓〕》，北京：文物出版社，2001 年。

［32］張家山二四七號漢墓竹簡整理小組編著：《張家山漢墓竹簡〔二四七號墓〕：釋文修訂本》，北京：文物出版社，2006 年。

［33］彭浩、陳偉、工藤元男主編：《二年律令與奏讞書：張家山二四七號漢墓出土法律文獻釋讀》，上海：上海古籍出版社，2007 年。

［34］睡虎地秦墓竹簡整理小組：《睡虎地秦墓竹簡》，北京：文物出版社，1990 年。

［35］陳偉主編：《秦簡牘合集》，武漢：武漢大學出版社，2014 年。

［36］陳偉主編：《秦簡牘合集：釋文注釋修訂本》，武漢：武漢大學出版社，2016 年。

［37］湖南省文物考古研究所編著：《里耶秦簡（壹）》，北京：文物出版社，2012 年。

［38］湖南省文物考古研究所編著：《里耶秦簡（貳）》，北京：文物出版社，2017 年。

［39］陳偉主編：《里耶秦簡牘校釋（第一卷）》，武漢：武漢大學出版社，2012 年。

［40］陳偉主編：《里耶秦簡牘校釋（第二卷）》，武漢：武漢大學出版社，2018 年。

［41］里耶博物館、出土文獻與中國古代文明研究協同創新中心中國人民大學中心編著：《里耶秦簡博物館藏秦簡》，上海：中西書局，2016 年。

［42］陳松長主編：《嶽麓書院藏秦簡（肆、伍）》，上海：上海辭書出版社，2015、2017 年。

［43］長沙市文物考古研究所、中國文物研究所、北京大學歷史學系走馬樓簡牘整理組編著：《長沙走馬樓三國吳簡·嘉禾吏民田家莂》，北京：文物出版社，1999 年。

［44］長沙市文物考古研究所（長沙簡牘博物館）、中國文物研究所（中國文化遺產研究院）、北京大學歷史學系、故宮研究院古文獻研究所走馬樓簡牘整理組編著：《長沙走馬樓三國吳簡·竹簡（壹、貳、叁、肆、伍、陸、柒、捌、玖）》，北京：文物出版社，

2003、2007、2008、2011、2018、2017、2013、2015、2019 年。

［45］長沙市文物考古研究所、中國文物研究所編：《長沙東牌樓東漢簡牘》，北京：文物
出版社，2006 年。

［46］長沙市文物考古研究所、清華大學出土文獻研究與保護中心、中國文化遺產研究
院、湖南大學嶽麓書院編：《長沙五一廣場東漢簡牘選釋》，上海：中西書局，
2015 年。

［47］長沙市文物考古研究所編：《長沙尚德街東漢簡牘》，長沙：岳麓書社，2016 年。

［48］長沙市文物考古研究所、清華大學出土文獻研究與保護中心、中國文化遺產研究
院、湖南大學嶽麓書院編：《長沙五一廣場東漢簡牘（壹、貳）》，上海：中西書局，
2018 年。

［49］長沙市文物考古研究所、清華大學出土文獻研究與保護中心、中國文化遺產研究
院、湖南大學嶽麓書院編：《長沙五一廣場東漢簡牘（叁、肆）》，上海：中西書局，
2019 年。

［50］長沙市文物考古研究所、清華大學出土文獻研究與保護中心、中國文化遺產研究
院、湖南大學嶽麓書院編：《長沙五一廣場東漢簡牘（伍、陸）》，上海：中西書局，
2000 年。

［51］鄭曙斌、張春龍、宋少華、黃樸華編著：《湖南出土簡牘選編》，長沙：岳麓書社，
2013 年。

［52］中國簡牘集成編輯委員會編：《中國簡牘集成》，蘭州：敦煌文藝出版社，2001 年。

［53］侯燦：《樓蘭漢文簡紙文書集成》，成都：天地出版社，1999 年。

［54］方廣錩主編：《中國國家圖書館藏敦煌遺書總目錄·新舊編號對照卷》，北京：中
國人民大學出版社，2013 年。

［55］司馬遷：《史記》，點校修訂本，北京：中華書局，2014 年。

［56］班固：《漢書》，北京：中華書局，1962 年。

［57］范曄：《後漢書》，北京：中華書局，1965 年。

［58］陳壽：《三國志》，北京：中華書局，1982 年。

［59］房玄齡等：《晉書》，北京：中華書局，1974 年。

［60］許慎撰，徐鉉校定：《說文解字》，北京：中華書局，1963 年。

［61］崔豹撰，牟華林校箋：《〈古今注〉校箋》，北京：綫裝書局，2014 年。

［62］長孫無忌等撰，劉俊文箋解：《唐律疏議箋解》，北京：中華書局，1996 年。

［63］仁井田陞撰，栗勁等編譯：《唐令拾遺》，長春：長春出版社，1989 年。

［64］天一閣博物館、中國社會科學院歷史研究所天聖令整理課題組校證：《天一閣藏明
鈔本天聖令校證——附唐令復原研究》，北京：中華書局，2006 年。

［65］李昉等：《太平御覽》，北京：中華書局，1960 年影宋本。

［66］顧祖禹：《讀史方輿紀要》，北京：中華書局，2005 年。

［67］程樹德撰：《論語集釋》，北京：中華書局，1990 年。

［68］王先謙：《漢書補注》,上海：上海古籍出版社,2008 年。

［69］方向東：《大戴禮記彙校集解》,北京：中華書局,2008 年。

［70］李夢生整理：《春秋左傳集解》,南京：鳳凰出版社,2010 年。

［71］郭書春：《匯校九章算術(增補版)》,瀋陽：遼寧教育出版社,2004 年。

二 考古報告與遺址調查

［1］弗克·貝格曼考察,博·索瑪斯特勒姆整理：《内蒙古額濟納河流域考古報告》,
　　1956、1958 年初版,此據張德芳等中譯本,北京：學苑出版社,2014 年。

［2］吴礽驤：《河西漢塞調查與研究》,北京：文物出版社,2005 年。

［3］奥雷爾·斯坦因：《古代和田——中國新疆考古發掘的詳細報告》,1907 年初刊,
　　此據巫新華等中譯本,濟南：山東人民出版社,2009 年。

［4］奥雷爾·斯坦因：《亞洲考古圖記》,1921 年初版,此據巫新華等中譯本,桂林：廣
　　西師範大學出版社,1998 年。

［5］奥雷爾·斯坦因：《西域考古圖記》,1921 年初刊,此據巫新華等中譯本,桂林：廣
　　西師範大學出版社,1998 年。

［6］奥雷爾·斯坦因：《亞洲腹地考古圖記》,1928 年初版,此據巫新華等中譯本,桂
　　林：廣西師範大學出版社,2004 年。

［7］彼·庫·科兹洛夫：《蒙古、安多和死城哈喇浩特》,1923 年初版,此據王希隆、丁
　　淑琴中譯本,蘭州：蘭州大學出版社,2011 年。

［8］斯文·赫定：《羅布泊探秘》,原爲長篇巨製 Scientific results of a journey in Central
　　Asia 1899 - 1902 的第二卷,1905 年初刊,此據王安洪、崔延虎中譯本,烏魯木齊：新
　　疆人民出版社,2013 年。

［9］斯文·赫定：《亞洲腹地探險八年(1927—1935)》,1943 年初版,此據徐十周等中
　　譯本,烏魯木齊：新疆人民出版社,1992 年。

［10］August Condary, *Die Chinesischen Handschriften und Sonetiger Kleinfunde Sven Hedins in
　　Lou-lan*, Stockholm, 1920.

［11］Edouard Chavannes, *Les documents chinois découverts par Aurel Stein dans les sables du
　　Turkestan oriental*, Oxford：Imprimerie de L'Université, 1913.

［12］Henri Maspero, *Les documents chinois de la troisième expédition de Sir Aurel Stein en Asie
　　centrale*, The Trustees of The British Museum, 1953.

［13］黄文弼：《羅布淖爾考古記》,1948 年初刊,此據影印本,北京：綫裝書局,2009 年。

［14］香川默識編：《西域考古図譜》,1915 年初刊,此據影印本,杭州：浙江人民美術出
　　版社,2018 年。

［15］甘肅居延考古隊：《居延漢代遺址的發掘和新出土的簡册文物》,《文物》1978 年第
　　1 期。

［16］甘肅省文物工作隊：《額濟納河下游漢代烽燧遺址調查報告》,見甘肅省文物工作

隊、甘肅省博物館編：《漢簡研究文集》，蘭州：甘肅人民出版社，1984 年。

[17] 初世賓：《居延考古之回顧與展望》，載甘肅省文物局、絲綢之路雜志社編：《甘肅文物工作五十年》，蘭州：甘肅文化出版社，1999 年。

[18] 初世賓：《居延考古的回顧》，載《甘肅文史資料選輯》第 51 輯，2000 年。

[19] 閻文儒：《河西考古雜記》，《社會科學戰綫》1986 年第 4 期，第 140—152 頁。

[20] 夏鼐：《新獲之敦煌漢簡》，原載《歷史語言研究所集刊》第十九本，1948 年，此據夏鼐《考古學論文集（外一種）》，石家莊：河北教育出版社，2000 年，第 169—205 頁。

[21] 傅振倫：《第一批居延漢簡的采集與整理始末記》，《文物春秋》1987 年第 1 期，第 27 頁。

[22] 甘肅省文物考古研究所：《甘肅敦煌漢代懸泉置遺址發掘簡報》，《文物》2000 年第 5 期。

[23] 敦煌市博物館：《敦煌清水溝漢代烽燧遺址出土文物調查及漢簡考釋》，載《簡帛研究》第二輯，1996 年。

[24] 湖南省文物考古研究所、湘西土家族苗族自治州文物處、龍山縣文物管理所：《湖南龍山里耶戰國—秦代古城一號井發掘簡報》，《文物》2003 年第 1 期。

[25] 湖南省文物考古研究所編著：《里耶發掘報告》，長沙：岳麓書社，2006 年。

[26] 湖南省文物考古研究所：《里耶一號井的封檢和束》，《湖南考古輯刊》第 8 集，2009 年。

[27] 張春龍、龍京沙：《21 世紀重大考古發現——湘西里耶秦簡復活秦代歷史》，原載《中國國家地理雜志》2002 年第 9 期。

[28] 陳松長：《嶽麓書院所藏秦簡綜述》，《文物》2009 年第 3 期。

[29] 朱鳳瀚：《北京大學藏秦簡牘概述》，《文物》2012 年第 6 期。

[30] 長沙市文物工作隊、長沙市文物考古研究所：《長沙走馬樓 J22 發掘簡報》，《文物》1999 年第 5 期。

[31] 長沙簡牘博物館編：《嘉禾一井傳天下——走馬樓吳簡的發現保護整理研究與利用》，長沙：岳麓書社，2016 年。

[32] 荊州文物保護中心、長沙簡牘博物館著：《走馬樓三國吳簡保護修復報告》，北京：文物出版社，2017 年。

[33] 宋少華：《長沙三國吳簡的現場揭取與室内揭剥——兼談吳簡的盆號和揭剥圖》，《吳簡研究》第三輯，2011 年。

[34] 宋少華：《長沙出土簡牘の概觀》，中村威也譯，《長沙吳簡研究報告》第 3 集，2007 年。

[35] 長沙簡牘博物館、長沙市文物考古研究所聯合發掘組：《2003 年長沙走馬樓西漢簡牘重大考古發現》，《出土文獻研究》第七輯，2005 年。

[36] 長沙市文物考古研究所：《長沙東牌樓 7 號古井（J7）發掘簡報》，《文物》2005 年第 12 期。

［37］ 長沙市文物考古研究所：《湖南長沙五一廣場東漢簡牘發掘簡報》，《文物》2013 年第 6 期。

［38］ 湖南省文物考古研究所、郴州市文物處：《湖南郴州蘇仙橋 J4 三國吳簡》，《出土文獻研究》第七輯，2005 年。

［39］ 湖南省文物考古研究所、郴州市文物處：《湖南郴州蘇仙橋遺址發掘簡報》，《湖南考古輯刊》第 8 集，2009 年。

［40］ 張春龍：《湘鄉市三眼井戰國遺址》，《中國考古學年鑒 2015》，2016 年，第 260 頁。

［41］ 周西璧：《古井中發現的益陽》，《大眾考古》2014 年第 6 期，第 33 頁。

［42］ 湖南省文物考古研究所、益陽市文物處：《湖南益陽兔子山遺址九號井發掘簡報》，《文物》2016 年第 5 期。

［43］ 湖南省文物考古研究所、益陽市文物管理處：《湖南益陽兔子山遺址九號井發掘報告》，《湖南考古輯刊》第 12 集，2016 年。

［44］ 湖南省文物考古研究所：《二十年風雲激蕩，兩千年沉寂後顯真容》，《中國文物報》2013 年 12 月 6 日第 6 版。

［45］ 趙桂芳：《戰國飽水竹簡的搶救性保護》，《出土文獻》第一輯，2010 年。

三　論著

［1］ 安永知晃：《〈漢簡語彙考證〉訂補（二）》，2022 年 1 月 29 日刊於簡帛網，http://www.bsm.org.cn/?hanjian/8630.html。

［2］ 安忠義：《秦漢簡牘中的"致書"與"致籍"考辨》，《江漢考古》2012 年第 1 期。

［3］ 白於藍編著：《簡帛古書通假字大系》，福州：福建人民出版社，2017 年。

［4］ 卜憲群：《秦漢公文文書與官僚行政管理》，《歷史研究》1997 年第 4 期。

［5］ 卜憲群：《秦漢日常秩序中的社會與行政關係初探——關於"自言"一詞的解讀》，《文史哲》2013 年第 4 期。

［6］ 蔡坤倫：《楚扞關考》，《臺灣師大歷史學報》第 46 期，2011 年。

［7］ 蔡敏：《出土文獻（以簡帛文書爲主）的編輯》，載全國古籍整理出版規劃領導小組辦公室編：《古籍編輯工作漫談》，濟南：齊魯書社，2003 年。

［8］ 蔡萬進：《簡帛學的學科分支新論》，《中國史研究動態》2016 年第 2 期。

［9］ 蔡萬進：《中國簡帛學體系構建新論》，《河南師範大學學報（哲學社會科學版）》2016 年第 5 期。

［10］ 蔡萬進：《出土簡帛整理的若干理論問題》，《鄭州大學學報（哲學社會科學版）》2017 年第 5 期。

［11］ 蔡宜靜：《漢代居延"就"運探研》，《簡牘學報》第十七期，1999 年。

［12］ 曹方向：《初讀〈肩水金關漢簡（壹）〉》，2011 年 9 月 16 日刊於簡帛網，http://www.bsm.org.cn/?hanjian/5740.html。

［13］ 陳邦懷：《居延漢簡考略》，《中華文史論叢》1980 年第 2 輯。

［14］ 陳公柔、徐蘋芳：《大灣出土的西漢田卒簿籍》,《考古》1963 年第 3 期。

［15］ 陳公柔、徐蘋芳：《瓦因托尼出土廩食簡的整理與研究》,《文史》第十三輯, 1982 年。

［16］ 陳夢家：《漢簡綴述》,北京：中華書局,1980 年。

［17］ 陳槃：《漢晉遺簡識小七种》,1975 年初刊,此據上海：上海古籍出版社,2009 年。

［18］ 陳榮杰：《走馬樓吳簡"朱表割米自首案"整理與研究》,《中華文史論叢》2017 年第 1 期。

［19］ 陳蘇鎮：《〈春秋〉與"漢道"：兩漢政治與政治文化研究》,北京：中華書局, 2011 年。

［20］ 陳偉：《張家山漢簡〈津關令〉涉馬諸令研究》,《考古學報》2003 年第 1 期。

［21］ 陳寅恪：《王静安先生遺書序》,載《陳寅恪集 金明館叢稿二編》,北京：生活·讀 書·新知三聯書店,2001 年。

［22］ 陳直：《兩漢經濟史料論叢》,1958 年初版,此據增訂本,北京：中華書局,2008 年。

［23］ 陳直：《漢晉過所通考》,《歷史研究》1962 年第 6 期。

［24］ 陳直：《居延漢簡研究》,北京：中華書局,2009 年。

［25］ 程薇：《五一廣場出土東漢簡牘的整理與研究前景》,《中國史研究動態》2016 年第 2 期。

［26］ 程喜霖：《唐代過所研究》,北京：中華書局,2000 年。

［27］ 初世賓：《懸泉漢簡拾遺》,《出土文獻研究》第八輯,2007 年。

［28］ 初世賓：《漢簡長安至河西的驛道》,《簡帛研究 2005》,2008 年。

［29］ 初世賓：《懸泉漢簡拾遺（二）》,《出土文獻研究》第九輯,2010 年。

［30］ 崔偉、邵宇陽、童朝鋒：《淤泥自重固結過程研究綜述》,《泥沙研究》第 44 卷第 1 期,2019 年。

［31］ 大庭脩：《居延出土的詔書册與詔書斷簡》,原刊於《關西大學學術研究所論叢》52 卷,1961 年,此據中譯本,收入中國社會科學院歷史研究所戰國秦漢史研究室編： 《簡牘研究譯叢》第二輯,北京：中國社會科學出版社,1987 年。

［32］ 大庭脩：《秦漢法制史研究》,1982 年初版,此據徐世虹等中譯本,上海：中西書局, 2017 年。

［33］ 大庭脩：《漢簡研究》,1992 年初刊,此據徐世虹中譯本,桂林：廣西師範大學出版 社,2001 年。

［34］ David M. Schaps, *Handbook for Classical Research*, London and New York：Routledge, 2011.

［35］ 鄧飛龍：《兩漢騎兵問題研究》,碩士學位論文,湖南師範大學,2017 年。

［36］ 鄧瑋光：《走馬樓吳簡"師佐籍"的復原嘗試——以劉陽縣師佐籍爲例》,《蘇州文 博論叢》第 2 輯,2011 年。

［37］ 鄧瑋光：《走馬樓吳簡三州倉出米簡的復原與研究——兼論"橫向比較復原法"的

可行性》,《文史》2013 年第 1 輯。

［38］鄧瑋光：《對三州倉"月旦簿"的復原嘗試——兼論"縱向比較復原法"的可行性》,
《文史》2014 年第 2 輯。

［39］鄧瑋光：《對中倉黃龍三年十一月旦簿的復原嘗試》,《簡帛研究》2015 年秋冬卷,
2015 年。

［40］鄧瑋光：《對中倉十二月出米簡［肆］4012 組的復原嘗試》,《蘇州文博論叢》第 6
輯,2015 年。

［41］董平均：《〈津關令〉與漢初關禁制度論考》,《中華文化論壇》2007 年第 3 期。

［42］杜鵬姣：《出土漢簡中的"傳"與出入名籍》,《克拉瑪依學刊》2013 年第 6 期。

［43］杜鵬姣：《試論漢簡中的"致"和"致籍"》,《牡丹江大學學報》第 22 卷第 9 期,
2013 年。

［44］杜鵬姣：《漢代通關文書研究》,碩士學位論文,蘭州大學,2014 年。

［45］Enno Giele, *Imperial Decision-Making and Communication in Early China: a Study of
Cai Yong's Duduan*, Wiesbaden：Harrassowitz Verlag, 2006.

［46］冨谷至：《文書行政的漢帝國》,2010 年初版,此據劉恒武、孔李波中譯本,南京：江
蘇人民出版社,2013 年。

［47］冨谷至編：《漢簡語彙考證》,2015 年初刊,此據張西艷中譯本,上海：中西書局,
2018 年。

［48］傅振倫：《西漢始元七年出入六寸符》,《文史》第十輯,1980 年。

［49］傅振倫：《第一批居延漢簡的采集與整理始末記》,《文物春秋》1987 年第 1 期。

［50］高村武幸：《關於漢代材官、騎士的身份》,原刊《日本秦漢史學會會報》,2004 年,
此據中譯本,載《簡帛研究 2004》,2006 年。

［51］高村武幸：《漢代の地方官吏と地域社會》,東京：汲古書院,2008 年。

［52］高村武幸：《秦漢簡牘史料研究》,東京：汲古書院,2015 年。

［53］高村武幸編：《周縁領域からみた秦漢帝国》,東京：六一書房,2017 年。

［54］高亨、董治安：《古字通假會典》,濟南：齊魯書社,1989 年。

［55］高敏：《〈張家山漢墓竹簡·二年律令〉中諸律的製作年代試探》,《史學月刊》2003
年第 9 期。

［56］高榮：《秦漢的傳信——兼論傳的演變》,載張德芳主編：《甘肅省第二屆簡牘學國
際學術研討會論文集》,上海：上海古籍出版社,2012 年。

［57］高榮：《漢代"傳驛馬名籍"簡若干問題考述》,《魯東大學學報(哲學社會科學版)》
2008 年第 6 期。

［58］宮宅潔：《里耶秦簡"訊敬"簡册識小》,《簡帛》第十五輯,2017 年。

［59］龔留柱：《西漢步、騎兵兵種初探》,《西北大學學報(哲學社會科學版)》1986 年第
1 期。

［60］龔留柱：《關於秦漢騎兵的幾個問題》,《史學月刊》1990 年第 2 期。

[61] 廣瀨薰雄：《額濟納漢簡新莽詔書册詮釋》，2016 年 8 月 16 日刊於簡帛網，http://www.bsm.org.cn/show_article.php?id＝400。

[62] 廣瀨薰雄：《益陽兔子山遺址 J9⑦出土簡牘初探》，載徐少華、谷口滿、羅泰主編：《楚文化與長江中游早期開發國際學術研討會論文集》，武漢：武漢大學出版社，2021 年。

[63] 郭俊然：《漢代的集市管理職官》，《晋城職業技術學院學報》第 7 卷第 5 期，2014 年。

[64] 郭俊然：《漢代官僚制度研究》，鄭州：鄭州大學出版社，2018 年。

[65] 郭麗華、張顯成：《西北屯戍漢簡中的"就人"及其相關詞語考論》，《中國社會經濟史研究》2016 年第 2 期。

[66] 郭琳琳、杜鵬姣：《出土漢簡中的"傳"與出入名籍》，《克拉瑪依學刊》2013 年第 6 期。

[67] 韓樹峰：《論漢魏時期户籍文書的典藏機構的變化》，《人文雜志》2014 年第 4 期。

[68] 韓樹峰：《從簡到紙：東晋户籍制度的變革》，《中國人民大學學報》2020 年第 5 期。

[69] 郝二旭：《"肩水"小考》，《中國歷史地理論叢》第 25 卷第 1 輯，2010 年。

[70] 郝樹聲、張德芳：《懸泉漢簡研究》，蘭州：甘肅文化出版社，2009 年。

[71] 河海大學《水利大辭典》編輯修訂委員會編：《水利大辭典》，上海：上海辭書出版社，2015 年。

[72] 何晋：《淺議簡册制度中的"序連"——以出土戰國秦漢簡爲例》，《簡帛》第八輯，2013 年。

[73] 何茂活：《〈肩水金關漢簡（壹）〉釋文訂補》，2014 年 11 月 29 日刊於復旦大學出土文獻與古文字研究中心網站，http://www.fdgwz.org.cn/Web/Show/2392。

[74] 何茂活：《〈肩水金關漢簡（壹）〉殘斷字補釋》，《中國文字（新四十二期）》，臺北：藝文印書館，2016 年。

[75] 何雙全：《敦煌新出簡牘輯録》，載《簡帛研究》第一輯，1993 年。

[76] 何雙全：《漢簡"刻齒"的再認識》，《國際簡牘學會會刊》第五號，2008 年。

[77] 何智霖：《符傳述略——簡牘制度舉隅》，《簡牘學報》第七期，1980 年。

[78] 何有祖：《釋張家山漢簡〈津關令〉490—491 號簡並論相關問題》，原刊《出土文獻》第十二輯，2018 年，此據作者《新出秦漢簡帛叢考》，北京：科學出版社，2021 年。

[79] 侯燦：《樓蘭新發現木簡紙文書考釋》，《文物》1988 年第 8 期。

[80] 侯燦：《勞榦〈居延漢簡考釋·簡牘之制〉平議》，收入甘肅考古文物研究所編：《秦漢簡牘論文集》，蘭州：甘肅人民出版社，1989 年。

[81] 侯旭東：《"史書"出，"史料"亡》，《中華讀書報》2007 年 9 月 19 日。

[82] 侯旭東：《傳舍使用與漢帝國的日常統治》，《中國史研究》2008 年第 1 期。

[83] 侯旭東：《西北漢簡所見"傳信"與"傳"——兼論漢代君臣日常政務的分工與詔書、律令的作用》，《文史》2008 年第 3 輯。

[84] 侯旭東:《長沙走馬樓吳簡〈竹簡(貳)〉"吏民人名年紀口食簿"復原的初步研究》,《中華文史論叢》2009 年第 1 期。

[85] 侯旭東:《長沙走馬樓吳簡"嘉禾六年(廣成鄉)弦里吏民人名年紀口食簿"集成研究:三世紀初江南鄉里管理一瞥》,邢義田、劉增貴主編:《第四屆國際漢學會議論文集:古代庶民社會》,臺北:"中央研究院",2013 年。

[86] 侯旭東:《西北所出漢代簿籍册書簡的排列與復原——從東漢永元兵物簿説起》,《史學集刊》2014 年第 1 期。

[87] 侯旭東:《皇帝的無奈——西漢末年的傳置開支與制度變遷》,《文史》2015 年第 2 輯。

[88] 侯旭東:《近觀中古史》,上海:中西書局,2015 年。

[89] 侯旭東:《西漢張掖郡肩水候官驛北亭位置考》,《湖南大學學報(社會科學版)》2016 年第 4 期。

[90] 侯旭東:《湖南長沙走馬樓三國吳簡性質新探——從〈竹簡(肆)〉涉米簿書的復原説起》,載長沙簡牘博物館編:《長沙簡帛研究國際學術研討會論文集》,上海:中西書局,2017 年。

[91] 侯旭東:《西北出土漢代文書簡册的排列與復原》,《簡帛》第十八輯,2019 年。

[92] 侯宗輝:《漢代"私從"的身份與政府管理探論》,《五邑大學學報(社會科學版)》第 15 卷第 4 期,2013 年。

[93] 侯宗輝:《肩水金關漢簡所見"從者"探析》,《敦煌研究》2014 年第 2 期。

[94] 侯宗輝:《漢代戍邊吏卒"家屬"人口的西向流動及影響》,《聊城大學學報(社會科學版)》2016 年第 5 期。

[95] 胡方:《漢武帝"廣關"措置與西漢地緣政策的變化——以長安、洛陽之間地域結構爲視角》,《中國歷史地理論叢》第 30 卷第 3 期,2015 年。

[96] 胡錦賢:《漢代的通行證——傳》,《湖北大學學報(哲學社會科學版)》1987 年第 6 期。

[97] 胡平生、宋少華:《長沙走馬樓簡牘概述》,《傳統文化與現代化》1997 年第 3 期。

[98] 胡平生:《胡平生簡牘文物論稿》,上海:中西書局,2012 年。

[99] 胡平生:《中國簡帛學理論的構建》,《中國史研究動態》2016 年第 2 期。

[100] 胡永鵬:《肩水金關漢簡校讀札記》,《漢字文化》2015 年第 3 期。

[101] 胡永鵬:《西北邊塞漢簡編年》,福建人民出版社,2017 年。

[102] 黃海烈:《里耶秦簡與秦地方官制》,《北方論叢》2005 年第 6 期。

[103] 黃海烈:《里耶秦簡與秦地方官署檔案管理》,《黑龍江史志》2006 年第 1 期。

[104] 黃浩波:《〈肩水金關漢簡(伍)〉釋地五則》,《簡帛》第十五輯,2017 年。

[105] 黃浩波:《肩水金關漢簡地名簡考(八則)》,《簡帛研究》2017 年秋冬卷,2018 年。

[106] 黃今言:《秦漢軍制史論》,南昌:江西人民出版社,1993 年。

[107] 黃樸華主編:《長沙古城址考古發現與研究》,長沙:岳麓書社,2016 年。

［108］黄艷萍：《漢代邊境的家屬出入符研究——以西北漢簡爲例》，《理論月刊》2015
　　　　年第 1 期。

［109］黄艷萍、張再興：《肩水金關漢簡校讀叢札》，《簡帛》第十七輯，2018 年。

［110］黄正建：《中國古文書學的歷史與現狀》，《史學理論研究》2015 年第 3 期。

［111］黄正建主編：《中國古文書學研究初編》，上海：上海古籍出版社，2019 年。

［112］吉村昌之：《漢代邊郡的田官組織——以見於簡牘的"閒田"爲綫索》，原載大庭脩
　　　　編：《漢簡研究の現狀と展望：漢簡研究国際シンポジウム' 92 報告書》，1993
　　　　年，此據中譯本，刊於中國社會科學院簡帛研究中心編：《簡帛研究譯叢》第一輯，
　　　　1996 年。

［113］紀向軍：《居延漢簡中的張掖鄉里及人物》，蘭州：甘肅文化出版社，2014 年。

［114］賈連翔：《戰國竹書形制及相關問題研究——以清華大學藏戰國竹書爲中心》，上
　　　　海：中西書局，2015 年。

［115］賈文麗：《漢代河西經略史》，北京：中國社會科學出版社，2017 年。

［116］焦天然：《新莽簡判斷標準補説——以居延新簡爲例》，《中國國家博物館館刊》
　　　　2016 年第 11 期。

［117］角谷常子：《簡牘の形狀における意味》，收入冨谷至編：《邊境出土木簡の研
　　　　究》，京都：朋友書店，2003 年。

［118］柯友根：《西漢部曲初探》，《厦門大學學報（社會科學版）》1962 年第 3 期。

［119］勞榦：《勞榦學術論文集甲編》，臺北：藝文印書館，1976 年。

［120］樂遊、譚若麗：《敦煌一棵樹烽燧西晉符信補釋——兼説漢簡中"符"的形態演
　　　　變》，《中國國家博物館館刊》2016 年第 5 期。

［121］雷海龍：《〈肩水金關漢簡（伍）〉釋文補正及殘簡新綴》，原刊簡帛網（2016 年 8 月
　　　　24 日），此據《簡帛》第十四輯，2017 年。

［122］李洪財：《嶽麓秦簡的簡號問題》，2017 年 2 月 11 日刊於簡帛網，http：//www.bsm.
　　　　org.cn/show_article.php?id＝2726。

［123］李洪財：《〈肩水金關漢簡（伍）〉校讀記（一）》，2017 年 2 月 25 日刊於簡帛網，
　　　　http：//www.bsm.org.cn/?hanjian/7481.html。

［124］李均明：《漢簡所見出入符、傳與出入名籍》，《文史》第十九輯，1983 年。

［125］李均明：《封檢題署考略》，《文物》1990 年第 10 期。

［126］李均明、劉軍：《簡牘文書學》，南寧：廣西教育出版社，1999 年。

［127］李均明：《初學録》，臺北：蘭臺出版社，1999 年。

［128］李均明：《漢簡所反映的關津制度》，《歷史研究》2002 年第 3 期。

［129］李均明：《秦漢簡牘文書分類輯解》，北京：文物出版社，2009 年。

［130］李均明：《耕耘録——簡牘研究叢稿》，北京：人民美術出版社，2015 年。

［131］李零：《視日、日書和葉書——三種簡帛文獻的區别和定名》，《文物》2008 年第
　　　　12 期。

[132] 李鋭：《“二重證據法”的界定及規則探析》，《歷史研究》2012 年第 4 期。

[133] 李天虹：《居延漢簡簿籍分類研究》，北京：科學出版社，2003 年。

[134] 李天虹：《漢簡“致籍”考辨——讀張家山〈津關令〉札記》，《文史》2004 年第 2 輯。

[135] 李學勤：《談“張掖都尉棨信”》，《文物》1978 年第 1 期。

[136] 李岩云：《敦煌西湖一棵樹烽燧遺址新獲簡牘之考釋》，《敦煌研究》2012 年第 5 期。

[137] 李燁：《略述漢簡所見“傳”及其與“過所”的關係》，《學行堂文史集刊》2012 年第 1 期。

[138] 李燁：《〈釋名疏證〉所訓“過所”補正》，《學行堂文史集刊》2013 年第 2 期。

[139] 李燁、張顯成：《〈肩水金關漢簡（壹）〉校勘記》，《古籍整理研究學刊》2015 年第 4 期。

[140] 李銀良：《漢代通關憑證——“傳”與“過所”關係考辨》，《殷都學刊》2015 年第 1 期。

[141] 李迎春：《秦漢郡縣屬吏制度演變考》，博士學位論文，北京師範大學，2009 年。

[142] 李迎春：《漢代的尉史》，《簡帛》第五輯，2010 年。

[143] 李振宏：《居延漢簡與漢代社會》，北京：中華書局，2003 年。

[144] 梁萬斌：《從長安到洛陽：漢代的關中本位政治地理》，博士學位論文，復旦大學，2013 年。

[145] 廖伯源：《西漢皇宮宿衛警備雜考》，原載《東吳文史學報》第 5 號，1986 年，此據作者：《歷史與制度——漢代政治制度試釋》，臺北：臺灣商務印書館股份有限公司，1998 年。

[146] 凌文超：《長沙走馬樓三國吳簡采集簡研究述評》，載《中國中古史研究》第四卷，2014 年。

[147] 凌文超：《走馬樓吳簡采集簿書整理與研究》，桂林：廣西師範大學出版社，2015 年。

[148] 凌文超：《吳簡考古學與吳簡文書學》，原題《走馬樓吳簡簿書復原整理芻議》，刊於《歷史學評論》第一卷，2013 年，此據修訂本，收入長沙簡牘博物館編：《走馬樓吳簡研究論文精選》，長沙：岳麓書社，2016 年。

[149] 凌文超：《西北漢簡中所見的“庸”與“葆”》，載史亞當主編：《出土文獻與物質文化》，香港：中華書局，2018 年。

[150] 凌文超：《吳簡與吳制》，北京：北京大學出版社，2019 年。

[151] 劉安志：《唐代解文初探——以敦煌吐魯番文書爲中心》，《西域研究》2018 年第 4 輯。

[152] 劉國忠：《對於簡帛學建設的幾點思考》，《中國史研究動態》2016 年第 2 期。

[153] 劉瑞：《里耶秦代木牘零拾》，原載《中國文物報》2003 年 5 月 30 日，此據龍山縣

里耶管理區管委會編：《里耶古城》，西寧：青海人民出版社，2003 年。

[154] 劉瑞：《里耶古城 J1 埋藏過程試探》，載中國社會科學院考古研究所、中國社會科學院歷史研究所、湖南省文物考古研究所編：《里耶古城・秦簡與秦文化研究——中國里耶古城・秦簡與秦文化國際學術研討會論文集》，北京：科學出版社，2009 年。

[155] 陸錫興編著：《漢代簡牘草字編》，上海：上海書畫出版社，1989 年。

[156] 孔祥軍《試析里耶古城 1 號井第五、六、八層的年代分布——以〈里耶秦簡（壹）〉所見朔日簡爲中心》，《考古與文物》2018 年第 4 期。

[157] 魯惟一：《漢代行政記録》，1967 年初版，此據于振波、車今花中譯本，桂林：廣西師範大學出版社，2005 年。

[158] 馬承源：《戰國楚竹書的發展整理與研究》，載《馬承源文博論集》，上海：上海古籍出版社，2007 年。

[159] 馬孟龍：《張家山二四七號漢墓〈二年律令・秩律〉抄寫年代研究——以漢初侯國建置爲中心》，《江漢考古》2013 年第 2 期。

[160] 馬先醒：《漢居延志長編》，臺北：“國立”編譯館，2001 年。

[161] 馬增榮：《秦代簡牘文書學的個案研究——里耶秦簡 9 - 2283、[16 - 5] 和 [16 - 6] 三牘的物質形態、文書構成和傳遞方式》，《“中央研究院”歷史語言研究所集刊》，第九十一本第三分，2020 年。

[162] 籾山明：《刻齒簡牘初探—漢簡形態論のために》，原刊《木簡研究》第 17 號，1995 年，此據中譯本，刊於中國社會科學院簡帛研究中心編：《簡帛研究譯叢》第二輯，長沙：湖南人民出版社，1998 年。

[163] 籾山明：《漢帝国と辺境社会：長城の風景》，東京：中央公論新社，1999 年。

[164] 籾山明：《中國古代訴訟制度研究》，2006 年初刊，此據李力中譯本，上海：上海古籍出版社，2009 年。

[165] 籾山明：《長沙東牌樓出土木牘與東漢時代的訴訟》，原載《中國古中世史研究》第 29 輯，2013 年，此據中譯本，收入周東平、朱騰主編：《法律史譯評（2013 年卷）》，北京：中國政法大學出版社，2014 年。

[166] 籾山明：《秦漢出土文字史料の研究》，東京：創文社，2015 年。

[167] 籾山明：《日本居延漢簡研究的回顧與展望——以古文書學研究爲中心》，原刊籾山明、佐藤信編：《文献と遺物の境界——中國出土簡牘史料の生態研究》，此據增補稿，《中國古代法律文獻研究》第九輯，2016 年。

[168] 籾山明：《簡牘文書學與法制史——以里耶秦簡爲例》，載柳立言主編：《史料與法史學》，臺北：“中央研究院”歷史語言研究所，2016 年。

[169] 籾山明：《在簡牘學、古文書學、法制史與秦漢史之間》，蘇俊林、陳弘音、游逸飛訪談，《文匯報》2017 年 2 月 3 日第 11 版“文化”。

[170] 齊繼偉：《西北漢簡所見吏及家屬出入符比對研究》，《敦煌研究》2018 年第 6 期。

［171］青木俊介：《候官における簿籍の保存と廃棄——A8 遺址文書庫・事務區画出
　　　　土簡牘の狀況を手がかりに》，原刊籾山明、佐藤信編：《文献と遺物の境界——
　　　　中國出土簡牘史料の生態研究》，東京：東京外国語大学アジア・アフリカ言語
　　　　文化研究所，2011 年，此據蘇俊林中譯本，載《簡帛研究》2018 年春夏卷，2018 年。

［172］青木俊介：《封検の形態發展》，收入籾山明、佐藤信編：《文献と遺物の境界Ⅱ》，
　　　　東京：東京外国語大学アジア・アフリカ言語文化研究所，2014 年。

［173］青木俊介：《肩水金関漢簡の致と通関制度》，《日本秦漢史學會會報》第 12 號，
　　　　2014 年。

［174］青木俊介：《里耶秦簡の"統食文書"について》，《明大アジア史論集》第 18 號，
　　　　2014 年。

［175］青木俊介：《漢代肩水地区 A32 所在機関とその業務関係》，載高村武幸編：《周
　　　　縁領域からみた秦漢帝国》，東京：六一書房，2017 年，第 66—68 頁。

［176］裘錫圭：《裘錫圭學術文集》，上海：復旦大學出版社，2012 年。

［177］Robin D.S.Yates，*The Qin Slips and Boards From Well No.1，Liye，Hunan: a brief
　　　　introduction to the Qin Qianling Country Archives*，early china，Volume35，2013.

［178］榮新江：《敦煌學十八講》，北京：北京大學出版社，2001 年。

［179］森鹿三：《居延漢簡研究序説》，《東洋史研究》第 12 卷第 3 號，1953 年。

［180］森鹿三：《東洋史研究・居延漢簡篇》，京都：同朋舎，1975 年。

［181］沈剛：《額濟納漢簡王莽詔書令册排列新解》，2006 年 1 月 2 日刊於簡帛網，
　　　　http://www.bsm.org.cn/show_article.php? id=165。

［182］沈剛：《居延漢簡語詞彙釋》，北京：科學出版社，2008 年。

［183］沈剛：《出土文書簡牘與秦漢魏晋史研究》，《社會科學戰綫》2018 年第 10 期。

［184］沈剛：《里耶秦簡文書歸檔問題蠡測》，《出土文獻》第十五輯，2019 年。

［185］沈剛：《西北漢簡所見騎士簡二題》，《出土文獻研究》第十一輯，2012 年。

［186］沈仲章口述、霍偉記録、胡綉楓整理：《搶救"居延漢簡"歷險記》，《文物天地》
　　　　1986 年第 4 期。

［187］石昇烜：《再探簡牘編聯、書寫姿勢與習慣——以"中研院"史語所藏居延漢簡的
　　　　簡側墨綫爲綫索》，《"中央研究院"歷史語言研究所集刊》第 88 本第 4 分，
　　　　2017 年。

［188］宋少華：《關於長沙走馬樓吴簡前期整理方法的觀察與思考》，《鄭州大學學報（哲
　　　　學社會科學版）》2017 年第 5 期。

［189］宋真：《漢代通行證制度與商人的移動》，《簡帛》第五輯，2010 年。

［190］蘇俊林：《走馬樓吴簡研究方法述評》，《簡帛研究》2017 年春夏卷，2017 年。

［191］蘇衛國、王文濤：《簡牘整理研究的現實困境與簡牘數字化的發展方向》，《魯東大
　　　　學學報（哲學社會科學版）》2011 年第 6 期。

［192］孫鶴：《秦簡牘書研究》，北京：北京大學出版社，2009 年。

[193] 孫沛陽：《簡册背劃綫初探》，《出土文獻與古文字研究》第四輯，2011 年。

[194] 孫聞博：《秦縣的列曹與諸官（增訂稿）》，載里耶博物館等編著：《里耶秦簡博物館藏秦簡》，上海：中西書局，2016 年。

[195] 唐俊峰：《西漢河西田官的組織與行政——以居延、肩水地區的田官爲中心》，《中國文化研究所學報》第 59 期，2014 年。

[196] 唐曉軍：《漢簡所見關傳與過所的關係》，《西北史地》1994 年第 3 期。

[197] 陶玉樂：《肩水金關的歷史地位》，《隴右文博》2011 年第 1 期。

[198] 特日格樂：《〈額濟納漢簡〉所見王莽簡略考》，《出土文獻研究》第七輯，2005 年。

[199] 藤田勝久：《〈張家山漢簡·津關令〉與漢墓簡牘——傳與致的情報傳達》，《簡帛》第二輯，2007 年。

[200] 藤田勝久：《肩水金關的交通與“出入”通行證》，《簡帛》第十七輯，2018 年。

[201] 藤枝晃：《長城のまもり—河西地方出土の漢代木簡の内容の概観》，載《ユーラシア学会研究報告》第 2 號，1955 年。

[202] 田家溧：《漢簡所見“致籍”與“出入名籍”考辨——以金關漢簡爲中心》，《史學集刊》2014 年第 6 期。

[203] 田煒：《從秦“書同文字”的角度看秦印時代的劃分及秦楚之際古文官印的判定》，西冷印社編：《第五届“孤山證印”西冷印社國際印學峰會論文集》，杭州：西冷印社出版社，2017 年。

[204] 畑野吉則：《漢代の下級部署における日常業務と情報處理：關所の通關業務と出入記録簡》，《資料學の方法を探る》13 號，2014 年。

[205] Tsang Wing Ma, *Scribes, Assistants, and the Materiality of Administrative Documents in Qin-Early Han China: Excavated Evidence from Liye, Shuihudi, and Zhangjiashan*, T'oungPao103－4－5, 2017.

[206] 土口史記：《戰国·秦代の県：県廷と“官”の関係をめぐる一考察》，《史林》第 95 卷第 1 號，2012 年。

[207] 土口史記：《里耶秦簡にみる秦代縣下の官制構造》，《東洋史研究》第 73 卷第 4 號，2015 年。

[208] 土口史記：《秦代的令史與曹》，原刊《東方學報》第 90 卷，2015 年，此據石洋中譯本，載《中國中古史研究》第六卷，2018 年。

[209] 汪桂海：《漢代官文書制度》，南寧：廣西教育出版社，1999 年。

[210] 汪桂海：《漢符餘論》，《簡牘學研究》第三輯，2002 年。

[211] 汪桂海：《秦漢簡牘探研》，臺北：文津出版社，2009 年。

[212] 汪受寬：《肩水金關漢簡所見“黑色”人群體研究》，《中華文史論叢》2014 年第 3 期。

[213] 王春芳、吴紅松：《從里耶秦簡看秦代文書和文書工作》，《大學圖書館情報學刊》2005 年第 2 期。

［214］王國維：《簡牘檢署考》，1912 年日文初版，1914 年中文初版，據胡平生、馬月華《簡牘檢署考校注》，上海：上海古籍出版社，2004 年。

［215］王國維、羅振玉：《流沙墜簡》，1914 年初版，1934 年修訂，此據何立民點校本，杭州：浙江古籍出版社，2013 年。

［216］王國維：《最近二三十年中中國新發見之學問》，1925 年初刊，載謝維揚、房鑫亮主編：《王國維全集》，杭州：浙江教育出版社，2010 年。

［217］王輝：《古文字通假字典》，中華書局，2008 年。

［218］王錦城：《〈肩水金關漢簡（叁）〉校讀札記（三）》，2017 年 10 月 15 日刊於簡帛網，http://www.bsm.org.cn/?hanjian/7662.html。

［219］王樹金：《秦漢郵傳制度》，碩士學位論文，西北大學，2005 年。

［220］王素：《長沙走馬樓三國吳簡研究的回顧與展望》，《中國歷史文物》2004 年第 1 期。

［221］王曉光：《新出漢晉簡牘及書刻研究》，北京：榮寶齋出版社，2013 年。

［222］王曉光：《秦漢簡牘具名與書手研究》，北京：榮寶齋出版社，2016 年。

［223］王彦輝：《關於〈二年律令〉年代及性質的幾個問題》，《古代文明》第 6 卷第 1 期，2012 年。

［224］王彦輝：《論秦漢時期的正卒與材官騎士》，《歷史研究》2015 年第 4 期。

［225］王之璞：《西北漢簡所見“士吏”研究》，碩士學位論文，西北師範大學，2015 年。

［226］王子今、劉華祝：《説張家山漢簡〈二年律令·津關令〉所見五關》，《中國歷史文物》2003 年第 1 期。

［227］王子今：《簡牘資料與漢代河西地方竹類生存可能性的探討》，《簡帛》第二輯，2007 年。

［228］尉侯凱：《讀〈肩水金關漢簡〉零札七則》，《西華大學學報》2017 年第 1 期。

［229］鄔文玲：《始建國二年新莽與匈奴關係史事考辨》，《歷史研究》2006 年第 2 期。

［230］鄔文玲：《東牌樓東漢簡牘斷簡綴合與研究》，《簡帛研究 2005》，2008 年。

［231］鄔文玲：《里耶秦簡所見“續食”簡牘及其文書構成》，《簡牘學研究》第五輯，2014 年。

［232］鄔文玲：《簡牘中的“真”字與“算”字——兼論簡牘文書分類》，《簡帛》第十五輯，2017 年。

［233］吳榮政：《里耶秦簡文書檔案初探》，《湘潭大學學報》2013 年第 6 期。

［234］西山尚志：《我們應該如何運用出土文獻？——王國維“二重證據法”的不可證僞性》，《文史哲》2016 年第 4 期。

［235］肖芸曉：《試論清華竹書伊尹三篇的關聯》，《簡帛》第八輯，2013 年。

［236］謝桂華：《漢晉簡牘論叢》，桂林：廣西師範大學出版社，2014 年。

［237］辛德勇：《漢武帝“廣關”與西漢前期地域控制的變遷》，《中國歷史地理論叢》第 23 卷第 2 輯，2008 年。

［238］邢義田：《地不愛寶：漢代的簡牘》，北京：中華書局，2011 年。

［239］邢義田：《治國安邦：法制、行政與軍事》，北京：中華書局，2011 年。

［240］邢義田：《漢代簡牘公文書的正本、副本、草稿和簽署問題》，《"中央研究院"歷史語言研究所集刊》第 82 本第 4 分，2011 年。

［241］邢義田：《漢至三國公文書中的簽署》，《文史》2012 年第 2 輯。

［242］邢義田《〈尉卒律〉臆解》，2016 年 3 月 23 日刊於簡帛網，http://www.bsm.org.cn/show_article.php?id=2491。

［243］邢義田：《漢代邊塞隧長的文書能力與教育——對中國古代基層社會讀寫能力的反思》，《"中央研究院"歷史語言研究所集刊》第 88 本第 1 分，2017 年。

［244］徐暢：《走馬樓吳簡竹木牘的刊布及相關研究述評》，《魏晋南北朝隋唐史資料》第三十一輯，2015 年。

［245］徐暢：《走馬樓簡牘公文書中諸曹性質的判定》，《中華文史論叢》2017 年第 1 期。

［246］徐暢：《長沙走馬樓三國吳簡整理研究二十年熱點選評》，《簡帛》第十五輯，2017 年。

［247］徐暢：《長沙三國走馬樓吳簡基本性質研究平議》，《出土文獻》第十二輯，2018 年。

［248］徐樂堯：《漢簡所見信符辨析》，《敦煌學輯刊》1984 年第 2 期。

［249］徐元邦、曹延尊：《居延漢簡中所見的騎士》，刊於中國考古學研究編委會編：《中國考古學研究——夏鼐先生考古五十年紀念論文集》，北京：文物出版社，1986 年。

［250］徐蘋芳：《漢簡的發現與研究》，原載《傳統文化與現代化》1993 年第 6 期，此據作者《中國歷史考古學論集》，上海：上海古籍出版社，2012 年。

［251］許名瑲：《〈肩水金關漢簡（伍）〉曆日綜考》，《出土文獻與古文字研究》第七輯，2018 年。

［252］薛英群：《漢代符信考述（上）》，《西北史地》1983 年第 3 期。

［253］薛英群：《漢代符信考述（下）》，《西北史地》1983 年第 4 期。

［254］薛英群：《漢代的符與傳》，《中國史研究》1983 年第 4 期。

［255］薛英群：《居延漢簡通論》，蘭州：甘肅教育出版社，1991 年。

［256］晏昌貴：《里耶秦簡牘所見郡縣名録》，《歷史地理》第三十輯，2014 年。

［257］嚴耕望：《中國地方行政制度史·秦漢地方行政制度》，1961 年初版，此據重印本，上海：上海古籍出版社，2007 年。

［258］楊鴻年：《漢魏制度叢考》，武漢：武漢大學出版社，2005 年。

［259］楊建：《西漢初期津關制度研究：附〈津關令〉簡釋》，上海：上海古籍出版社，2010 年。

［260］楊俊：《敦煌一棵樹漢代烽燧遺址出土的簡牘》，《敦煌研究》2010 年第 4 期。

［261］楊小亮：《金關簡牘編聯綴合舉隅——以簡牘書體特徵考察爲中心》，《出土文獻

研究》第十三輯,2014 年。

[262] 楊振紅:《秦漢時期的"尉""尉律"與"置吏""除吏"——兼論"吏"的屬性》,《簡帛》第八輯,2013 年。

[263] 楊振紅:《簡帛學的知識系統與交叉學科屬性》,《河南師範大學學報(哲學社會科學版)》2016 年第 5 期。

[264] 楊智宇:《里耶秦簡牘所見洞庭郡交通路綫相關問題補正》,《簡帛研究》2019 年秋冬卷。

[265] 姚磊:《〈肩水金關漢簡(肆)〉綴合考釋研究(十二則)》,《出土文獻》第九輯,2016 年。

[266] 姚磊:《〈肩水金關漢簡(肆)〉綴合(十四)》,2016 年 3 月 5 日刊於簡帛網,http://www.bsm.org.cn/?hanjian/6640.html。

[267] 姚磊:《讀〈肩水金關漢簡〉札記(二十三)》,2017 年 7 月 11 日刊於簡帛網,http://www.bsm.org.cn/?hanjian/7574.html。

[268] 姚磊:《肩水金關漢簡釋文合校》,上海:上海古籍出版社,2021 年。

[269] 野口優:《前漢邊郡都尉府的職掌と邊郡統治制度》,《東洋史研究》第 71 卷第 1 號,2012 年。

[270] 伊藤瞳:《漢代符の形態と機能》,《史泉》第 116 號,2012 年。

[271] 伊藤瞳:《漢代における伝の機能:辺境出土簡にみる控え文書を中心に》,《千里山文學論集》90 號,2013 年。

[272] 鷹取祐司:《秦漢官文書の基礎的研究》,東京:汲古書院,2015 年。

[273] 鷹取祐司:《肩水金関遺址出土の通行證》,載作者主編:《古代中世東アジアの関所と交通制度》,京都:汲古書院,2017 年。

[274] 鷹取祐司:《漢代長城防衛體制的變化》,原載宮宅潔編:《多民族社會の軍事統治》,2018 年,本文據中譯本,載於《法律史譯評》第八卷,2020 年。

[275] 永田英正:《居延漢簡研究》,1989 年初版,此據張學鋒中譯本,桂林:廣西師範大學出版社,2007 年。

[276] 永田英正:《続簡牘研究事始の記》,載《日本秦漢史學會會報》第 11 號,2011 年。

[277] 余津銘:《里耶秦簡"續食簡"研究》,《簡帛》第十六輯,2018 年。

[278] 臧知非:《論漢文帝"除關無用傳"——西漢前期中央與諸侯王國關係的演變》,《史學月刊》2010 年第 7 期,第 5—11 頁。

[279] 臧知非:《秦漢賦役與社會控制》,西安:三秦出版社,2012 年。

[280] 張馳:《里耶秦簡(壹)文書學研究》,碩士學位論文,武漢大學,2016 年。

[281] 張傳璽:《懸泉置、效穀縣、魚澤障的設與廢》,收入《張維華紀念文集》,濟南:齊魯書社,1997 年。

[282] 張春龍、大川俊龍、籾山明:《里耶秦簡刻齒簡研究——兼論嶽麓秦簡〈數〉中的未解讀簡牘》,原刊《大阪產業大學論叢(人文·社會科學編)》第 18 號,2013 年,此

據中譯本,《文物》2015 年第 3 期。

[283] 張春龍:《湖南益陽兔子山遺址三號井"爰書"簡牘一組》,何駑主編:《李下蹊華——慶祝李伯謙先生八十華誕論文集》,北京:科學出版社,2017 年。

[284] 張德芳:《懸泉漢簡中的"傳信簡"考述》,《出土文獻研究》第七輯,2005 年。

[285] 張德芳:《西北漢簡整理的歷史回顧與啓示》,《鄭州大學學報(哲學社會科學版)》2017 年第 5 期。

[286] 張德芳主編:《甘肅省第二屆簡牘學國際學術研討會論文集》,上海:上海古籍出版社,2012 年。

[287] 張德芳主編:《甘肅省第三屆簡牘學國際學術研討會論文集》,上海:上海辭書出版社,2017 年。

[288] 張建國:《漢代的罰作、復作與弛刑》,《中外法學》2006 年第 5 期。

[289] 張俊民:《從簡牘談漢代西北邊郡運輸的幾個問題》,《中國社會經濟史研究》1996 年第 3 期。

[290] 張俊民:《肩水金關漢簡札記二則》,2011 年 9 月 30 日刊於簡帛網,http://www.bsm.org.cn/?hanjian/5749.html。

[291] 張俊民:《〈肩水金關漢簡(壹)〉釋文補例》,2014 年 12 月 16 日刊於簡帛網,http://www.bsm.org.cn/?hanjian/6288.html。

[292] 張俊民:《簡牘學論稿——聚沙篇》,蘭州:甘肅教育出版社,2014 年。

[293] 張俊民:《懸泉漢簡新見的兩例漢代職官制度》,《敦煌研究》2015 年第 6 期。

[294] 張俊民:《敦煌懸泉置出土文書研究》,蘭州:甘肅教育出版社,2015 年。

[295] 張俊民:《〈肩水金關漢簡(叁)〉釋文獻疑》,2015 年 1 月 19 日刊於簡帛網,http://www.bsm.org.cn/?hanjian/6313.html。

[296] 張俊民:《懸泉漢簡——社會與制度》,蘭州:甘肅文化出版社,2021 年。

[297] 張鵬飛:《西北漢簡所見"傳"文書研究》,碩士學位論文,河南大學,2019 年。

[298] 張榮強:《中國古代書寫載體與户籍制度的演變》,《武漢大學學報(哲學社會科學版)》2019 年第 3 期。

[299] 張榮强:《簡紙更替與中國古代基層統治重心的上移》,《中國社會科學》2019 年第 9 期。

[300] 張英梅:《試探肩水金關漢簡中"傳"的制度》,《敦煌研究》2014 年第 2 期。

[301] 張雲華:《漢代皇宫宿衛運作制度》,《南都學壇》第 26 卷第 3 期,2006 年。

[302] 張忠煒:《秦漢律令法系研究初編》,北京:社會科學文獻出版社,2012 年。

[303] 張忠煒:《墓葬出土律令文獻的性質及其他》,《中國人民大學學報》2015 年第 5 期。

[304] 張忠煒《里耶秦簡博物館藏秦簡概説》,載里耶秦簡博物館、出土文獻與中國古代文明研究協同創新中心中國人民大學中心編著:《里耶秦簡博物館藏秦簡》,上海:中西書局,2016 年。

［305］張忠煒：《里耶秦簡 9－2289 的反印文及相關問題》，原載《文匯報》第 390 期，
2019 年 5 月 17 日，此據作者主編：《里耶秦簡研究論文選集》，上海：中西書局，
2021 年。

［306］趙寵亮：《行役戍備——河西漢塞吏卒的屯戍生活》，北京：科學出版社，2012 年。

［307］趙克堯：《漢代的“傳”、乘傳與傳舍》，《江漢論壇》1984 年第 12 期。

［308］中共金塔縣委、金塔縣人民政府、酒泉市文物管理局、甘肅簡牘博物館、甘肅敦煌
學學會編：《金塔居延遺址與絲綢之路歷史文化研究》，蘭州：甘肅教育出版社，
2014 年。

［309］仲山茂：《漢代の掾史》，《史林》第 81 卷第 4 號，1998 年。

［310］周海鋒：《長沙五一廣場東漢簡牘文書復原舉隅（一）》，2018 年 12 月 26 日刊於
簡帛網，http://www.bsm.org.cn/show_article.php? id＝3280。

［311］朱翠翠：《秦漢符信制度研究》，碩士學位論文，上海師範大學，2009 年。

［312］朱桂昌編著：《太初日曆表》，北京：中華書局，2013 年。

［313］鄒水杰：《兩漢縣行政研究》，長沙：湖南人民出版社，2008 年。

［314］佐原康夫：《漢代都市機構の研究》，東京：汲古書院，2002 年。

［315］佐原康夫：《關於居延漢簡所見肩水金關》，《簡帛研究 2001》，2001 年。

致　謝

　　這本小書,來源於我的博士論文和博後報告。這兩階段學習成果的另一部分,收錄在 2019 年出版的《肩水金關漢簡研究》一書里。本書所收各篇文章發表以後,學界又有不少討論,但限於時間精力和興趣的轉移,本次集結成書,也只能在具體行文上做些調整,大的觀點没有改變。

　　作爲學術生涯出版的第二本書,已經遠没有前一本書出版時的興奮和激動。雖然如此,還是要表達一下由衷的感謝。

　　2019 年 7 月博士後出站,我有幸留在了清華大學出土文獻中心工作。一流的科研條件,緊湊有序的工作節奏,安静自由的學術環境,使我受惠良多。這幾年來,得到了學界很多師長的關愛和教導,友朋同道的指教和扶助,人生不易,更覺寶貴與難得。

　　因爲職業的習慣,我最喜歡的,莫過於一個人安静地待着。有時在外面熱熱鬧鬧一整天,晚上八點多到家,心裏總還覺得少了點東西,忍不住要去辦公室坐一會。大女兒的成長和小女兒的出生,使我被動或主動改變了工作習慣。當然,還有三年大疫,期間幾次封控禁足,享受家庭樂趣之餘,有時進入了工作狀態,苦思冥想,睡前刷了兩次牙都不自知,以致於妻女嘲謔中年痴呆。

　　小女兒 2022 年出生後,大部分時間養在姥姥家。岳母已年過六十,在照顧老人之外,還要帶着兩個孫子和一個外孫,很是不容易。有時又要考慮我們的思女之情,在商丘與北京之間來回奔波。深感歉疚與感謝。

　　這裏還要感謝本書責編徐卓聰老師,没有徐老師的鼎力相助,不可能呈現如今的面貌。至少書名不會是現在的樣子。書稿原來只有副標題,簡短卻也面目可憎,徐老師建議潤色,優美一些。我本來對時下流行的正副標題搭配的做法頗有成見,以爲徒然增加引用者的辛勞,要在鍵盤上多敲幾個字,印出來還浪費紙墨。後來轉念一想,這麼冷僻枯燥的學術書籍,書名就是起得跟詩歌一樣,也不可能誆誘更多的人關注。更何況"聽人勸,吃飽飯",徐老師在出書方面肯定比我有經驗。想到這里,欣然命筆,改爲現在的書名。

　　希望下一本書,能够拿出更好的作品,以回報大家的厚愛與幫助。

圖書在版編目（CIP）數據

邊塞、交通與文書：肩水金關漢簡研究續編／郭偉濤著. —上海：上海古籍出版社，2023.10
ISBN 978-7-5732-0864-4

Ⅰ.①邊… Ⅱ.①郭… Ⅲ.①居延漢簡—研究 Ⅳ.①K877.54

中國國家版本館 CIP 數據核字（2023）第 177909 號

邊塞、交通與文書——肩水金關漢簡研究續編
郭偉濤 著
上海古籍出版社出版發行
（上海市閔行區號景路 159 弄 1-5 號 A 座 5F 郵政編碼 201101）
（1）網址：www.guji.com.cn
（2）E-mail：guji1@guji.com.cn
（3）易文網網址：www.ewen.co
浙江臨安曙光印務有限公司印刷
開本 787×1092 1/16 印張 16.5 插頁 3 字數 253,000
2023 年 10 月第 1 版 2023 年 10 月第 1 次印刷
印數：1—1,500
ISBN 978-7-5732-0864-4
K·3461 定價：78.00 元
如有質量問題,請與承印公司聯繫